一百年

那些热血沸腾的青春

长江 —— 著

海天出版社
·深圳·

图书在版编目（CIP）数据

一百年，那些热血沸腾的青春 / 长江著. — 深圳：
海天出版社，2021.7
ISBN 978-7-5507-3198-1

Ⅰ. ①一… Ⅱ. ①长… Ⅲ. ①报告文学－中国－当代
Ⅳ. ①I25

中国版本图书馆CIP数据核字(2021)第100977号

一百年，那些热血沸腾的青春
YIBAI NIAN, NAXIE REXUE FEITENG DE QINGCHUN

出 品 人	聂雄前
特邀策划	李炳银
责任编辑	胡钟坚　雷　阳
责任校对	万妮霞
责任技编	郑　欢
封面设计	今亮後聲 HOPESOUND 2580590616@qq.com · 郭维维

出版发行　海天出版社
地　　址　深圳市彩田南路海天综合大厦　（518033）
网　　址　www.htph.com.cn
订购电话　0755-83460239（邮购、团购）
设计制作　深圳市知行格致文化传播有限公司　Tel：0755-83464427
印　　刷　中华商务联合印刷（广东）有限公司
开　　本　787mm×1092mm　1/16
印　　张　24.25
字　　数　314千
版　　次　2021年7月第1版
印　　次　2021年7月第1次
定　　价　68.00元

一百年，
那些
热血沸腾的
青春

序 言

　　在中国近100年的历史上，中国共产党带领人民，在争取民族独立和解放、建设新中国的伟大进程中，表现出了巨大的引领和推进作用，是领导我们国家不断走向胜利和辉煌的领导核心！

　　正是因为有中国共产党的正确领导，才出现了"唤起民众千百万，同心干"的激动人心的奋斗局面，才有各行各业不断涌现出来的志士仁人、英雄模范、先行表率、时代楷模。这些在近百年的中国历史上如光明灯火，给行进者以有力启示和力量的人们，是中华民族的脊梁。

　　在中国近100年的发展历史上，作家长江巧妙地选择了不同历史时段的一些人物，书写他们在人生青春时期的方向、道路、事业和行动选择，以及此后的人生作为与出色表现，由此，成就了这部纪实文学作品《一百年，那些热血沸腾的青春》。书中人物在回望前路的时候，清楚地感受和认识到，青春时期的人生选择和坚持的重要作用及意义。这是一个独特的回望和经验书写，也是一个非常真实和形象生动的人生叙述，在历史的百年时空和不同个体的人生经历、事业命运、社会表现等方面，都具有个性品格和珍贵的历史现实意义。

　　像著名电影表演艺术家秦怡，她生长在上海的富裕家庭，日寇入侵上海、为害作恶的现实，催生了她强烈的爱国热情。她不顾家庭反对，偷偷离家，决心奔去"打鬼子"的战场。几经辗转，16岁时来到战时的重庆，感受和接受共产党领导，以青春的热能与坚强意志，积极参加抗战演出，"炸不死就要上台""100 岁也要为人民演戏"，一步步走向演艺人生的高峰。秦怡曾经说：信念不倒，天就塌不下来！是上海的战火，是抗日的战火"烧出了"我的坚强。秦怡一生经历坎坷而事业成功，就是同她青春时期的正确选择与持续坚持密切相关。像惊天地泣鬼神的英雄朱彦夫，眼看着日本人杀害了自己的父亲，自己右肩又被残忍地砍了一刀，在生活难以为继的时候，14 岁的他决心投奔八路军。在目睹并感受了在危险困难时，"共产党员跟我上"的情景之后，他将自己的一切交给了党和国家人民的伟大事业。在抗美援朝的战斗中，他严重冻伤，昏迷了 93 天，经过 47 次手术，失去了左眼和四肢。变成了"不是人的人"之后，他依然坚守青春时期的追求，抱着"与其腐烂，不如燃烧"的信念，经历万千困难，带领乡亲改变家乡面貌。他感天动地的精神震撼人心。像李桓英，在美国完成学业，并在世卫组织获得很好的工作机会后毅然回国，为中国和世界防治麻风病的事业做出巨大贡献。在东西方很多人视"麻"如虎、谈"麻"色变的情形下，李桓英用慈善大爱的情感和科学的方法走近"得了这种病不会死，活着可比死了还难受"的患者，无私地付出自己的心血和汗水，终于阻击和遏制了麻风病的发展。她说：国家需要，患者疾苦，时代使命，就是我的人生精神事业追求。2017 年，李桓英在 95 岁高龄时，申请加入中国共产党，这一举动令人深思和感动。

另外，像以青春赌绿色，多年坚持在沙漠种树的殷玉珍，经历说不尽的艰辛和汗水，硬是以看似柔弱的女性之身，击退沙漠危害，造出数万亩新绿。像不惧风险，48 年为中国卫星加注燃料的白崑顺，每次加注连续工作十几个小时，26 年无任何差错，手指都被腐蚀得没了指纹，每当发射，总指挥就问"老白在吗"，成为"有我在，领导就放心"的角色，成就顶天立地的大国工匠。像从一个打工者，经历学习、勤奋钻研、自觉磨砺，后来成长为珠海格力电器股份有限公司总裁的董明珠，在中国电器制造业中创造辉煌，成为中国制造业"脊梁"，面向世界大声喊出"让世界爱上中国造"。像革命先烈李大钊的后代、当下的领导干部李宏塔，不忘初心，以"人民在我心中"为准则，严格律己，继续真诚服务国家和人民。还有为了不受制于他人，耗尽智慧和心血，成功研制出供中国北斗卫星使用的、具有领先世界科技水平的星载铷钟的贺玉玲；以动人的创新创造精神和智慧行动，成功地解决了"蛟龙号""深海勇士号"上万米深海下潜球舱的抗压力材料和自然上浮功能技术的杨锐、张敬杰；经历许多坎坷艰难，决心以自己的努力和社会的帮助，为大山深处的女孩子创造就学环境，改变她们自己和家庭命运的张桂梅；经历艰苦学习，成为湖南耒阳高考状元，以 676 分高分考入北京大学考古学系，决心以"敦煌女儿"樊锦诗为榜样，将青春和人生投向如今很多人因计较功利、坠入世俗而远离和漠视的考古学，坚定地让青春在自我的清晰选择和奋斗中运行的钟芳蓉。这些人，这些青春故事都具有给人联想、启示、促进和感染的力量！

当我们展开作家长江的采访和叙述，阅读着这些人物曾经或正在行动着的真实青春经历之后，不由得就有一种青春宝贵和青春需要沸腾的强烈感受。著名作家柳青曾经说：人生的道路虽然漫长，但紧要处常常只有那么几步。特别是当人年轻的时候……青春时段，就是人生的关键时期，它往往决定着人生的道路方向和事业及后来的生活。在以上的这些人物经历的百年历史过程中，环境的变化非常复杂剧烈，但不管多么复杂的环境，都需要人的正确判断和把握，尤其是在人青春萌发的时候！在各种复杂严峻多变的环境面前，对于青年来说，混沌、盲目、怀疑，或单纯的等待、抱怨，甚至消沉的放弃，都不是正确明智的态度。

只有清晰自觉地融入时代，循道承负，在肩负社会文明进步的使命中，辨明方向，找准自己的位置，不断修行，奋发坚持，方能有益于人类文明和社会发展，并在这个过程中成就自己的人生。相信这些人曾经沸腾的青春表现，能够激发读者的激情！对于广大成长中的青春儿女，或许是一个非常切实和动人的榜样参照。

这部在近100年中国历史环境上再现的人物表达，如同一个望远镜，使我们看见深远的历史，也看到当下，看到身边有非常丰盈的社会人生内容。但本书毕竟不是一个专注历史的表达，而是对人们青春年华的表现作为的探析。所以，作家在写作的过程中，用精简的"岁月年轮"交代时代社会背景，着力于具体人物在各种环境中的表现，这样机智的处理，让后台背景和活跃在舞台中间的人物，都得到很好的呈现。这种相互联系照应，又各有轻重、远近互补的表现，是一种显示着作家心智和才能的表现。在整个叙述中，作家还表现出主题对象集中、资料收放自如、描述语言灵活富有吸引力及故事细节丰富等特点，在主张真实的人物精神情感和性格探析的文学表达中很有杰出表现！

是为序！

李炳银

2021 年 4 月 18 日

目　录

第一章

用"嘴"抗日的"小演员"

——人民艺术家秦怡

世上有哪一个演员，一生演了数不清的戏，获得了数不清的奖，拉一张单子，一行行、一项项，密密麻麻，到了 96 岁还出演电影，97 岁还上台"要为了人民——把电影一直演下去"？

有，那个人就是秦怡，一生活出了三生的精彩。

2015 年，抗日战争胜利 70 周年，为了采制 45 分钟的央视节目《新闻调查——重庆大轰炸》，我们摄制组专程赶到上海，在老城区一个老院子里的普通三居室——秦怡的家，见到了这位世界知名的东方女神。

我采访的主题直奔"抗战"。

1937 年到 1944 年，您从上海出逃，经武汉，到重庆，要当兵、要抗战，九死一生地逃过了日本飞机的大轰炸，后来，怎么开始演戏、开始拍电影⋯⋯？

面对一个 93 岁的老人，我承认我曾经担心，担心她的反应、她的表达，因此特别设计了好几种采访的方案，想着慢慢地进入、小心地迂回。比如从"今天的辉煌"慢慢说到"当年的怯懦"；从"扛枪打仗"慢慢引到"用嘴抗日"；还有一个"漂亮的女明星"如何曾两度嫁人、遍尝苦果，最后只落下⋯⋯

不过，我的采访设计一上来就被证明是多余的。

秦怡哪里容得下我慢慢地来！

多少次，我的问题刚问到三分之一，秦老就立刻明白，不用迂回，不用斟酌措辞，抢过话头，马上回答，毫无遮掩——70 年的时空，她像拉手风琴，展得开、推得进——崇山连绵、隔空跳跃，拉得我不曾想见、泪笑不止、惊喜连连。

岁月年轮

1931 年 9 月 18 日，夜，已经盘踞在中国东北的日本关东军经过精心策划，由铁道"守备队"先炸毁了沈阳柳条湖附近日本人修筑的南满铁路路轨，再嫁祸中国军队，并以此为借口，炮轰中国东北军的北大营，制造了震惊中外的"九一八"事变，开始了对中国东北人民长达 14 年的奴役、殖民统治。面对这一强盗行径，中国人燃起了胸中的第一把怒火。

6 年后，1937 年的 7 月 7 日，又是一个漆黑的夜晚，驻屯在北平卢沟桥的日本驻军在尚未通知中国地方当局的情况下，径自在中国驻军阵地附近举行所谓的军事演习，并诡称有一名日本士兵失踪，要进入北平西南的宛平县城（今卢沟桥镇）搜查，被中国驻军严词拒绝，日军遂向宛平城和卢沟桥发动了进攻，这就是著名的"卢沟桥事变"。中国驻军第 29 军 37 师 219 团奋起还击，对善于玩阴谋的日本侵略者展开了顽强的抵抗。

紧跟卢沟桥事变之后，同年 8 月 13 日，蒋介石为了把日军"由北向南"的入侵方向引导为"由东向西"，以利于长期作战，在上海采取了反击战役，史称"淞沪会战"。投入这场战斗的中国军队皆为精锐之师，共计 70 余万人，日军才 20 万人。2020 年隆重上映的电影《八佰》记录的就是淞沪会战末期，国民革命军第 88 师 524 团留守在上海租界近旁的四行仓库，孤军奋战，人人慷慨赴死，一直坚持了 4 个昼夜，目的就是以中华"血肉的牺牲"唤起国际社会的"正义支援"的故事。

三把怒火让中国有志青年再也无法安身于平静的生活，很多人告别了自己的家庭、故乡，奔赴抗日战争的第一线。《义勇军进行曲》尽管是为 1935 年拍摄的电影《风云儿女》创作的主题歌，但歌曲的心声"起来！不愿做奴隶的人们，把我们的血肉筑成我们新的长城！中华民族到了最危险的时候，每个人被迫着发出最后的吼声……"却凝聚着那个时代全体华夏儿女的悲壮与激情——

一
上海、武汉、重庆

秦怡就是在淞沪会战之后，从上海出发，不顾自己封建大家庭的反对，跟几个要好的姐妹一起来到了武汉。

为什么先到武汉？

在武汉她原本想做什么？

在秦怡的客厅，摄影师把她安排在一大两小三个沙发靠左手边的小沙发里，我则坐在大沙发左边的一角，这样秦老跟我就有了差不多 45 度的"面对面"。因为要双机拍摄，客厅不大，只有十几平方米，这样的安排是出于无奈。

"原本在上海，我也是要打仗的。"秦怡这样说，远超出我的想象。

"您？原本是要打仗的？"

"四行仓库我曾去过，还跟当兵的学过打枪，长枪、小口径步枪和手枪。"

为什么秦怡小小年纪要扛枪、打仗？我知道她从小就读的可是教会学校。我疑窦丛生。

秦怡抢过话来说："那没有什么好奇怪的。抗战时期，我们年轻人不管什么出身，也不管是男是女，人人心里想的都是不做亡国奴。我和大家一样，第一个人生愿望就是去参军。当时也分不清什么是国民党、共产党，只要有人组织上战场，给发枪，我就去！"

"那是时代的召唤？"

"对！"

"可您后来，为什么先去了武汉？"我又问。

秦怡："'八一三'淞沪会战后，上海没法待了，南京发生大屠杀惨案后，也没地方杀鬼子了。我们当时听说武汉还要打保卫战，还有军队，就奔去了武汉。"

"哦。那是怎么去的？"

"逃啊。当时我是从家里逃出来的。家里反对，怕我年纪小小的出去了怎么办，在外面死掉了怎么办。不逃就永远也走不脱。"

"那具体是怎么逃的？"我追问。

"我跟一个同学，是一个比我大一点的姐姐，我们准备坐船出发。但我们逃得很不顺利，快到码头了，还被抓了拉到了巡捕房。"

"巡捕房？这是怎么回事？"

秦怡说，要跟她一同逃走的那个小姐姐被家人发现了。小姐姐的父母追到他们的女儿后，就告诉巡捕，说秦怡拐骗了他们的女儿。

原来还有这事。

"是啊，所以离开上海就很不顺。不过在那间法国的巡捕房，我遇到了一个很好的中国警官。"

"还有中国警官？"

在那间巡捕房，一个中国警官审问了秦怡和那个小姐姐，知道两个女孩儿是要一块去武汉找部队抗日的，内心就很想帮助她们，但嘴上却很厉害。那警官问秦怡："你是怎样从家里出来的？"秦怡说："逃出来的。"警官说："要逃还这样'理直气壮'？"秦怡说："我是要去抗日的哇，侬不晓得吗？现在我们受日本人的侵略，日本鬼子已经从东北、华北，打进了我们的大上海了。他们还计划要把我们中国人统统杀光，抢夺我们的土地和资源——你说，难道我们不应该起来反抗？！"

就这样，秦怡小小年纪，"教训"着成人警官，也打动了这位好心的青年。直到那个警官说："哦，拎清了。其实现在很多人都要走，我也想走，但我是巡捕房的人，眼前还没有办法走得脱。"

那个中国警官钦佩秦怡这个有爱国心又有胆量的小姑娘。他对那个小姐姐的爸爸说："你们把女儿领回去吧，另一个由我们来处理。"等到他们父女走了以后，警官立刻问秦怡："现在怎么办？送你回家，还是……"

秦怡则大声说："我怎么可能回家！我不是已经跟你说了吗？我是好不容易才从家里逃出来的。"

秦怡要去码头，但因为半途被抓，时间十分紧张。说话之时，离开船的时间差不多只有 5 分钟了。秦怡急得要哭，此时好心的中国警官却说："不要哭，不要急，我们有车，我立刻派个人开吉普车去送你。"

"啊？那谢谢侬啦！"

就这样，中国警官立刻把秦怡送到了码头。到的时候，客轮登船的板子都要收了。秦怡大喊一声："不要收！不要收！"边喊，边一脚踩了上去。

"收板子的人开始吓了一跳，后来一拉绳子，就把我也收了上去。"

啊，真是逃走的啊！我敬佩，也很羡慕。

秦怡说："可不是嘛。后来我认识了夏衍。夏衍同志还老跟我提起此事，说我是'胜利大逃亡'——名副其实！"

因为是逃，秦怡从家里出来时随身只带了一个小包袱，不像她那个同学小姐姐，提了一个惹眼的大木箱，因此被发现了。秦怡的小包袱里只有三身旗袍。当时她想："到了武汉，找到了军队，就有军服穿了。"

采访到此，我才算是明白：秦怡小时候人长得漂亮，但却从来没有想过要当演员。

原本到武汉，她是要找部队去参军杀鬼子的。但是先来了襄阳，听说襄阳是前线，还有仗打。但是当时她和两位女青年凑在一起，尽管都考上了部队，不过在部队驻地，她们只是被安排教战士们唱歌，唱抗战的歌曲，或做记录员，开会的时候负责记录。可是仗还没打，更没分出胜败，这支集团军就准备撤了。

秦怡告诉我，当时她和两位女青年已经知道了共产党，是打算去找共产党的。只是当时她们年纪很小，不知道上哪儿去找共产党，已经沦陷的地方都不能去，如果要去延安，还得经过重庆，很难。

秦怡说："两位姐姐都比我大，有一天她们就说：'不管到哪里，我们总归是不能留在武汉，再不走，武汉也要沦陷。'"两个姐姐问秦怡："小妹妹，你愿不愿意跟我们走？"秦怡说："我当然愿意了，眼下的情况，我也只能跟你们走了。"

从上海"逃"到武汉，又从武汉"逃"到重庆——这第二次的"逃"，更不易。

"我们要坐江轮去重庆，因为当时的陆路，已经全被敌人给掐断了。但船票根本买不到。无奈之下，经当地人指点，我们决定逃票。就是跳到轮船的最底一层，上了船再补票，反正船一开，即使被发现了，船员也不能把我们推到长江里去。当时是混乱时期，也只能用这个办法了。"

因为江轮很大,不能靠岸,只能停在江心,要上江轮,得先坐小舢板。秦怡记得她们当时跨了大约得有二三十条小舢板,目的就是要摆渡上江轮。

"快到江轮的时候,比我大的姐姐们已经跳到船上去了,我自小没有出过门,动作不老练,一只脚伸到江里,另一只脚还在小舢板上。幸亏这个时候,也不晓得是从什么地方来了一个叔叔,一把把我捞住,然后像抱个铺盖卷儿似的,把我往船舱里一丢,等我回过头来,那个叔叔已经没影了。我在船舱里,看到人很多,还有很多包袱,乱七八糟的,有人说这是四等舱,也可能是五等舱,我也不管,没掉到江里去喂王八就已经感天谢地了。"

这就是抗战前期的秦怡,那时候她当然不懂淞沪会战中尽管中国军队损失惨重,但这场战役彻底粉碎了日军要在"三个月内灭亡中国"的野心,为上海和长江下游中国的工厂、物资、人员"内迁",赢得了时间。

国民党在选择重庆作为陪都之前,的确是计划先把国家的"政治中心"转移至武汉的。但是 1938 年 7 月 26 日,日军攻陷了九江。中国军队的"武汉保卫战"历时四个半月,中方军队只是"单纯地防御"、逐次使用兵力,因此后防战线一再被攻破。10 月 25 日,中国军队不得不撤出武汉,很多爱国青年当时也都随着这个时代的"被动",不得不"先武汉、后重庆"一路撤到了大后方。

二

艰难于迷蒙之中

据秦怡回忆，她 16 岁到重庆，原本是想扛枪上战场的，但重庆是山城，日本鬼子进不来，地面的交战并没有发生。作为战时大后方，重庆在当时呈现出来的是另一种"战场"。

"当年您住哪儿？"我问。

秦怡说："女青年会。当时重庆有很多女青年会，房价都很低，聚集着很多人，什么样的人都有。我当时身上只剩下了十几块钱，能找到地方住已经很好了。当时我还不知道女青年会也有共产党联络站的大姐。"

初到重庆，艰难的生活对秦怡这个上海大家庭出身的"大小姐"是第一道考验。

她记得吃饭时就一口大锅。"熬一锅汤，一片一片的菜叶子漂在锅里，大家可以用歪脖子勺子捞，我的手脚慢，且是传统大家庭出身的女孩，总觉得吃饭不能这样不斯文，也就不去抢，因此经常是等我去捞时，菜叶子都没了，就只好拿了菜汤来泡饭。"

"那住呢？您住的条件怎么样？"我问。

"那也很差。当时我住的房间比现在你们看到的这个客厅只稍微长一点，进门就是床，竹床。人怎么进去呢？就只能侧着身、横着走。一间房住 11 个人，我睡第二张床，然后是第三张、第四张……一直排到进门口。我们每个人的私产，其实就是一个个的包袱，都放在自己的脚边。春夏秋冬，热了叠一件，冷了掏一件，加到身上。像我只有三件旗袍，秋天先做个里子，冬天更冷了，就放进去点棉花，到了夏天，再把里子、棉花统统地掏出来。"

"重庆是我们国家有名的四大火炉之一，那里的夏天好热啊。"我想到什么就问什么。

秦怡说最困难的其实不是吃、住，而是洗澡。"在哪里洗呢？想来想去都想不出。最后逼得我们没法，就你给我拉一块布挡着，我再给你拉块布挡着，大家就这么轮换着洗澡。"

一个月后，秦怡身上的钱都花光了。她原本打算不能当兵就继续上学，但没有学费、生活费，学怎么上？生活所迫，不能上学就工作吧，秦怡是这样打算的。因为如果连工作也找不到，她就得尝试着去街头要饭了。

"秦老您最后是怎么开始演艺生涯的？"我把话题拉回到我的采访主题。

天无绝人之路吧，秦怡接着就给我讲起了偶遇导演的故事。

"我是 1938 年 10 月到的重庆。11 月的一天，我跟着别人去看戏。看完了，就站在剧场的门口等跟我一起去看戏的人，她去上厕所了。这时有两位导演（后来才知道是大导演应云卫和史东山）刚好从后台的长廊里绕出来。看到我，他们就稍稍地停下了脚步。我心说：'你们这是要干吗，看了我老半天了！'"遇上陌生男人，秦怡的心本能地产生了警惕。

导演们就问她："是一个人生活在重庆吗？住在哪儿？有没有家人？"

"我心说奇怪啊，我们互不认识，你们干吗要问我这么多？"

但秦怡看着两个陌生男人并不坏，一脸的关心也显得很真诚，就大概地回道："我住在重庆女青年会，家不在这，也没有什么亲戚。"

"哦。那愿不愿意加入我们？演电影、演话剧。"他们说。

时隔 70 年后，秦怡向我描述："当时我什么都不懂，电影小时候是看过的，很喜欢。但话剧是什么？过去在上海的中学，也演过《放下你的鞭子》，但那是街头戏，我从没听说过什么'话剧'。"

原本滞留在重庆，秦怡已经经同房间的姐姐们介绍要去当时的教育局做临时工。那里需要人刻蜡版，就是用带钢头的笔，先在专用的蜡纸上刻好字，然后再把文字印出来当教材。可这个活儿一个月只能赚到 10 块钱。"当时我一个人吃住，哪怕是吃最差的饭，一个月也得 16 块。"秦怡正为这事着急。

两位导演并没有强求，嘱咐秦怡"回去先好好地想一想"。

秦怡当时心说：不用想，第一，她内心根本就不敢去他们说的什么电影厂；第二，她一个传统大家庭长大的孩子，去戏园子看戏还可以，要是让自己去演，那不成了戏子？根本就不可能！只不过她嘴上却换了一个借口："我来重庆是抗日的，我会打枪，过去在上海我还专门学过。"

她的这一回绝，并没有起到应有的作用，倒引来了两位导演的"共同语言"。史东山说："我们的工作也是抗日啊，演戏、演电影，和你一样，是要和日本鬼子对着干的。"

"啊？是吗？对着干？怎么干？你们手里又没有枪？"秦怡有了兴趣，但还是高度怀疑。

导演们说："我们对着干，不是靠打枪，我们是靠嘴，靠嘴来动员中国人起来抗日！"

"哦，还有用嘴来抗日的？"这回轮到秦怡吃惊了。

就这样，两位导演告诉秦怡，他们的中国电影制片厂刚刚成立，是专门用电影和话剧来宣传抗日、唤起民众的。这让秦怡对这份工作突然产生了好印象："只要是抗日，我就可以……"只是她当时并没有立刻答应。

回到女青年会，里面有夜校，一个女友自我介绍说她就是中国电影制片厂的演员。秦怡一听，便想起了自己在剧场门口的巧遇。她向这位女友说出了在剧场门口遇到的事，还描绘了其中一个导演的长相："留着大胡子，轻易不说话，看上去总是笑眯眯的。"

女友说："啊，那可不是一般的导演，是很有名的大导演，叫史东山！"

"是吗？"

1938 年 11 月 12 日，又有另一位导演来到女青年会给大家上课。课后这位导演找到秦怡，给了她一份材料，让她好好看一看，如果有意愿加入，就填一张表。

"填表很简单，就是性别、什么地方的人、哪年哪月哪日出生、家庭情况、想不想参加中国电影制片厂、一个月的薪水大约是多少同不同意……"——秦怡知道，填表是履行手续，过去她在上海的学校里也填过。

此时再想起史东山导演所说的"靠嘴也能抗日"，她心活了，突然想去试试，就填了表、报了名。

到了考试的那一天。秦怡说："其实也没怎么笔试、面试。就是有人问我会不会讲普通话，我说不会，我只会说上海话。那考官就说：'没关系，只要你想通过演戏来宣传抗日，下功夫学就是了。你们女青年会有很多北方人，就跟她们抓紧时间学，慢慢地，自然就能讲好。'"

就这样，秦怡经"巧遇"迈进了中国演艺事业的大门，从过去跟着父母坐在戏园子里看戏，到自己上台演戏。她把"说话"当成了"子弹"，把"舞台"当成了"阵地"，在重庆抗战的大后方，她仿佛也冲到了杀敌的最前线，并从此为民族、为党和人民的事业，付出了一生。

三

出演《中国万岁》只有一句台词

"投笔从戎"，16 岁的秦怡成了一名抗日小演员。她演的第一个话剧叫《中国万岁》。"《中国万岁》是什么内容，讲的是什么？"我在上海采访时问。

秦怡说："《中国万岁》是出抗战的好戏。我们四个女演员，都是演一些小知识分子，准备到前线去抗战。其中的老演员舒绣文，当时已经很有名气，1933 年她就出演了个人的首部电影《民族生存》；1935 年又演了《夜来香》；后来还有《保卫我们的土地》《一江春水向东流》《野火春风》……我们四个人在舞台上围坐成一圈打麻将，表面上是在玩儿，实际上是借着打麻将商量怎么去前线、去打仗……当时我只有一句台词，就一句。"

"是吗？什么？"

"就是'我也要去！'。哈哈，就这四个字。"

按剧情，四个女人在舞台上打麻将，打着打着，日本兵（当然也是演员演的）突然"闯了进来"。

"当时您不害怕吗？尽管是在演戏。"我问。

秦怡说："还真有点害怕。只不过舒绣文说：'你怕什么，你就只管记住这四个字。而且在舞台上，你是背对着观众，不怕，啊！'"

"我也要去！"为了这四个字，秦怡私下里拼命地练，还设计了说的时候"是挥拳头，还是把拳头紧紧地攥起来"，又不住地问老演员们："伸到这里好呢，还是像这样伸？"

"我一个人在房间里伸来伸去，搞来搞去，像个疯子……"秦怡边给我学她当年的样子，边笑。

然而，"就是这样，真正演出了，我还是把这四个字的台词——给忘了"。

"怎么回事？"

秦怡回忆："到了彩排的前一天，导演说：'明天就要彩排了，会有观众进来看，所以我们今天就要像真正演出一样。'结果，演日本兵的男演员太入戏了，走到舒绣文的跟前，穷横穷横的，舒绣文站起来要反抗，'日本兵'啪的一下子，一个大嘴巴子就扇了过来。当时把我吓死了。后来，'敌人'终于走了，四姐妹又接着商量'怎么转移''转到什么地方去'，商量好了，就该我说那句'我也要去'了。但一个大嘴巴子，吓得我把台词都给忘了，满脑袋就是'这不过是在演戏，如果绣文姐姐天天这样吃巴掌，今天一个，明天又一个，打来打去，每场必打，有一天，姐姐会不会被打死……'。"

小小的秦怡，第一次上舞台，就因为一个巴掌，走神儿了。

后来三个女演员都对着秦怡使劲地看，大家都用眼神提醒她："快说啊，快说！你还有一句台词呢！"秦怡这才猛地想起来："哦，我还有一句台词呢！"这句话她在台下不知道练了多少遍，拳头也不知道挥了多少回……

舞台如战场，演戏如打仗。就是在那个时候，秦怡心里真正明白了当初史东山导演跟她说的那句话——"用嘴也能抗日"。

那场戏下来，老演员舒绣文的脸上留下了五个明显的手指头印，她到了后台就哭，脸疼啊。那个演日本兵的男演员急忙跑过来道歉："对不起，对不起。"一个劲地表示："以后我会打得轻一点、再轻一点……"但哭过之后，舒绣文还是坚持："明天也不要轻轻打，你就狠狠地打，我不怕。重了好，重了才真实。日本鬼子就是这样无比凶狠。"

舒绣文和"日本兵"的对话，让秦怡非常非常震惊。"原来演戏抗日是要付出的，这和上战场流血牺牲，道理是一样的！"经过这一役，秦怡再也不允许自己忘词了。

跟着，导演又让她在话剧中演一个送丈夫去参军的年轻妇女，还安排了四部电影给她。"电影好一点，不是一次过的，没演好可以再来。不像话剧，演坏了，就暴露在那里。所以电影好一些。"

但她还是想改行，她觉得自己并不是一块好演员的料子。"哪怕去做小学教员，或找点什么其他的工作去做。"尤其接下来的一个电影角色，秦怡要演一个富家女人，日本鬼子进来后，见她家没人，不仅抢了东西，还要对她动手动脚。按照剧情，"鬼子"会拉开她的衣服领子，使得她在镜头前（也就是将来在所有电影观众面前）露出前胸脯的一角，这让秦怡无论如何也接受不了。她说她不仅是中国人，而且还是一个没有嫁人的年轻姑娘，怎么能让"日本兵"把自己的衣服领子给拉开！明知道这是在演戏，她心里也抗拒，于是更坚定了要走出戏外，去寻找"除了演戏，还有没有更好的事做"的决心。

然而，"更好的事"还没有找到，秦怡就哪儿也去不了了。

怎么回事？一个大牌演员对秦怡"一见钟情"，要跟她"走到一起"。因为他，秦怡的青春岁月变得复杂、艰涩。本来要抗战上前线的她，人生目标也被改写。而且那个人得到了爱，又不珍惜。秦怡是仓皇间接下了命运扔出的第一次不幸的婚姻。

四
第一次失败的婚姻

本来在上海，我是不想提这件事的，摄制组当时采访秦怡的主要任务是想请秦怡回忆她年轻时如何经历"重庆大轰炸"，又如何在重庆参加抗战的。

但秦怡说她绕不开这件事，如果不提这次不幸的婚姻，她的"故事"就"没法讲"。后来我知道，一向大方磊落的她，不仅是对我这个央视的记者坦诚，几十年来，秦怡面对任何媒体，也从来不会讳言这桩倒霉的婚事。

秦怡的第一任丈夫叫陈天国，安徽人，早年就读于沈阳冯庸大学。"九一八"事变后，他开始投身戏剧。1935 年加入天一影片公司，参演过《海葬》；1936 年又转入新华影片公司，拍摄过《小孤女》《青年进行曲》《黄海大盗》《貂蝉》；1939 年在重庆，作为中国电影制片厂的主力演员，拍摄过电影《好丈夫》《塞上风云》《血溅樱花》，出演过《雾重庆》《天国春秋》《大地回春》等知名话剧，是当时红极一时的"影帝"式人物。

我问秦怡："外界都知道这段婚姻对您的打击很大，当时究竟发生了什么？您为什么会选择陈天国？"

秦怡说："哪是我自己选的！根本不是！陈天国这个人很会演戏。人（长得）没什么特别，形象嘛，这并不重要。关键是，当时我并不想谈恋爱，那时一门心思就是抗日。有一天我们在南岸拍外景，他忽然找到我，谎称：'哎，今天大家都要去山顶开会，你怎么还不去？'我当时只是一个'小演员'，人家可是电影界的'大牌儿'，他特意来叫我，我怎么能不跟着他走！"

然而到了山顶，秦怡很快发现那里一个人都没有。

"我知道大事不好，就求他别、别……但他那年28岁，劲又大，拉住我不放。还说什么他哪天哪天一定会跟我结婚。我不跟他，他就去跳崖……"

事后，秦怡万念俱灰。人生的前面，原本条条大道，光明的、爱国的，但"哐当"一声，一座大山突然堵在了眼前。"那时我还在生病，外地人初到重庆，都会害湿气。我的脚还在烂，只能整天躺在床上，不能下地。"

第一次婚姻的突然杀入，让秦怡大乱了阵脚。更可怕的是，婚后第二天，嗜酒的陈天国就开始喝得烂醉，以后差不多天天如此。陈天国每天都这样，喝多了就家暴、打人。

可怜秦怡这个如花似玉的上海姑娘，从家里逃出来，本来家人就担心她一个人到了外面会不会出事，可别死掉了，哪承想抗日心意未遂，人却被……

可是身为女人，无助、无奈。她只能一边继续演戏，一边天天挨着不堪的日子。电影厂的领导还曾力劝："小陈嘛，戏还是演得挺好的，就是脾气不行，爱喝酒。"言外之意还是希望秦怡能忍一忍。朋友们也提醒她："别折腾了，再怎么样，你也逃不过有名有势的人，他们或许跟青帮、红帮什么的都有联系……"

秦怡不知道"自古红颜多薄命"，也不知道在重庆有没有青帮、红帮。她在重庆待的时间长了，渐渐知道了这里有共产党，知道了周恩来。本来她心里想的是有机会就走，跟着共产党去抗日，还想着能不能去陕北。此时她心里已经开始渐渐地向往延安，要去延安过一过真正抗日的新生活。

但就在这个节骨眼儿上，她又遇到了坎儿——她发现自己怀孕了。

结婚容易离婚难。怀了孕，行动就更不便，还怎么分手？怎么走？怎么逃？秦怡就这样犹豫着，到女儿降生，直到最后，她忍无可忍。

女儿来到人世后，两个人买不起奶粉，也没有足够的抚养费。陈天国不想着好好挣钱，还是照样整天喝他的酒，话剧和电影也演不成了。更可恨的是，他根本就不拿自己的亲生骨肉当回事，不管秦怡同不同意，都坚持一定要把这个女儿送人。

此事触动了秦怡的底线。她知道自己必须冲破桎梏，即使有了孩子也要离婚，也要离开陈天国。具体计划是："等孩子再大一点，我就要逃，这次是去延安，对，就去延安。"

"可是，带着女儿，您怎么走得掉呢？"我问。

秦怡说："总有机会，总有机会。"

但是，延安和重庆隔着千山万水，要去延安，还必须经过国民党统治的西安。战火纷飞，生死瞬间。

有人就劝秦怡：你不是说演戏也是战斗，靠嘴也能抗日吗？那么在重庆，你好赖还有工作，还能养活得了女儿。当时秦怡认识的导演应云卫，已经在中共中央南方局负责人周恩来的支持下组建了一个左翼的中华剧艺社，专门用表演艺术扛起战斗的大旗。"应云卫也拼命来劝我，说中华剧艺社是我们地下党的。"

"地下党？"当时秦怡对地下党并不太了解，但是共产党抗日，她是懂的。尽管第一次失败的婚姻让她突然陷入了情感的泥潭，但是国难当头，这比任何人的私小困苦都重大得多。

"那好吧，在没有逃离之前，我就先好好地演戏。总之我不能沉沦，不能被'不幸的命运'扳倒！"这是秦怡的打算。

就这样，秦怡很快加入了中华剧艺社，出演了很多抗日和进步的剧目。

"那时都演过什么剧？"我提问，但并不指望秦怡能记得。

但秦怡说："有很多！"

"从1941年到1944年，当时重庆上演的剧目有200多出。比如郭沫若的《屈原》，夏衍的《上海屋檐下》《愁城记》，曹禺的《北京人》，吴祖光的《风雪夜归人》，陈白尘的《大地回春》，等等。"她一口气说了一连串。

或许是演戏救了秦怡，至少让她无暇痛苦。因此，人生但凡遇到不如意，疗伤的最好方式就是做事！

做事使秦怡忘记忧愁，忘记苦难，尤其在抗战时期的重庆，日本军机六年零十个月的大轰炸，给中国人民带来了灭顶之灾，但重庆人"反轰炸""保生产"，更是当年"不屈的主题"。

秦怡就这样在战火中迅速成长，很快脱去了稚嫩，拥抱了坚强！

五
个人苦与国之难

从1938年2月18日到1944年12月19日，整整六年零十个月，日本军机对重庆——这个当时中国的陪都、中国人民抗战的大后方，实行了人类战争史上最血腥、最惨无人道的大轰炸。

秦怡从上海，经武汉，到重庆，正赶上日本飞机的野蛮轰炸期。

有一个词——无差别轰炸，很多人都闻所未闻。什么意思？就是不分军事和非军事目标，日本军机对一切军事、商业、民生建筑，学校、医院、老百姓的生活区，统统实行狂轰滥炸，目的是要把山城炸平，把山城老百姓炸得尸横遍野，从而制造恐怖，让重庆"从地球上抹去"，最终让中国政府害怕、屈服、投降！

除了将"无差别轰炸"作为"总原则"，日本飞行员还具体采用花样繁多的战术，从地毯式轰炸、偷袭式轰炸、回航式轰炸，到疲劳轰炸、诱导轰炸、毒气轰炸、月光轰炸等。

根据 2015 年我在重庆档案文献资料里看到的统计：日军在近 7 年的时间里对重庆持续、频繁、惨无人道的大轰炸，使得重庆监视区内，直接伤亡人数达到了 32829 人，间接伤亡人数 6651 人，两者相加——死伤 39480 人；被毁的房屋、建筑不计其数，灾民人数高达 122786 人！

如今，游客来到山城，会去一个叫"解放碑"的著名商业中心打卡，很多男孩子还知道在那里可以打望到众多美女，因此，"解放碑"就像北京的"王府井"、上海的"南京路"一样繁华。

然而，现在很少有人知道：当年的"解放碑"真的有一座石碑。最初将石碑竖立在这里，是因为日本人在这里炸出了一个直径很大的弹坑。为了不忘国耻，浴血反抗，中国人先在这里竖起了一座碑塔，名叫"精神堡垒"，而后这座碑塔也被炸掉了，人们又在原地竖起了一根高高的旗杆，以示重庆人"精神不倒"，会跟日本鬼子死磕到底——中国人能够抗战到底的决心，和山城一样，永远屹立！

在上海秦怡家里采访的时候，我问 93 岁的她："您那时也经常跑警报吗？"这是众多采访提纲当中很重要的一问。

秦怡说："当然会。有时几天一跑，有时一天要跑好几次。很多次我刚从洞里爬上来，空中警报又响起来了，我们就得立刻再跑、立刻跑。"

秦怡说的"洞"是防空洞，"跑"就是"重庆大轰炸"期间，人们为了生存经常要钻防空洞的一种生活常态。因此，"跑警报"作为一个在重庆人尽皆知的家常词，已经载入历史——记录着那个时期，那段空前恐怖、惨烈的日子。

当时的警报有两种：一种是"有声的"，另一种是"无声的"。"有声的"好理解，就是刺耳的警笛不断地在你的头顶嗡嗡嗡鸣响；而"无声的"是人们在城市的一些制高点上"挂灯笼"——每每第一个"红灯笼"挂起来，代表日本军机已经从武汉起飞，避难者大约还有两个小时的时间进行准备，当第二个"红灯笼"挂起来，日本军机就已经入川，大家可得抓紧时间，赶快躲进防空洞里小心避难——这就叫跑警报。

因为要采访制作 45 分钟的电视专题片《重庆大轰炸》，我在重庆采访过很多"大轰炸"的亲历者。

除了"解放碑"外，在重庆闹市中心渝中区还有一条"五四路"。今天的人们猛地一看街牌，或许会猜想这是为了纪念五四运动而命名的。其实不然，这是为了铭记 1939 年 5 月 3 日、4 日连续两天日本军机的"无差别大轰炸"——72 架飞机，循环不断，炸弹落地炸开花，大火烧了三天三夜。近 4000 人被炸死，2000 多人被炸伤，5000 多间房子被炸塌，20 余万人无家可归。尤其是 5 月 4 日这一天，日本侵略者简直创下了人类空袭史上"单日死伤人数"突破 5000 人的野蛮历史纪录！

陈桂芳，2015 年时 83 岁，父母在 1939 年 5 月 3 日的轰炸中被炸死。她告诉我，当时她目睹了母亲的肚子如何被大轰炸的弹片切开："我妈从这里（指肚子）就被炸断，我爬到她身上，我的头也被炸了，鼻子也受了伤。至今我脑壳里还有弹片，两只耳朵也整天像拉警报一样嗡嗡直响。"

"大轰炸"不知毁了多少家庭，使多少孩子成了孤儿。

王西福，1939 年时只有 4 岁。也是 5 月 3 日那一天，他和父母正在嘉陵江边的木材厂躲日机："炸弹就落在我们旁边，炸的时候，震动很大，我们藏身的木料堆被炸塌了，我父母当时就被砸死了，我妈的肚子里还有个娃儿，肚子也被压爆了。"

我问他："当时你在哪儿？"王西福说："当时我也在木料堆里，在最底下，因此被炸塌的木料没有砸到我。后来几个工人把木料抽了，把我拽了出来。我看到我父母身上只有骨头，没了皮——遍地是血，肉都压烂了……"

1941年6月5日傍晚，日本军机对重庆市区实施了超过5个小时的连续轰炸。由于轰炸时间长，空袭警报一直在响，市民就只能待在防空洞里。位于较场口的一个叫"十八梯"的大隧道内，数万人挤在洞中。因为人多，时间又长，最后1.2万余人因窒息而死。一张张照片记录着那次"大轰炸"的罪行：洞口堆着一层层的市民尸体，每个人都奋力地向前扑着，争抢着呼吸洞内越来越少的空气。那些人咧嘴、抓胸，死前的面貌惨不忍睹——这就是历史上震惊中外的"六五隧道惨案"。

时隔70年后，秦怡还记得："有一次我糊里糊涂地睡着了。敌机来了，所有人都去'跑警报'。我人小，又累了，没听到，也没人知道我还没走。结果等我醒来，当时住的重庆女青年会的大门已经被上了锁，我想逃都逃不出去。"

"那怎么办呢？"我揪心地问。

"实在没有办法了，就等死吧，最多是个死。"

当时的秦怡只有16岁，她哭，但没人能听得到。她心想难道就这么被炸死了？怎么也不甘。她来重庆是抗日的，还没跟鬼子拼一拼就死了，不行！

"我想到女青年会有个夜校，那里有窗户，或许能逃生。但是为了防空，人们已经用木条子把窗户都给钉了起来，我跑过去使劲地拉，但根本就拉不动。那会儿，头上的警报还在一个劲地响，我小小年纪也不知从哪里来的那么大的劲，应该是求生的本能吧，'哗啦'一下，木条还真让我给拉开了一角。我就拼命地往窗外面跳，窗外是大街，有台阶。我知道要是跳不好，脚骨头都得断，但是也没办法。好在我从小运动能力很好，情急之中先下脚、后下身，用手扒着窗户，一点一点往地下顺，再一下子滚到了台阶上。"

"伤到了？"

"没有，那一次居然没有受伤。我就赶快扒着墙，一步步地走。"

"为什么要扒着墙一步步地走？"我一时没有反应过来。

秦怡说："你敢跑？要是在街上跑，日机的飞行员就能看到。他们看到了就会扫射，用机枪来扫你！"

"啊！那您不害怕吗？16岁，还是个小姑娘。"

"怎么会不害怕？害怕啊！但害怕是没有用的。"秦怡说。

就这样，秦怡一步步扒着墙，最后总算走到了防空洞。回忆这个过程，秦怡跟我说，她当时心里一直在想："这下要死了，大概要死了，大概要死了……"

"如果那一次没跑出去，后来的事实，证明会怎样？"我接着问。

秦怡说："日机走后，我们就回来了——房子都没了。你明白吧？就是我住的那家女青年会，房子都被日机给炸平了，夷为平地！要是那次我没能破窗而逃，肯定会被炸死，也就没有了后来的一切……"

经历了这一次重大生死，秦怡知道，面对死亡，什么都不足以拿住她。而且跟战争、轰炸、生存、死亡相比，生活里的任何事都显得无足轻重。尤其是个人的生活、情感的遭遇，再怎样悲哀、不如意，摆到国家的灾难面前，又算什么！

六
炸不死就要上台！

"在我进入中华剧艺社没多久，《大地回春》剧组挑演员时挑上了我。"

《大地回春》是一出话剧，剧本是陈白尘写的。秦怡在剧中扮演的是一位资本家的女儿。这个女人生活不如意，丈夫又不是什么好人。秦怡在接到这个角色之前已经演过 70 多个角色，一个"新演员"正走向成熟。70 年后，她有一次接受电视台的采访，主持人问她如何会因《大地回春》而一炮走红。秦怡说："那是碰巧，真的是'碰'出来的演得好。"

"怎么回事？"我问。

秦怡回忆："我饰演的角色叫黄树惠，她的家庭生活乱七八糟。她在学校里教书，跟另外一个教员有了婚外情，两个人非常要好，但就是无法走到一起。因为她家里的丈夫很凶、很厉害，黄树惠很怕他。这样的人生我有体会。按照剧情，这个角色需要经常哭，我不用演技，想想自己的不幸，就很难过，本身就每天都要哭。而且那个时候，我的大姐还去世了。这个消息一传来，我就更哭得不行。因此情感嫁接了，每天一想到我大姐，我也会哭。"

秦怡的大姐，很早就参加了革命，跟秦怡的感情最要好。

"大姐还在学校读高三的时候，就经常有进步同学到我家来开会。他们常常会躲进我家堆柴火的房子里，然后叫我望风。我那个时候也就五六岁的样子，大姐说：'你只要看见有人来，朝着我们家要进来了，你就乱笑，或者乱叫，都可以，目的就是用声音给我们报警。'"

秦怡说："好。"

有一次，秦怡望着望着风，还闹出了乌龙。她说："我看见有个人要进我们家了，我就开始拼命地笑，大声地'笑'了好长时间。可是后来那个人并没有进我们家。我还自认为给姐姐他们报了警呢，但过了一会儿，我进到家里，心里还在想：'唉，他们听了我的报警还一个个都真的躲起来了，躲得还挺快，都躲到哪里去了呢？'结果大姐从柴火堆里跳出来，说：'侬个小妮，我是说侬要是看有人要进我们家了，再笑，没人进来，你笑个什么劲？'哈哈，一场虚惊。"

大姐对秦怡好，支持秦怡去读教会学校，了解外面的世界。她是秦怡情感和内心的依靠。

但大姐死后，报丧的信在路上走了很长很长时间，到秦怡手里的时候，做什么都来不及了。

所以秦怡一想到大姐，就难过，就忍不住要哭，这就碰巧把自己的真情实感嫁接进了《大地回春》里。每次演出，秦怡都能打动观众，也获得了导演们的好评。大导演史东山说："当初我就没看错，这个小妹妹很会演戏，将来也一定有出息。"从此以后，他给秦怡安排的角色就越来越多。

"既然无法摆脱，那就浴火重生吧！"这是秦怡后来经常对自己说的一句话。

日本军机野蛮轰炸，连连创下屠杀平民数量的纪录。虽然很多重庆市民被日寇的暴行夺去了生命，但人们的抗战信念却越炸越刚！当时的口号是"重庆不死，中国不降""中国只要不降，就能把日本人牢牢拖在东方的战场"！

事实上，我们中国人真的就是用自己的血肉之躯，用赴死、牺牲，消耗了日本侵略者的国力、军力，使他们"三个月内灭亡中国"的叫嚣以及后来"要把重庆从地球上抹去"的疯狂，最后都变成了无耻的一厢情愿。

秦怡回忆："现在的人根本想象不到'大轰炸'以后的重庆是什么样子——全城大火。我们经常跑到山上，躲在最高的地方。那个火，现在怎么做布景都做不出来——一片火海。每一场大火都不晓得烧死了多少人。"

"所以重庆人越炸越坚强，是因为人们心头有仇恨。仇恨有时也是一种力量。"我猜道。

秦怡说："对。所以我们要抗战！抗战到底，就是胜利！"

秦怡说起她还有一个妹妹，因为年纪小，抗日战争爆发后逃不出上海，只能跟妈妈一起留在了家里。"后来我回到上海，她讲给我听，说当时上海有很多人住在外白渡桥（这座桥是连接黄浦区和虹口区的一个过河通道。1856年初建时名为"威尔斯桥"，1876年改叫"公园桥"，1907年以后就叫"外白渡桥"了）的两边。日本宪兵队每天带着狼狗守在桥头，一有中国人过桥就放狗来吓。日本兵不是放狗咬人，而是任由大狼狗的前爪扒上人们的肩膀，吓得人们不是跌倒在地，就是摔得血流满面。那些摔晕过去的人，当然也会被狼狗吃掉。"

"那是在侮辱我们中国人！"

"是的。但是重庆人好坚强，我们当时就是相信：你日本鬼子的飞机来吧，再多也炸不光所有的重庆人！只要重庆还有人在，就会不断地挖洞，就会在防空洞里继续生产，只要还有食物、药品、用品、武器，我们就能顽强地活下去！"

上有敌机的疯狂轰炸，下有防空洞内重庆老百姓的生产和生活。地处重庆西南部、嘉陵江东滨的一个行政区叫沙坪坝。我在很多资料里都看到过"沙坪学海"，那里有很多学校，孩子们白天去上课，晚上就来剧场看话剧。没有车，人们就靠两条腿走，热情高涨地主动接受抗战文化、进步文化。

1939 年 1 月，中共中央南方局在重庆正式成立，周恩来任书记。在周恩来的领导下，重庆有了一支抗战文化军。1940 年还专门成立了文化工作委员会。在郭沫若和阳翰笙的推动下，不仅成立了中华剧艺社，还有其他 20 多个进步剧团。

从 1940 年到 1945 年，文艺界利用头年 10 月到次年 5 月重庆常常因大雾笼罩，日本军机不能有效进行大轰炸的"雾季"，进行抗日演出，激发广大人民群众救亡图存的抗战斗志，这就是著名的"雾季公演"。

我们在沙坪坝采访时，摄制组找到了一个剧场——抗建堂。这个剧场原来就有，被日本军机炸毁后，又重建，就取名为抗建堂——秦怡当年经常在这里演话剧。

我问："您还记得抗建堂吗？"

秦怡说："记得，怎么会忘，一辈子都不会！当年我们经常在那个剧场里演话剧。尽管大轰炸期间，重庆老百姓的生活非常艰难，生死往往只在一瞬间，但人们经常会跑到国泰大剧院、抗建堂这样的地方来看我们演出……"

当年"六五隧道惨案"发生时，那些没有从较场口隧道中爬出来的老百姓，遗骸后来都被埋进了一个叫"黑石子"的"万人坑"。今天，我们虽然不能为每一个死难者竖碑，让他们的冤屈与日月并载，但他们的蒙难却唤起了重庆乃至全中国数以万计、万万计的军民的抗日决心！

信念对战时的重庆是天，信念不倒，天就塌不下来！

著名合唱指挥家、1938 年在重庆奠定了自己的职业方向的严良堃老师曾经总结："6 年大轰炸，重庆文学、艺术、戏剧、美术等文化的奇迹竟攀上了一座'高峰'，各地名人齐聚在此，创作空前繁荣！"

郭沫若当时也住在沙坪坝。老舍的《四世同堂》也是他在重庆蛰伏期间完成的。

"话剧究竟有多大的感染力？我们小小的演员，后来被证明也为国家出了力，我们没有辜负时代，真是'用嘴也能抗日'了。"秦怡一边回忆一边感慨。

我问："您那时还算小演员？当年在重庆，您和舒绣文、白杨、张瑞芳可是并称中国话剧界的'四小名旦'啊！"

秦怡听了笑笑："就是在你们去拍摄的抗建堂，有一次又稍微起了一些雾，我们就想演他一场。但刚刚演到半场的时候，敌机就来了，也不知怎么地就开始轰炸。我记得我当时赶紧趴在椅子底下，那时我还挺胖，也爬不进去，头在椅子下，屁股就不知道在什么人的脚中间了，哈哈……"

"那当时是来不及去防空洞了吗？"

秦怡说："对，根本来不及。敌机来得很突然。但飞机飞走后，我们马上就又钻出来，是我说'我们接着演！接着演！'，大家也都附和'好！好！'。就这样，我们就继续演。"

"观众也没走？"我问。

秦怡："观众？有的没走，还有不知道从哪里又来的一批。"

"那你们就继续演，观众就继续看？"

秦怡："对。那场景，很感人。中国人当时都非常团结，我们有一个共同的愿望，那就是有一天抗战会胜利，重庆能熬过去！"

一句"熬过去"，不知道承载了多少苦难、抗住了多大的生命威胁。但中国人真的熬过来了。

在重庆，中国人用自己的血肉，扛着日机的狂轰滥炸，不仅捍卫了自己的国家，也为世界反法西斯战争，做出了巨大的贡献！

七
"战火烧出了我的坚强！"

说老实话，人活过了 90 岁，即使是著名的电影女演员，是否还能面若桃花、美貌长存？我真是想不到。

2015 年，我们专程来到上海采访秦怡，这位"东方女神"依旧魅力袭人。

那一天是秦怡亲自开门把我们摄制组迎进了她的家。老太太化了淡妆，天后级的演员嘛，不化妆怕是不能见人的。我年轻时也参演过专业的话剧，知道秦怡那天的妆只是"略施了一些粉黛"，没有浓眉、没有黑眼影，相反，淡淡的口红、浅浅的眼影儿，拿捏得恰到好处，既不失一代"影后"的天生丽质，也不与她的年龄相抵牾。

或许，在外界看来，即便是历经坎坷，秦怡也是一生活在摄影棚，被千人仰、万人迷的大明星；戏外也是娇滴滴、风情万种的大小姐。然而，熟悉她的人都知道，秦怡除了年轻时被拽进过一段可怕的婚姻，之后的情感、家庭、生活也是深一脚浅一脚的。

时代会给一代人带来什么？会把人塑造成什么样？有客观的必然，也有自己主观的认定和选择。

说起第二次婚姻，秦怡一点也没有回避。她没有等我深问，就说："第一次婚姻我是没得选，当时我才 17 岁，什么都不懂。生了一个女儿，后来这个女儿还很固执、很犟，我们的关系也并不亲密。第二次婚姻是我自己选的，但丈夫也是好酒的，后来把胃都喝坏了。我们有一个儿子，'文革'的时候他这里（秦怡指着脑袋）受了惊吓，16岁就被诊断为急性轻度精神分裂症。从此，我一方面照顾丈夫，一方面要特别照顾儿子……"

若非秦怡亲口跟我说，我还真不太愿意相信。网络上的很多介绍或许是真的。

抗日战争结束后，秦怡从重庆回到上海。那时的她已经是与周璇、胡蝶、王人美等人并驾齐驱的中国电影大明星了。

1947年，秦怡25岁，她在香港认识了当时的中国"影帝"金焰。尽管金焰大秦怡12岁，还是王人美的前夫，但二人会面后，相见恨晚。

这一次婚姻是秦怡自己选择的。她不仅看中了金焰的演艺成就，也知道他出生于汉城（今韩国首尔），幼年随父母迁到中国并加入了中国籍，也算是一位革命者的后代。

火花碰撞之后，二人很快就步入了婚姻的殿堂。当时的证婚人还是郭沫若。1948年，两人便有了他们的宝贝儿子——金捷。

这第二段感情，原本在选择之前是被秦怡看好的，她以为从此自己可算是找到了生活的依靠和幸福。但是人说，"人生如梦，跌宕如戏"。有的人，一辈子生活得都很平稳。但有的人，却需要一辈子咬牙含泪坚持。秦怡就是后者。

婚后，秦怡的事业蒸蒸日上，出演了好几部火遍中国大江南北的影片：《遥远的爱》《上海屋檐下》《马兰花开》。夫妻二人还一起主演了电影《失去的爱情》。但是金焰性格直率，不会隐忍，面对很多他看不过眼的事直言不讳，这样就得罪了很多人，渐渐地无戏可拍，家庭收入只能靠秦怡一人。长此以往，"影帝"觉得惭愧，比不上妻子，内心消沉，开始借酒浇愁，每每让秦怡痛苦万分。

为了儿子（又是为了孩子），秦怡这一次没有离婚。她默默地忍受，尽量把精力往事业上转移。后来，金焰因大量酗酒引发了胃出血，从此不能工作，不能持家，甚至需要妻子每天在床边悉心护理。

今天，我们身处网络时代，人们通过上网可以很容易地看到太多有关秦怡的照片：她自己的、她和第一任丈夫的、她和第二任丈夫的。大多数照片青春四射、风光靓丽，但有两张，深深地打动了我。

一张是秦怡在公园拉着看起来走路并不太利索的儿子在散步。金捷高出妈妈整整一头，但没有妈妈，他仿佛寸步难行。另一张是秦怡在家里给儿子洗头。秦怡站在水池边，挽着袖子，挓挲着手，脸上没有化妆，及肩的短发也有些凌乱——儿子明显已经成年，但头还是要妈妈给洗。

因为生病，金捷经常对妈妈不知轻重地打骂，秦怡从来只有忍让。丈夫金焰，卧病在床二十多年，秦怡也是不离不弃，悉心照顾，无怨无悔。

丈夫去世后，"一直到儿子64岁时也去世，无论是他吃饭、吃药、洗澡、理发、刮胡子、剪指甲，我都没让别人动过一次手"。

"真的吗？"我不是不愿意相信，是有点无法相信，"要是您有演出呢？要是外出拍电影呢？"

"每天都要往家里打电话，不管我在哪儿。"

听到这里，我的眼眶湿了。

同为女人，我知道一生中什么东西对她最重要，一个是丈夫的爱，另一个是对儿女无怨无悔的付出。但是这两样，第一样，秦怡没有，哦，不是说完全没有，是太少、太短、太不纯；而第二样，这一儿一女，除了让她失望、伤心、心疼、无奈，她没有得到应有的回报。

一边是两次不幸的婚姻，另一边是家庭的牵绊。有人质疑秦怡是怎么活过来的？不仅一年年悉心照料生病的丈夫、儿子，而且她自己的事业也一刻没有停歇，90多岁了还在为国家和人民做着各方面的贡献，攀登着一个女演员德艺双馨的巅峰。

"这或许都是因为我年轻时在重庆艰难的岁月里生活过，苦难的人生、复杂的生活环境，反倒给了我坚强的性格。"

"这跟您的选择有关吗？"我问。

"有关！"

秦怡的演艺生涯起步于重庆。打那时起，她心底就有了一块可以让她完全依靠的"基石"，或者说"主心骨"，那就是："胸怀国家，为民族做事。"

有了这个选择，担起了这副重担，"你就不会沉溺于个人的不幸与悲伤，就能天不怕、地不怕，心里永远会感到有力量，一辈子都很充实……"。

八
"100岁也要为人民演戏！"

拉一张秦怡事业成就的单子：

1947年，抗战胜利后回到上海，作为特约演员，出演了内容尖锐、有强烈控诉意义的影片《无名氏》。

1949年，新中国成立后，先后任上海电影制片厂演员、演员剧团副团长，主演了新爱情悲剧电影《失去的爱情》。

1951年，在影片《两家春》中出演勇敢的北方农村童养媳坠儿，该片获得1949—1955年文化部优秀影片故事片三等奖。

1956年，在抗日题材电影《铁道游击队》中饰演芳林嫂；在影片

《马兰花开》中塑造了性格坚毅的铲运机工人马兰，角色均深入人心。

1957 年，主演新中国第一部体育题材的彩色故事片《女篮五号》，该片获得第六届世界青年与学生和平友谊联欢节国际电影节银奖和墨西哥国际电影节银奖。

1960 年，主演影片《摩雅傣》，在影片中饰演新中国成立后成长起来的第一代傣族女医生。

20 世纪 80 年代初，出任上海电影演员剧团团长。

1982 年，主演了多集电视连续剧《上海屋檐下》，借此获得第一届大众电视金鹰奖优秀女演员奖。

1995 年，获中国电影世纪奖最佳女演员奖。

2008 年，出演电视剧《母仪天下》，并参演了我国首部反映农民工子弟生活的电影《我坚强的小船》。

2009 年 2 月，获得全国妇联和《人民日报》等媒体授予的中国"十大女杰"光荣称号；5 月，获得"全国五一劳动奖章"；9 月，出席"光荣与力量——2009《走近他们》年度十大人物颁奖典礼"；10 月，在第 18 届金鸡百花电影节获得终身成就奖；11 月，为庆祝秦怡从艺 70 周年，上海市文联、上海电影集团等单位为她专门举办了"秦怡电影回顾展"。

2010 年 4 月，在江阴市参加金鸡百花奖颁奖仪式；6 月，被评选为"十大感动母亲"，荣获"母亲真情杯"奖；7 月，参与创建"秦怡艺术馆"；9 月，担任电影《情醉富春江》主角；10 月，策划并参加了首届上海中外无声电影展的一系列活动。

2011 年 1 月，89 岁的秦怡还出席了中国文联百花迎春联欢晚会，拍摄了以《秦怡》为名的专题艺术片；4 月，出席第一届北京国际电影季；5 月，"秦怡艺术馆"正式落成开馆。

2013 年，参演微电影《幸福家味道》。

2015 年 3 月，担任电影《铁道游击队》艺术顾问；6 月，由她本人出品、编剧、主演的电影《青海湖畔》在上海国际电影节首映。

2016 年 3 月，助阵电影《订制爱情》开机发布会。

2018 年 3 月，入选《中国电视剧 60 年大系·人物卷》。

2019 年 9 月 17 日，国家主席习近平签署主席令，根据第十三届全国人大常委会第十三次会议表决通过，授予 42 人国家勋章、国家荣誉称号。其中，已经 97 岁的著名电影表演艺术家秦怡，被授予了"人民艺术家"的国家荣誉称号。

············

2015 年，我在上海秦怡的家里完成采访之后，在《养老革命》一书中写了一篇名为《93，我的天！》的文章。那时候已经 93 岁的秦怡让我钦佩不已，感觉她已经登上了人生的巅峰。哪承想，同年，她就出品、编剧并主演了电影《青海湖畔》，在影片中饰演一位 60 岁的女工程师。在青海拍外景时，她不顾高原反应，跟大家一起谈笑风生……

93 岁还在演电影，这个秦怡已经"逆天"了。但让人更加惊讶的是，两年以后，95 岁高龄的秦怡被导演陈凯歌邀请出演了电影《妖猫传》，饰演一位织白绫的老宫女——白发红颜，复杂、沧桑、恐慌、悲伤，秦怡的演技打动了无数观众。老太太的敬业与认真让与她搭戏的年轻演员黄轩、染谷将太以及导演陈凯歌敬佩不已……

秦怡的美，不仅在容颜，更在于从心灵深处散发出来的坚毅、宽容与高贵。

面对这样的老太太，也许有人认为那是因为她营养好、身体好，因此能健康、长寿。但事实并不是这样。"文革"的时候，她患上了肠癌，但她没有让自己倒下，一边坚持治疗，一边迈开双腿坚持走路——每天 5000 米、10000 米。后来，用她自己的话说："癌症是让我给逼走的，我感谢走路，非常非常感谢。"

生活的磨难，反倒溢出了秦怡的坚韧与大爱。

1937 年从上海逃出的时候，秦怡拍了一张照片，当时的头发是烫过的，但为了戴军帽，她把一头鬈发"咔嚓"一剪子剪了，从此从一头青丝到满头白发，她始终都是齐耳蓬松的短发。97 岁时，她病重入院，样貌有点变了，看得人很心疼……

又过了两年，99 岁的秦怡竟又重返舞台，坐着轮椅，精神焕发。她当场宣布："人民的演员就要为人民演戏，为此，我要演到 100 岁！"

"人从复杂、苦难的环境里走过来，才明白应该怎样地去生活。"我又想起秦怡说过的这句话，想到她从青年时期就追求的人生价值。对老太太来说，何以人生近百还能拥有不竭的生命力、精气神？或许答案是明摆着的。

儿子金捷从小爱画画，秦怡只要有空了，就带着他到大自然中去画山画水画花草。后来，儿子的一幅水彩画以 2500 美元的价格被一位外国著名导演买了去。秦怡替儿子把这些钱分文不少地捐给了山区的贫困孩子。

2008 年，汶川发生了 8.0 级大地震，秦怡在一次赈灾义演中捐出了 20 万元。在外人看来，这 20 万元或许只是秦怡全部积蓄中的一部分，哪里晓得，那是她一辈子的积蓄，倾尽所有。她的女儿有一次提起这件事时，说："我妈妈捐完款，手里只剩下 1400 块钱的生活费，她也不担心自己晚年的生活。"

秦怡立刻说："担心什么？下个月的退休金就要到了，不就又有钱了！"

外界看到的，永远是秦怡那张细嫩而没有皱纹的脸。但我有幸跟她面对面，坐得很近，就看到了她的一双手。那是一双家庭主妇的手，是一生辛苦的手，是为儿女操劳的母亲的手……

秦怡的儿子金捷64岁时走了。在弥留之际，秦怡一直在病床边守着他。"突然，儿子坐起来，叫了一声妈。当时我就在他身边，我说：'小弟，妈妈在这呢，在这呢。'他重复了一句，说：'啊，妈妈。'他很高兴，很开心的样子，然后'咕咚'一下躺倒，就再也没有醒过来……"

第二章

一息尚存，就要挑战生命极限

——共和国老兵朱彦夫

即便说上 100 次"不可思议"，也无法解释朱彦夫九死一生，屡屡陷入生命的极限，却绝处逢生、越战越勇、初心不改、无悔无怨的一生。

他是一个怎样的人？他赶上了一个怎样的时代？走了一条怎样不平凡的路？又做出了何种艰难的人生选择？

当著名军事专家董保存老师把国家退役军人事务部山东省厅联系人的电话发到我的手机上，让我自己直接联系采访时，说老实话，我不是没有看过朱彦夫的事迹，不是对这位共和国老兵没有一点了解，但我怎么都无法想象：一个失去了手脚和一只眼睛的人，怎么能够创造出生命奇迹？想不出答案的我在心里一遍又一遍地叩问、翻滚、奔突。

9 岁时，还是一个孩子的朱彦夫就亲眼看到日本鬼子如何杀害了自己的父亲，吓晕了母亲，他自己的肩头也被日本士兵挥起的军刀砍下了一块碗口大的肉。从此，他心里就装满了铁砣一般沉重的仇恨！

11 岁时，八路军来到他的家乡。他要当兵，要找日本人算账！但是八路军嫌他年纪小，没收。

14 岁时，他又听说部队在招兵。因为年龄不够，报了名还是被劝退。他不甘心，就翻山越岭悄悄跟在队伍后面。身上揣了一兜子地瓜干，饿了就啃，渴了就抓把雪往嘴里塞。他是非要当兵打仗不可。

16 岁时，已然成了一名"老兵"的朱彦夫跟着解放军打济南，过长江，在解放上海的战斗中一个人炸飞了敌人的三座碉堡，之后火线入党。从此，党的形象、信念牢牢地扎根在他心里。

新中国成立后，战火突然烧到了中朝两国的边界鸭绿江。朱彦夫加入了抗美援朝的部队，在长津湖边的 250 高地阻击以美国为首的联合国军的南逃——山头被飞机轰炸得如同被翻耕了好几遍，连长、指导员、排长、班长和最后全连剩下的 52 名战士都被炸得粉身碎骨。朱彦夫被炸昏迷后被埋进了零下 35 摄氏度的冰雪中，全连只有他一个人死里逃生……

就是这样一位"因为要报仇"而走向革命的"老兵"小战士，被部队找到后送进了野战医院。他先后经历了 47 次手术，昏迷了 93 天，但等他终于奇迹般地醒来时，本能地去抓枪，却发现手没了；本能地要站起来，却发现脚没了。因为严重的冻伤、溃烂，野战医院的医生不得不一次次、一截截地锯掉了他的手脚和四肢。至于那只左眼，先是被飞机的弹片崩出，昏迷在冰雪中偶尔被疼痛刺醒的他，因为连续多日粒米未进，误以为从脸颊滑到嘴边的那颗眼球是吃的东西，便吸溜一下吞进了腹中……

高大勇猛的汉子，忽然变成了一截身高不足 1 米的"肉轱辘"，朱彦夫疯狂地喊叫："不！怎么会这样？怎么能这样！"

医生护士们陪着流眼泪，说："你能活过来已经是生命的奇迹。"

但他继续喊："不！这样的'活过来'，不能上战场杀敌，那我活着还有什么意义？"

…………

伤情稳定之后，国家把他安置在荣军休养所，但朱彦夫打定了主意，不能就这样一辈子靠国家养！他要回家，"与其腐烂，不如燃烧"。于是，朱彦夫毅然回到了山东沂蒙山老家，一遍遍练习自己穿衣吃饭，拉屎撒尿，穿脱假肢，拄拐行走。几年后，又被乡亲们选为村支书，从此便带领乡亲们打响了"整山造地、打井引水、高山架电"的三大战役，在田头地垄、山顶沟壑，他拖着沉重的假肢，无数次把自己摔伤，但就是这样，无论酷暑严冬、泥里血里，他始终顽强地与命运抗争。

不死就不下火线！先让乡亲们吃饱饭，然后又使张家泉村从一个没有耕地、没有水、点煤油的穷村子，变成了"山顶松柏戴帽、山间果树缠腰、山下粮丰林茂"的美丽新乡村。

这一切不是神话！这一切是怎么实现的？

多少年来，当人们一遍又一遍地问他：你一生多次面对极限绝境，是如何一次次顽强地活过来，又如何一次次创造了生命的奇迹？

朱彦夫总是这样回答：多灾多难的生活，战争的磨砺，给了我不畏艰难、坚强不屈的品格；共产党领导下的正义战争锻炼并培养了我，给了我视死如归的豪气、百折不挠的胆识和不达目的决不罢休的韧性。还有一点，也是最为重要的，就是战友们用他们的死换来了我的生，如果离开了这个前提，一切就都无从谈起……

岁月年轮

1945 年 8 月 15 日正午，日本天皇通过广播对外宣布：日本已经接受《波茨坦公告》，将实行无条件投降。9 月 2 日上午 9 时，标志着第二次世界大战结束的日本投降签字仪式在停泊于东京湾的"密苏里号"舰船主甲板上举行。9 日上午，中国战区的受降仪式在中国南京中央军校大礼堂举行。至此，第二次世界大战结束，中国人民浴血奋战了 14 年的抗日战争也宣告取得了最终的胜利。

就在抗日战争即将取得彻底胜利，中国人民迫切需要休养生息、和平建国的重要时刻，国民党主席蒋介石电邀中共中央主席毛泽东赴渝"共商国是"。当时对于要不要"以身犯险"，中共内部意见不一。但毛泽东主席为民族大义计，说："我准备坐班房……如果是软禁，那也不用怕，我正是要在那里办点事。"

"重庆谈判"似乎让人们看到了两党"必须共同努力，以和平、民主、团结、统一为基础……长期合作，坚决避免内战，建设独立、自由和富强的新中国"的一线曙光，柳亚子当时还写诗盛赞毛泽东是"弥天大勇"。但《双十协定》达成不到一年，国民党就单方面撕毁协定，大肆向解放区进攻，共产党被迫反击，这就有了之后共产党"为推翻国民党统治、解放全中国"而进行的解放战争，更有了辽沈、淮海、平津三大战役，基本消灭了国民党军队的主力，于1949年10月1日在北京天安门城楼宣布中华人民共和国中央人民政府成立。

刚刚成立的新中国，国力羸弱，民生未健，东邻朝鲜再起战火，支持韩国的美国飞机多次侵入中国领空，叫嚣"在历史上，鸭绿江并不是中朝两国截然划分的、不可逾越的障碍"，并轰炸我国丹东地区。彼时彼刻，唇亡齿寒，战火即将燃烧到鸭绿江边……

一

饥饿如影随形

在山东沂蒙山，有个名字听上去很清灵的小村子——张家泉村。

那里有山有水，有树有景，有良田沃土，有世外桃源一般的美好生活。但如此这般的描述只是人们的想象，朱彦夫对自己家乡的形容是这样的：

"山，倒是绵绵连连，可不秀不美，荒而贫瘠；水，根本就没有，靠天吃饭，十年九旱。老一辈人讲，这村子原本是叫张家庄，旱极了，穷极了，人们这才满怀希冀地把它改叫作张家泉，是盼着有一天能泉水叮咚，粮丰囤满。"

1933 年的夏天，暴雨如注，山洪肆虐，不分昼夜，沂水河泥沙俱下，势不可当。一声声闷雷从红崮山山顶滚滚而下，擦着张家泉村的上空，把灾难甩给了这个人口不到 600 人的小山村。

在山洪咆哮短暂停歇的空隙，村子里死一样地寂静。

一位 40 岁左右的男人，用树干支起摇摇欲坠的屋顶，又在上面铺了一条草席，一边捋着满头的雨水，一边踩着满屋的淤泥，一步跨到了土炕前，低头去看媳妇刚刚为他生下的孩子。这孩子是个儿子，小脸儿先憋得发紫，同时拼命地用脚蹬踹，终于发出了一声洪亮的啼哭，大声宣告着自己来到了这个人世。

后来朱彦夫总是对人讲："我的出生，就是伴着一场灾难而来。"

那一年的洪水，把全村的庄稼几乎冲了个精光，很多人家的房子也塌了，6 个乡亲不幸被洪水卷走，更令人绝望的是，没了庄稼，就断了全村人生存的希望。村里好几户人家不得不携儿带女，泪流满面，一步一回头地从红崮山山脚下一条狭窄的小路外出，去逃荒、要饭，去寻找可能的生路。

爹娘抱着小彦夫，喜一苦九，在这样衣食无着、贫困交加的时刻："儿啊，你不该出生，你来了，让爹娘可怎么把你养大成人？"

事实上，朱彦夫刚一降生，娘干瘪的乳房就挤不出一滴奶水。小彦夫上面还有个 8 岁大的姐姐艳花。一家四口得吃、得喝，可没了庄稼，顶梁柱子的爹一点办法都没有。他站起身，心一横，决定到外乡去打短工。从此家里的每一口吃食，就靠一个字——讨。

　　讨饭的日子不好过，每天天还没亮，姐姐就挎上一个小篮子，光着脚，挨村挨户去乞讨。但大灾之后，家家户户都没有吃食。8岁的艳花就只有翻山越岭，去更远的地方。稚嫩的小脚上，没有鞋也没有袜，经常被山道磨得鲜血淋漓。娘心疼地抱着女儿说："就到近处去挖点野菜、摘点树叶子吧。"但近处哪还有野菜，树上的叶子也早被人摘光了。懂事的艳花就说："娘，您别心疼，我的脚没事，磨多了就能起茧子。娘要是光吃野菜，哪里有奶水喂大弟弟？"

　　挨到冬天，小彦夫半岁了，娘把他用一件破夹袄紧紧地裹在怀里，又找来一些破布条子把姐姐的脚缠起来。娘开始带着一儿一女外出讨饭。从此这番情景仿佛永驻了，尤其是大雪纷飞天，老天爷用铺天盖地的雪花染白了村庄、山道。朱家母子三人，总是"娘抱着我行在前，姐姐挎着篮子跟在后，然后深一脚浅一脚地行走在没有尽头的雪地上……"。

　　沂蒙山的雪啊，一下起来就没完。

　　姐姐手脚被冻裂的口子，总是不断地出血、出血。朱彦夫长大后，两个同音字："雪"和"血"，就这样一白一红，深深刻在他的脑海，挥之不去，永远相伴。

　　有一次，他们走到了离家八里远的刘庄，艳花讨来了半块地瓜，握在手里，还有些温热，让娘快吃下去。可是娘接过地瓜，看着女儿冻得青紫的脸蛋和皮开肉绽的小手，眼窝子里都是泪，说："闺女，你这地瓜俺咋能吃得下去，你吃吧，好孩子，听娘的话，你吃饱了，才能给娘和弟弟去要饭。"艳花却说："还是娘吃，娘吃了，弟弟才能不饿，才能活。"

　　还有一次，他们走到一户还算殷实的人家，朱漆大门外的一根石柱子上，放着一块不知道是谁吃剩下来的烙饼。朱彦夫后来听娘说："你姐眼尖，看到有吃食，大叫一声，就赶快跑过去，伸手要拿那块饼。但或许是太急了，柱子又高，她两只脚想踩上去要抓那块饼，谁知脚下一滑，就摔倒了，两条腿正好磕在石柱子旁的台阶上。"8岁的孩子，当然会疼得大哭，但眼睛看到了烙饼，又连忙高兴地说："娘，是烙饼，是烙饼！"

回家的路上，娘怀里抱着小儿子，手上拉着受伤的大女儿，在山道上跟跟跄跄。

艳花脚下一瘸一拐，越走越慢，已经不像她平时走路的样子。娘停下脚步，艰难地蹲下身，这才发现女儿的膝盖早已磕烂，一道血口子翻着皮肉，血顺着小腿流到了脚上，又渗透了裹着脚的破布条，清晰地印在一路走过的雪地上。娘心疼得直哭，连忙从自己的夹袄上撕下来一条黑布，压住了姐姐的伤口……

最初听朱彦夫讲小时候的故事，我也曾奇怪，通常农村家庭里不会出现姐弟之间差8岁的情况，爹娘生养得都会比较密。后来我才知道，在朱彦夫前面，其实还有两个哥哥、一个姐姐，都是因为家里没吃没喝，最后没有熬过每年必至的严寒风雪，夭折了。朱彦夫之后，还有一个比他小5岁的弟弟，叫朱彦坤。父母总共生下了6个子女，最终活下来的却只有3个。从此，这个五口之家相依为命，"爹除了在村子里种着三亩多的山岭薄地，每年都要到外乡去打工。娘在家里照看弟弟，我和姐姐每天上山挖野菜，外出去讨饭"。

那时计划采访朱彦夫，我有一个问题一定要问："您整个的童年和少年时期，可不可以说始终被饥饿追赶着，如影随形？"

相信朱老一定会说："是的，真是这样。"

家乡的每一座大山、每一座小梁，朱彦夫是熟悉的，而且每一寸土地都被他稚嫩的脚丫踩过。

哪一天你不出去"讨"，就没有饭吃。"讨饭"倒变成了"家常便饭"。人活着，"吃饭"是比天还大的事，什么事跟"饿肚子"比，都不算事。

小的时候，他还不知道"朱门酒肉臭，路有冻死骨"，但一路讨饭长大的他看到了人间的不公，命运的不同。在他幼小的心里，一颗"反抗"的种子，靠饥饿之土、欺凌之土、绝望之土逐渐"养大"。当这颗"种子"生根、发芽、破土、长大，天生就带了坚韧倔强、不屈不挠的基因，长大后更有着顽强的生命力。

如今的孩子，已经根本不知道什么是饥饿。而对朱彦夫来说，他的童年、少年，甚至包括他 14 岁开始追赶队伍当兵打仗，饥饿始终如影随形。最惨的时候，他四天四夜粒米未进。在战场上饿极了，咬棉被、吃棉套，"断肠"的滋味让他刻骨铭心。日后，朱彦夫之所以能够频频创造出"生命的奇迹"，做出一个又一个常人根本不可能做出的壮举，即使站立在人生的极限之巅，依然能越挫越勇，越苦越强，是因为他的基因土壤里天生含着"苦难"与"绝境"，后天党的教育，更使他用"不屈"和"反抗"一遍遍把土地夯实。到了党和时代需要自己的时候，能够"吾以吾身为吾国"，为战斗、为胜利而闪闪发光！

二

"爹让日本鬼子给杀死了！"

在苦水里泡大的朱彦夫长到 9 岁时，个头不高，但身心都积攒着一种早熟的力量。这时姐姐已经是个大姑娘了，娘不放心再让她外出行乞。朱彦夫便挺身而出，挎上讨饭篮，开始一个人爬坡过岭，淘换一家人的"口粮"。

娘对他当然也是日日担心、天天嘱咐。不过他说："俺不怕，俺什么都不怕。条条山路俺都熟了，光着脚都能走到 40 里以外的蒙阴县！"但娘担心的并不是他会不会迷路、摔倒，而是外面的世界太混乱，有土匪，有日本兵，后来有了国民党。

说起日本人侵略中国怎么会来到山东沂蒙山的大山深处？那是1938 年年底，当时的国民党山东省政府主席沈鸿烈，带领着省政府机构人员，驻扎在鲁村，忽然听说日本人已经打入沂源县了，便赶快携枪带马迁到了离张家泉村仅仅 40 里地的东里店。

1939 年 6 月 7 日，日军出动飞机，对东里店进行狂轰滥炸。省政府驻地一片火海。国民党守军仓皇出逃，转移到了临朐。三天后，鬼子在东里店建起了炮楼，设立了据点，此后便频频向周围的村庄进行扫荡，弄得老百姓鸡犬不宁，东躲西藏。

有一天夜里，朱家来了一位陌生人，爹有点一反常态，神神秘秘地不断嘱咐家人："以后要是有人问起你们，就说来人是咱家的亲戚，生活困难，在老家待不下去了，投奔咱这来了，啊！"第二天，这位"亲戚"就跟着爹上山砍树、抱石头，要帮家里盖一间新房。

晚上，朱彦夫被一泡尿憋醒了，下炕要去小便。他看到院子里白天刚盖好的那间小草屋里好像有些动静，有人还压低了嗓门在说话，他吓得一激灵，那泡尿也不知道跑到哪里去了。紧接着，爹从里面走了出来，借着月光认出是儿子朱彦夫。小彦夫也认出来了是爹，而且看到爹的脸上泛着一种平时没有见过的光。

爹把儿子领到屋里，然后点上一盏灯。那位"亲戚"也在屋里，就坐在白天他们用茅草铺成的"铺"上。"亲戚"把小彦夫拉到身边，和颜悦色地对他说："彦夫，我早就听你爹说过，你是一个勇敢的孩子，那我就告诉你吧，我是这个。"说着，"亲戚"用手比出了一个"八"字。

"八路军？"朱彦夫脱口而出。

"亲戚"赶忙"嘘"了一声，提醒彦夫："小声点，这可是个秘密。"

朱彦夫心里突然感觉到一种惊喜，他说他外出讨饭的时候，早就听说了八路军。乡亲们都说八路军是穷人的队伍，是抗日的天兵天将，什么都不怕，还会飞檐走壁呢。所以老百姓即使自己吃不饱肚子，也愿意给八路军送吃、送喝，八路军不要，老百姓就一个个自觉自愿地给八路军送信、掩护伤员……

"对，乡亲们说得对。八路军就是打鬼子、为人民的。"

"这样好的神人，今天让俺给碰上了！"

小屋里一派暖意。不过爹说八路军不是神，就是"亲戚"，但是八路军打鬼子的时候不怕牺牲，抗日抗得不要命。爹说这些话时脸上除了兴奋，还有一层朱彦夫从未见过的严肃和庄重。

朱彦夫的爹，大名叫朱青祥。朱家在张家泉村属于外地迁来的独门独户。朱青祥一辈子为人正直，古道热肠，乡亲们谁家有了难，他总是看到眼里，一刻不缓地伸手相助。

那么娘呢？大名叫郑学英，本是蒙阴县人，后来因为逃荒，来到了张家泉村。朱彦夫的爷爷看小姑娘一个人孤零零，怪可怜的，就收留了她。

爹和娘本是同一根藤上的苦瓜，后来结合在一起，共同过着苦日子。虽然日子过得辛苦，但夫妻两人心地善良，明辨是非。

后来朱彦夫长大了，明白了他爹是常年在外乡打短工时遇到了八路军和共产党，一颗本来就在黑暗中寻找光明的心从此有了依归。他带回家的那位"亲戚"，其实是八路军的一位侦察员。"他利用我们家做掩护，四处为队伍侦察敌情。"

有天晚上，朱青祥和那位"亲戚"又悄悄地出去了，到第二天早上还没有回来。郑学英和孩子们一开始并没有特别担心，只是以为两人或许是路走远了，过几天就会打回转。但是一连几天过去了，两个人都没有回来。

"娘就开始急了，打发我到外面去找找。"

小彦夫当时还很高兴，觉得自己终于被娘派了"任务"。他像承担了什么重要的责任，立马挎上讨饭篮，一溜儿小跑地窜上了村东的山路。

然而，还没等朱彦夫想好去哪找人，便在山腰里看到一伙子人影绰绰地走来了。当中还有人骑着高头大马，举着明晃晃的刺刀……朱彦夫立刻警觉："啊，是日本鬼子！"

他忘了找爹和"亲戚"的任务，急忙返身往村子里跑。见了娘就立刻指着身后说："快，快，躲起来，鬼子要进村扫荡了。"

娘一边喊艳花带上弟弟赶快进山躲避，一边又吩咐彦夫："赶快把东屋里那个'亲戚'的东西藏起来！"娘说的"'亲戚'的东西"就是八路军侦察员留在他家的衣服、茶缸和皮带。娘果断地说："赶快把那些东西都藏到咱家屋子后面的小树林去。"

但说时迟那时快，鬼子这会儿已经进了村。而且彦夫发现，他们直奔自己家来了。

彦夫心说不好，立刻从树林里跑回来，他担心爹、担心侦察员，但此时此刻，他更担心娘。等他跑回来的时候，鬼子已经涌进了他家的小院。

朱彦夫一眼认出鬼子兵身后有几个中国人，应当是汉奸。他们抬着一个人，鬼子一挥手，汉奸"扑通"一声就把那个人扔到了娘和自己面前。

"那人正是我爹。"

朱青祥血头血脸，胸膛处也有一片血迹，身上的褂子早就被撕烂，裤子只剩下半截，血顺着腿一直流到了脚面，而且已经是黑乎乎的干血。

"啊？爹死了？爹让日本鬼子给杀死了？"小彦夫看到娘登时吓白了脸，扑到爹的身上号啕大哭，他也本能地一步上前，扑倒在娘的身上。

这时，几个汉奸上前扯起娘，连拖带拽地把她扔到了鬼子脚边，边用脚猛踢她边说："这是你男人？他敢领着八路去侦察皇军的据点！该杀！你说，八路是不是就住在你家？现在还有什么东西留下？快说！"

仇恨是什么？在此之前，朱彦夫从来没有品味过。但当娘挣开汉奸的手，抹了一把头上淌下来的血，一把把儿子拉到身后，眼睛里迸发出一股怒火，朱彦夫明白，这就是因仇恨爆发出来的骨气和胆量。

鬼子嘴里"八格、八格"地乱吼着，突然抽出刺刀，"唰"一下架在了娘的脖子上。小彦夫急了，也不知从哪儿来的勇气，一下挣开了娘的手，把娘护在自己身后，用冒火的双眼紧紧盯着面前狰狞的鬼子。鬼子的大刀"哗"一下抽出来砍下去，朱彦夫只觉得右肩膀一阵钻心地疼，"扑通"一声倒在娘的脚前，便失去了知觉。

不知道过了多久，也不知道后来发生了什么。等朱彦夫醒来的时候，鬼子已经走了。他躺在院子里，浑身是血。那时，他能意识到自己的血是鲜红的，而爹身上的血，已经不新鲜了。

鬼子逼人不得，也没有找到"八路"留下的什么东西，气急败坏地一把火把房子点了，干透了的茅草顺着风呼呼地烧得噼啪作响。

朱彦夫看到大火蔓延，使劲喊娘救火，但他肩膀疼啊，一动就更疼了。仔细一看，那里被鬼子生生砍去了碗口大的一块肉，骨头茬子露出来，白森森的……小彦夫再一次昏了过去。

三
"俺要当兵，要报仇！"

当时因为天热，朱彦夫的伤口不断地感染、化脓，娘只好一次次用剪子剪开他的皮肉，挤走脓血，抹上草木灰，再给他包扎起来。娘心疼的泪水夜夜不断，"天天守着我，也不能出去讨饭了"。

朱彦夫再次从昏迷中醒来时，姐姐正守着他。他们的家已经没了，这会儿他正躺在邻居张婶家的炕上。小彦夫问："姐，爹呢？娘呢？"

姐姐开始不语，就是哭。被问急了，她怕弟弟的伤口再裂开，只能实情相告："咱爹死了，娘和张婶这会儿正领着人把爹埋在咱家屋后的小树林里……"

看着泣不成声的姐姐，失去爹爹的事实让朱彦夫近乎本能地明白了什么是"仇恨"的滋味。不过眼前的问题是吃食。他清醒地意识到饿了，一种他非常熟悉的连肠子都要搅到一起的饥饿感，让他不得不正视现实。

爹死了，剩下的朱家人还得活下去。人活着，就得吃饭，不吃饭哪能长大？哪能替爹报仇？

一连好几天，朱彦夫一次次昏睡、醒来，再昏睡、再醒来。有一天他忽然反应过来："哎，咋一直没有见着我姐？"他急忙问娘："姐去哪儿了？又去讨饭了吗？可别让俺姐遇上鬼子啊。"

但娘只是一个劲地抹泪，朱彦夫急得一骨碌，要爬起来去找姐姐。娘这才说了实话："你姐姐，唉……你们的爹死了，你又伤成这样，弟弟还小……没办法呀，娘是真的没法子了……"

"俺姐到底怎么了？"

弄清了原委，朱彦夫气得一拳能把炕砸塌——娘把姐姐给卖了。爹死后没人出去讨饭，娘无奈……他不能怪娘，不能怪！他只恨姐一个黄花大姑娘，被卖时只换了两斗谷子——"两斗谷子啊！那能救一家人几天的命！"

弟弟彦坤还小，拼命吃着用姐姐"换"来的粮食。可娘却在一边哭："儿啊，你可知道你吃的这不是谷子，是你姐姐的肉啊！"

泪水哗啦啦地灌进了朱彦夫的肚子，他不知那变成了啥，浇灌了啥。除了眼泪，朱彦夫知道自己应该找点事做。

姐姐被卖后，弟弟彦坤也被人拐走了——娘的 6 个儿女，此时此刻就只剩下他一个。娘经受不起这样的打击——丈夫没了，女儿卖了，小儿子也……她突然精神崩溃了，要么号啕大哭，要么疯癫地大笑，口中常常大喊："闺女啊，你回来！""彦坤啊，你在哪儿？"……

转眼之间，朱家家破人亡，小彦夫在那一刻仿佛一下子长大了。他在心里打着主意，必须要替爹、替娘，还有前途未卜的姐姐和弟弟做点什么。

1944 年 3 月 25 日，八路军鲁中军区主力部队在以鲁山为中心，纵横 100 多里的战场上，向盘踞在沂源县境内的国民党吴化文部发起了全面猛攻。4 月 20 日，歼敌近万人，解放了村镇上千个，沂源县到这个时候，大部分地区也一一被宣告解放了。

朱彦夫家所在的张家泉村（后隶属山东淄博市沂源县金星乡），为了迎接"解放"，乡亲们纷纷找出红布条，扎在腰上，扭起了秧歌。没有锣鼓，大家就敲盆敲桶。"村里有一个吹唢呐的，在过去，那唢呐都是外出讨饭时才会用的玩意儿，解放时也拿了出来，第一次吹起了欢快的调子。"朱彦夫后来这样回忆。

当年他人小，但也加入了欢庆的队伍。"唱够了，跳累了，又和乡亲们一起涌到村头翘首盼望要来村里休整的部队。"但那时他并不太明白"解放"的含义究竟是什么，只知道"解放"就是从此穷人有了依靠，不再被人欺负，将来说不定还能过上"吃饱饭"的好日子。

乡亲们拿出本就不多的口粮要款待八路军，还腾出了房子让八路军住。但是八路军是有纪律的，他们不去打扰老百姓，也不要老百姓的粮食，更不住老百姓的房子，就宿营在朱彦夫家后面的小树林里。

朱彦夫忍不住好奇，要去"看队伍"，听战士们说话、唱歌。但他不大敢靠近，就在一棵小槐树下坐下，目不转睛地望着八路军出神。

"啊，多么威武、多么神气！我要是有一天也能穿上军装，当上八路，那该多好！"小彦夫心驰神往。就在这个时候，朱彦夫心里出现了一个念头："对，我要当兵，要打仗！要跟上八路——只要手里有枪，就能给我爹报仇！"但是当时他委实太小了，刚刚 11 岁，天底下哪有这么小的娃娃兵？！

正当小彦夫望着八路军羡慕不已时，一个穿军装的叔叔走到了他的面前。叔叔说："小老乡，你在看什么？"

望着叔叔亲切的面孔，听着叔叔和善的问话，朱彦夫一下子想起了爹，想起了病重的娘、被卖掉的姐姐，还有被拐走的弟弟，他嗓子眼儿憋着一股山洪，后来实在憋不住了，"哇"的一声在叔叔面前大哭了起来。

"我要当兵，我要报仇！"他一边哭一边指着八路军栖身的小树林，说：“大叔您看，那就是我爹的坟，我爹是让鬼子给杀死的……”

叔叔拉住朱彦夫的手说：“孩子，你要勇敢。你爹是因为杀鬼子牺牲的，死得光荣。你们家的苦难也都是鬼子和国民党反动派造成的，我们八路军就要坚决消灭这些反动派，让老百姓过上好日子。”说话的时候，叔叔的眼里也泛起了泪花。

小彦夫以为当兵有希望了，但紧接着又听叔叔说：“但说这当兵，你现在年龄太小了，我们要行军、要打仗，生活很艰苦，你受不了。这样吧，等你长大了，再来加入我们的队伍！”

听了叔叔的话，小彦夫心里尽管暖暖的，但他并不甘心。第二天，他又去了小树林，还是想求八路军把他带走。但是小树林里已经空空荡荡，连个人影也没有了。“这是咋了？八路军的队伍走了？”

回村一打听，还真是，这支队伍忽然接到了紧急任务，半夜时分已经悄悄开拔，上战场了。

唉！朱彦夫要当兵的梦想就这样意外地落空了。他真后悔，后悔昨天不该离开。可是……家里还有一个病重的、疯了的娘……11 岁的他重重地叹了一口气，那口气里包含了太多的遗憾、太多的无奈，也包含了太多太多与他的年龄根本不相符的沉重。

四
荣立战功，火线入党

1947 年，朱彦夫终于长到了 14 岁。

他那时还不知道“重庆谈判”、国共合作、老蒋翻脸，共产党为了民族大业要奋起消灭国民党，彻底推翻国民党的反动统治。但是他知道仗还没有打完，沂蒙山的大山之外还有咱穷人的队伍。

抗战胜利后，蒋介石公然挑起了内战，大举进攻解放区。1947年5月，解放军华东野战军发起了著名的孟良崮战役，一举歼灭了国民党"五大主力之首"的整编第74师，打破了国民党对山东解放区的重点进攻，从而扭转了华东的战局。

很快，"孟良崮大捷"的消息传到了朱彦夫的家乡，沂蒙人民又掀起了一波参军、参战、全力支前的热潮，滚滚洪流中很多年轻人都去报名参加了华东野战军。朱彦夫认为："机会又来了，这一次我断不可再次失去！"

于是他刨、锄、割、担，收拾好了家里的三亩薄田，给娘加固了炕，劈好了柴，担足了水，又在兜里揣上了一捧地瓜干，就到30里地外的区政府招兵站报名去了。

好不容易挤到了登记桌前，他还虚报了一岁年龄，但部队还是觉得他太小，不批准他入伍。对这个结果，朱彦夫早有准备。于是队伍开拔时，他悄悄地跟在后面，三天三夜，部队走他也走，部队停他也停，年糕一样地黏着。最终被一位好心的连长发现，他把自己的身世"哭"给那位连长听，发誓再也不会离开部队，还告诉连长他最最担心的娘也有政府照顾，有乡亲们帮衬。"我娘饿不死，她会等着我回来。眼下我不得不跟娘分离，就是为了有一天能回来，母子平平安安地守在一起……"

14岁的朱彦夫感动了这位连长。他看到这个孩子心中燃烧着的熊熊烈火以及蕴藏着的无穷力量，他请求部队首长收留了朱彦夫，让他正式加入部队，穿上军装、扛起了枪。从此，行军、打仗成了朱彦夫青春生命的全部内容。只可惜，朱彦夫还没来得及打问到那位帮助他走上革命道路的连长的姓名，那位连长就已经牺牲在解放鲁西南的战役中了。

朱彦夫当兵以后，先后参加了攻打兖州、攻打济南、渡江战役、解放大上海等战役。一次次跟着老兵冲锋陷阵，连长、排长、班长，一个个在他的面前倒下，又有新的连长、排长、班长和新的战友们前仆后继。

在攻打兖州的战役中，敌人的机关枪火力凶猛，交叉射击形成了扇面，"那一串串火舌像一堵密不透风的墙，好像连盆水都泼不进去"。班长扔出了缠在一起的两颗手榴弹，翻身跳出掩体，但还没有端掉敌人的机枪，就被凶猛的火舌击中了，他的头上汩汩地流出鲜血。当时的情景，被掩在一百米开外的朱彦夫看得清清楚楚。

为了战胜敌人，为了冲破"固若金汤"的火舌，不知谁大喊了一声"共产党员跟我上！"。这是一声大喊，也是一句口号，但又不仅仅是一声大喊、一句口号，因为随着这一声大喊，趴在地上、掩在树后、卧在坎下的战士们竟像一支支同时被射出来的利箭，全部都冲了上去。

朱彦夫不明白共产党员是什么，不明白为什么这句话比"命令"更有指挥力量，他只觉得那一声大喊、那一句口号极有震撼力，已经超越了阵地上的任何爆炸。

战斗结束后，战友们告诉他：中国共产党就是由一个个共产党员组成的，这些人专门领着穷人杀敌人、闹翻身、争自由。他们不怕死，不怕苦，一心想着老百姓，随时可以牺牲自己。如果你也能这样地勇敢战斗，一往无前，杀敌立功，那么有一天，你也会成为一名光荣的共产党员。

家里穷得吃不上饭，连一天学都没有上过的朱彦夫，第一次开蒙，没想到竟是在战场上，在枪林弹雨、鲜血横飞的杀敌课堂上。从此，"共产党员"这四个字就深深地扎根在了一个少年的心中，一天天发芽长大，一天天在胸中激荡。"鼓舞着我勇敢地投入一次次的战斗，不怕流血牺牲，任何困难和挫折更难不倒我，让我踏上了一条自己认准的道路，并沿着这条道路义无反顾地走下去。"

1948 年 9 月，济南战役打响了。此时，15 岁的朱彦夫已然成了一名身经百战的"老战士"，他有勇有谋，年龄小却不莽撞。在攻打周村的战役中，敌人的火力把他们一个连压在了一条马路的一边。马路有七八米宽，敌人在对面占据了一座二层小楼，墙上布满了枪眼儿，敌人向四面八方疯狂扫射。部队怎样才能跨过这条马路？

朱彦夫迅速爬近班长，说自己有妙计。说完，他不等班长同意，就钻进了敌人之前逃跑时留下的一个汽油桶。他身上裹了三四套浸湿了的棉衣，腰里揣上两包炸药，滚过马路，滚到对面的沟里。朱彦夫凭借残垣断壁做掩护，钻出汽油桶，辨别了一下方向，三跳两跳就冲到了敌人占据的二层小楼的楼下。一声巨响，他把半边楼给炸上了天。但他的右腿也让弹片撕开了一道口子，血水直往下流。就是这样，他还是把手中最后两颗手榴弹扔了出去，然后重重地摔倒在了敌人的阵地上。

之后的渡江战役，朱彦夫心里只装着战斗、胜利，一次次受伤，一次次轻伤不下火线。最后到了解放大上海，蒋介石绞尽脑汁要死守住这座城市，构筑了坚固堡垒和现代化的防御攻势。朱彦夫所在的部队，任务就是要打破敌人所谓的马其诺防线，为后续部队的进攻杀出一条血路。

当时在上海的近郊，到处是一座座坟包，纵横无数，密密麻麻。

敌人的主碉堡火力凶猛，很难接近，同时还有众多的子碉堡，大都建在上海近郊密密麻麻的坟包当中。子碉堡的杀伤力十分厉害，让解放军防不胜防，一个连冒死推进了不到 500 米，就已经牺牲了 80 多人。

朱彦夫仔细地观察了半天敌情，看清了敌人射击的规律。他跟连长请求："让我去吧，我行！"说着，他跳出掩体，尽量避开子弹。身后的连长高呼"掩护"，战友们的机枪旋即炒豆般地炸响。

等到朱彦夫冲到离主碉堡十几米处的一道土坎后，他仰过身来，先放下胳肢窝下的炸药包，甩出了一颗手榴弹，趁着浓烟和敌人机枪短暂的"哑巴"，他一纵身冲到了主碉堡跟前，拉响了炸药包。计划中必须端掉的三个主碉堡让他炸飞了一个，但子弹又一次射中了他刚刚伤愈的右大腿。

连长让他赶紧撤下去，但看到身边的战友一批批倒下，朱彦夫只能对自己说："只要还有一口气，就不会停止战斗！"他还是那句话："连长，我能行！"于是又忍着伤痛炸飞了另外两个主碉堡。

上海，这座美丽的城市，为了解放你，一个饱经磨难的山东苦孩子——朱彦夫，在党的培养下、在战斗的洗礼中，一步步成长，终于火线入党，成了一名光荣的中国共产党党员。

"就是党的怀抱，"朱彦夫后来由衷地讲，"就是这个怀抱，为我遮挡了爹娘所遮挡不住的风雨，把我从一个不懂事的孩子培养成了一名坚强的共产主义战士，领着我走上了一条光明的大道，时时刻刻给我无穷无尽的力量和勇气、刚强的品格、超人的毅力和顽强的斗志，让我一生都魂牵梦绕，至死也不愿相离。"

五
"这样的'命'我不要！"

解放战争打出了红彤彤的新中国，迫使国民党蒋介石退守台湾，但是"美帝好比一把火，烧了朝鲜烧中国，中国邻居快救火，救了朝鲜就是救中国"！

1950 年 10 月，中国人民志愿军"雄赳赳、气昂昂，跨过鸭绿江"，打响了抗美援朝的第一枪。朱彦夫一个月后随部队入朝，他所在的连队奉命在东线作战，任务就是抢夺位于长津湖以南，连绵群山当中一座没有名字但战略地位非常重要的 250 高地。

这一仗打得惨烈，像上甘岭战役一样，应该占据人类战争史的一页。

一开始，山头是被联合国军占据的，志愿军首长下令要不惜一切代价拿下；而后是守山，又不惜一切代价要坚守，等待大部队，阻断联合国军南撤的通道。

敌我双方的实力对比异常悬殊，山上是美军和韩国李承晚伪军的一个营，全部是美式装备，飞机、大炮、坦克，机枪弹、手榴弹，火力横扫，泼水般倾泻；山下的志愿军，除了几挺轻重机枪，就是战士们手中的冲锋枪、步枪和手榴弹。

但是经过浴血奋战，250 高地竟被朱彦夫所在的连队夺下来了。当时全连伤亡已达 40 人，到守山时，包括能作战的伤员，全连只剩下官兵 52 人。

不相信失去了高地的敌人后悔自己的轻敌，更不甘心令人脸红的失败，开始组织疯狂反扑。连续 3 天，朱彦夫和战友们粒米未进，入朝时因为走得很急，部队也未配发棉衣，当时朝鲜的气温已经低至零下 35 摄氏度，战士们仅靠一身单衣来抵抗严寒、断炊，身上有伤的战士还要扯下裤腿包扎伤口。大家实在饿得没法，就撕烂了棉被，咬被套来充饥。即使这样，也没有一个人有怨言，大家宁可战死沙场，保家卫国，也不愿意投降。

敌人的十多辆坦克和十几门重炮先一遍遍向高地猛轰，接着，飞机将成批成批的炮弹扔下，250 高地被削平了山头，爆炸声震耳欲聋，灼热的弹片尖叫着飞进雪层，吱吱作响地把掩体工事炸塌，碎石、树枝、枪支以及人的残体、皮肉被炸得满天横飞。52 名官兵变成了 19 名，然后变成了 5 名，5 人当中还有 3 人的双腿已经受伤不能动弹。

为了保持战斗力，战士们重新修筑掩体，没有工具，战友们就用双手去挖、去扒、去抠，没有双手的、被炸断了胳膊的，就用双脚去蹬、去踹。

最后连长死了，指导员也死了，排长、班长都死了，朱彦夫成了全连最后一名还活着的战士，但他的背、头部、双腿都被炸伤、烧伤、烫伤，左眼的眼球被弹片崩出。更糟糕的是，因为昏迷被埋入雪中，他的手脚很快被冻得僵硬，既拿不起枪，也走不了路，肚子上一片血肉模糊，一尺多长的伤口鲜血直流，一团肠子眼看着就要流出来了，但他根本无法自我包扎、止血，也无法把流出来的肠子再推回到自己的肚子里去……

志愿军战士不怕死，但"不怕"并不意味着"死"比"生"要轻松。面对一个人孤守的高地，面对战斗结束后被大雪层层覆盖成一片死寂的血染的山头，不知昏迷了多久的朱彦夫醒来之后发现"都死了？都死了！"

为什么老天不让他跟战友们同去！他拼命地刨着雪窝想找枪，但刨出来的都是战友们的残肢，被冻得硬邦邦的胳膊、大腿。等他终于找到了枪，自己的双手已经冻成了冰拳，他想对准自己开火，但手指展不开，根本无法扣动扳机。

就这样，他在血红雪白的阵地上痛不欲生，刚刚还和战友们一起杀敌，但转眼……他想死，但有一个声音阻止了他——"你没有权利！你还要代表咱们全连去迎接大部队！"朱彦夫大哭，哭够了，就"命令"自己不许死，他要勇敢地挑战生命的极限，去找部队，找到部队再跟狗日的干，为自己的战友们报仇！

93 天后，他在长春的一家部队医院慢慢睁开了仅存的右眼，记忆也在慢慢地恢复。他记起最后他的腿动不了了，只能爬。先爬到阵地最北头的悬崖，让自己一骨碌摔下去，然后又顺着山坡滚到了一片平缓的雪地，向着自己心中认定的部队所在的方向，倾着上身，双膝、双腕用力，一拱一屈，像只蚯蚓一样，慢慢地爬行在茫茫雪原，直至昏迷，醒来；再昏迷，再醒来。他终于爬到了一条小河边，挣扎着坚持到有战友发现了他这一条冰棍……

回到祖国，在他昏迷的 93 个日日夜夜里，他先后被做了 47 次手术。

面对这样的重残英雄，医生们既感动又为难，想尽了一切办法要把他救活。但残酷的现实是，朱彦夫的手脚因为受伤，又在雪地里冰冻时间过长，缓过来后便不断地溃烂，不及时截肢便会危及生命。一开始，医生尽量少截一点、少截一点，但一次次截肢、一次次再烂，最后……

1947 年，14 岁的朱彦夫离开了沂蒙山，离开了自己的家乡，离开了娘。娘没有生他的气，只是天天站在自家屋东的土崖上，用昏花的双眼，远远望着儿子远去的小路，相信有一天儿子能够回来。

但是望着望着、盼着盼着，有一天，盼来的不是儿子朱彦夫，而是一张由国家颁发的革命烈士"阵亡通知书"。

儿子死了吗？！娘的天塌了。不，他没死。他被医生安排在了太平室，跟医院的太平间无论在概念上还是位置上都只有一步之遥。但医护人员绝不放弃，一名叫宫行珍的资深护士专门特护朱彦夫，93 天坚持给他打针上药，擦身洗澡，清屎接尿。只要朱彦夫不咽气，医生护士们就要让英雄的生命在死神的世界高悬起奇迹的旗帜。

最早发现他醒来的是宫护士，3 个多月的日夜护理，人们都期盼着奇迹的发生。看到朱彦夫睁眼的那一刻，宫行珍感情难抑，像迎接一个刚刚落地的小生命一样，几乎把朱彦夫拥入怀中，一边用湿毛巾轻轻地给他擦着眼睛，一边激动得泪水滚滚而下："朱彦夫！朱彦夫！你醒啦！醒啦！这里是祖国，是祖国！我们都是你的亲人。你这一觉睡了整整93天。你真是好样的！你是战神，是我们志愿军的战神啊！"

然而，战场上不怕伤、不怕死，能打善战的朱彦夫，醒来后发现自己已经不是"自己"。刚满18岁的大小伙子，突然间就没有了手脚，身体被截得还不到1米，用他自己的话说，"我的身体已经变成了一个名副其实的'肉轱辘'"！

崩溃，如同身体里一直隐藏着的一头猛兽，他开始发威，几近疯狂地不吃不喝，双腿乱踢，双臂也在空中狂舞，他用嘴拼命去撕咬自己胳膊上缠着的绷带。

医生护士流着泪守在他身边，一遍遍地安慰："冷静点，你冷静一点！为了保住你的命，我们只能，只能如此……"

伤口一次次化脓，又引起一次次持续的高烧。每次高烧，朱彦夫这头"猛兽"会暂停发作一会儿，但只要一清醒，他就又开始吼叫："我谢谢你们，谢谢你们！但你们不懂，不懂！这样被你们救过来的'命'，我不要！"

他说："没了手脚，我还怎么去行军打仗？不行军打仗，我怎么对得起全都牺牲的战友？！"

他开始绝食，也不吃药，甚至趁护士不在身边，几次努力爬上窗户，想从楼上跳下去。他想自杀，但他发现"我不但没有这个权利，更重要的是，没有这个能力"。

见好言相劝不管用，有一天，医生心一横，真动了气："我们费了这么大的劲才挽回了你的生命，你现在居然想死。要早知如此，当初我们就不救你了！""死，不叫勇敢，你想死，无非是怕遭罪、怕丢人，这对一个战士来说，难道不也一样是懦夫？是自私？"

激将法使朱彦夫的心，一个已经冻成了冰坨的心，开始融化——"是啊，我这样寻死觅活，难道不也一样是懦夫？是自私？我这样对得起医生护士们吗？他们想救我，那是代表着党、祖国和人民对咱的不舍啊！"

250 高地的争夺战结束了，中国的抗美援朝战争也取得了最后的胜利。但朱彦夫个人的"战斗"才刚刚开始。

除了炮火连天的战场，他要开始面对生死之战、自理之战、有用之战，他不该只想到死，不该只选择逃避，做一个逃兵。过去，他可以完全依着自己的性子决定怎么活、走啥样的路、做自己想做的事，但现在，他没得选！

不能死，就得生。他还要再一次站起身，去迎接生命的另一个极限。

六
与其腐烂，不如燃烧！

1952 年，身体状况基本稳定了的朱彦夫被送进了山东省泰安市荣军休养所。在那里，他得到了党和国家无微不至的关怀与照顾，每天有人给他喂饭、穿衣、洗澡，端屎端尿，穿脱假肢。除此以外，还经常有人陪他聊天，讲故事，哄他开心。

但是难堪的折磨依然像一把匕首，剜着朱彦夫的心，好痛。用他自己的话讲："一个大男人，整天让护士喂吃喂喝、解裤擦腚，那份痛苦，比死了还难受！"

朱彦夫的情绪低落到了谷底，他恨自己成了一个"无用的人"，更无奈于自己的"这般无用"。

不，他不能就这样让人侍候到死，后半辈子就在休养所里成为一个寄生人。他寻找一切机会锻炼自理，偷偷地练习穿衣下地，用嘴拱着吃饭，自己上厕所……但医生护工心疼他，这也不让那也不行，他们的保护反倒给朱彦夫平添了锻炼的障碍。

暖房太暖，温床太温。连续两年的专护生活，使朱彦夫最终清醒地认识到：只要住在休养所，就永远是一个造粪的机器，肉体上的伤口在渐渐愈合，心灵上的伤口却越撕越大。

"我必须离开这里，我要回家，回到家乡养我育我的土地，重新找回'再生'的本领，独自磨炼，自受艰难。成则生，不成则死！"朱彦夫自重残以来，心底升起了一道新生命的曙光。想到要回家，他甚至感到自己终于找回了在战场上"冲锋陷阵，英勇不屈的冲天豪气"。

人的一生永远不能倒了信念，有信念就会有战斗的目标。此时此刻，朱彦夫的"战斗目标"是什么？是与其腐烂，不如燃烧！

他的人生已经不像正常人那样有千万种选择的可能，他现在只能选择"被人养着"和"自己养自己"，换句话说，就是选择"死"与"生"。

朱彦夫要为"生存"而再次上"战场"了。不过，一想到要回家，他走到镜前，看着自己左眼塌下去的瘪瘪的眼窝，看着四根秃秃的像棍子一样的四肢，他的心又忍不住难过起来。"自己这副样子怎么去见娘啊？娘苦了常人的三辈子，就盼着有一天儿子能回家，照顾她，替她老人家养老送终。可我，哪是要来照顾娘？回家以后恐怕只能让娘来照顾我！"

朱彦夫短短20岁的人生，在战场上杀敌，在病床上与死神搏斗，没有一次是容易的。"共产党员跟我上！"此时，他再一次想起了战场上的这句话。在自己绝望的时候，这句话像冲锋号一样响彻在耳畔，一股力量油然而生。他不能让自己再犹豫。他找到了所长，请所长支持他。

所长的眼里满含热泪，默默地冲天点头。临行前还一遍遍地嘱咐："先回村去试试，不行就再回来。"朱彦夫嘴上道着谢，心里却在想："我不会回来，我死都不会回来。"

由于没有提前送信，朱彦夫的突然回家不仅吓坏了娘，也吓坏了村里的乡亲们。人们明白了这个没手没脚的"肉轱辘"真的就是朱彦夫，朱彦夫没有死！人们又惊喜又悲痛，围着他又哭又抱。尤其是娘，"死"去的儿子又"活"回来了，更是哭得昏倒在地。而后，娘就寸步不离地守着他，全方位地伺候着他。

"唉，这咋行！"朱彦夫回家就是要摆脱休养所的特护，锻炼生活自理。一回到家，娘还是要给他穿衣喂饭，端屎端尿，那朱彦夫的自理"战斗"何时才能打响？何时才能取胜？

他耐心跟老娘讲着他的"目标"，娘不出去他就不吃饭。没办法，娘只能由着他，然后悄悄地透过门缝偷看。

自理的冲锋号好吹，那是指决心，但真正做起来，一开始，根本就不可能！先说"拉"，因为解决不了"拉"，就不能多吃饭。事实上，朱彦夫回到村子以后，他的发小、民兵连连长猛子，邻居张婶，还有其他的乡亲都不断地给他送好吃的，鸡蛋、煎饼、面条、糊糊，这些都是大家从牙缝里给他挤出来的，但他只道谢，不吃。为什么？就是不想增加上厕所的次数。但总是这样饿着自己也不是个事，那要出现"非战斗性减员的"。苦思冥想，他设计了一种专用高凳，尽管每次使用都很麻烦，但不用旁人帮忙，这对朱彦夫来说简直是解决了天大的问题。

接下来是吃。他得自己能取放碗勺和食物，然后靠嘴、靠牙，靠两副残肢与嘴牙的配合，把饭弄进自己的肚子。比如说吃煎饼，他得先用嘴咬住煎饼的上头，用膝盖压住煎饼的下头，撕下一口咽下去，再用膝盖把煎饼向上窜窜，然后再撕下一口，直到用嘴叼起来就能吞，这还是相对容易的。难的是用碗吃饭，他得弯下腰、低下头，伸长脖子，先用嘴咬住碗沿儿，然后用嘴将碗平缓地叼起来，再用两截断臂把碗搂住，跟着嘴唇左右摆动，像吹口琴一样地吸碗里的汤食。这种吃法的难度在于他的嘴必须在吸咽了一次之后，马上将碗再次紧紧地咬住，否则稍不留意，碗就会摔到地上。有时他本能地用两只残臂去扶碗，如果身体掌握不好平衡，人就会"扑通"一声从炕上摔下来。

接下来是第三个基本功：装裤套，安假腿。自己不会干这件事，就得永远瘫在床上，所以想下地、站起来，就必须练习。这又是场硬仗。他先用嘴扯起裤套，尽量地高高扬起，然后分别翘起两条腿，努力精准地把腿伸进裤套，再伸进假肢。腿伸进去了，还需要锁住假肢，那么问题来了——没有手，锁皮带的扣怎么扣？尝试了好多天，坐着穿不行，那就试着仰面朝天，先用嘴将皮带扣的环卡竖起，再用牙咬着皮带头轻轻地拉到环卡的另一头，跟着用舌尖送，一点点慢慢地把皮带送入卡孔。这个方法是唯一可行的，但就是得一遍遍地练……

战场上多少难攻的碉堡，他靠着有勇有谋，一次次给拿下来了，尽管没有一次不受伤，但最终他都成功了。因此，面对自理这场"战斗"，他也要靠这四个字——有勇有谋！

不过，朱彦夫在决心锻炼自己的时候，怎么也不会想到，面对自己的重残之躯，哪怕要完成在常人看来根本就不算事的一个小动作，在他这里，都无比笨拙与艰难！

一次次地练习，不知道打了多少个盘子、多少个碗，也不知道把自己摔倒过多少回，更不知道失败究竟是应该用百来计，还是用千来计。

终于，娘在门外听到咣当当乱响，是朱彦夫又把盘子碗摔了，把自己也"咕咚"一声摔下了炕。娘实在心疼得看不下去了，破门而入……爹死后被卖出去的姐姐，后来找到了。姐姐知道弟弟回家了，经常回来帮忙照顾，看到他摔得狼狈，姐姐心疼得一次次哭成泪人。

但既然是战斗，一个人的战斗，朱彦夫就得一个人勇敢地面对。他谢绝了娘，谢绝了姐姐，告诉她们在自理这件事上，谁也帮不了他的忙。

娘和姐姐不忍，好几次不想说，但最后还是忍不住，说："要不，你就回休养所吧，这样也太苦、太苦了。"为了说服他，娘甚至"拉脸"："你不回去，这是让俺来伺候你，还是像你说的回家来伺候娘？！"

朱彦夫想出了一条绝计——有一天晚上，他跟娘承认："是啊娘，您说得对，俺这样锻炼也太难了，俺还是回休养所吧，不然不要说照顾不了娘，娘和姐的身体也得让俺给拖垮。那明天一早，俺就叫所长把俺给接回去。"

娘信以为真。第二天清早，她发现朱彦夫独住的小东屋安安静静。她寻思这是儿子已经走了，就没进屋细看，小东屋从此就没了动静，夜晚也从不见亮灯。

然而，一个多月，朱彦夫就在娘的眼皮子底下把自己给藏了起来，他要彻底摆脱亲人的帮助，他把自己扔进了绝境——每天，他在屋里悄悄练习，从穿衣脱衣、上炕下炕到吃喝拉撒、装卸假肢……小屋里事先储藏了一些饭菜，屋子的墙角还有一堆地瓜干和一坛水。

30多个日夜，朱彦夫反复练习自己设计好的动作，摔了自己摔了盘子，那是必然会做出的牺牲。后来饭菜让他给吃光了，盘子和碗也统统被他用嘴拱到地上摔碎了。再后来，发霉的地瓜干也被他吃光了，唯一的一坛子水，基本喝光了，当他举起坛子喝最后一口水时，一不小心连坛子一起打翻摔烂了……

怎么办？呼救吗？可自己的本事还没有练到家。那么就坚持。饥饿、伤痛，他很熟悉，这点饿和这点痛，跟战场上比，不算什么。所以不坚持到最后，他绝不让娘开门。

残肢的截面，由于一个多月得不到认真的清理、消毒，不断地感染、化脓，长期的营养不良，也让他的视力、体质直线下降……

到最后，本事练得差不多了，他觉得自己可以出来向娘和乡亲们宣告自己的胜利了，但身体突然就虚弱到没有力气爬到门边，甚至没有力气呼喊出声。

天哪！怎么会这样？老天爷不公！老天爷真的不懂得感动？！

差不多就在朱彦夫已经进入昏迷的危急时刻，荣军休养所的领导刚好进村来看望他，乡亲们质疑："唉，朱彦夫不是已经回到你们休养所了吗？您怎么……"所长说："没有啊，没有人看见他！"

啊？坏了！人们顿时紧张了起来。娘赶紧打开已经落满了灰尘的门，还没找到人，就闻到小屋里一股酸腐和腺臭的气味。朱彦夫趴在地上奄奄一息，已经没有了反应，被摔碎的盘碗还有坛子铺了一地——"啊！儿啊，你原来没走！你骗娘，你这样折磨自己是何苦？又是何苦来哉的啊？！"

啥也别说，先救人吧！

等到朱彦夫再一次获救，他一点儿也没有大惊小怪。相反，稍稍缓过来以后，看到身边有那么多亲切的面孔，知道自己这一次没有当逃兵，又像坚守 250 高地一样，一个人战斗到了最后，他很高兴，开始跟众人开玩笑："别担心，我扛饿，几天几夜不吃不喝，我也死不了。"听得娘、所长和闻讯赶来的乡亲们不知是该喜、该羡、该夸，还是该骂……

一个多月，朱彦夫靠毅力、靠信念，也靠智慧，让自己不拖累家人，不拖累休养所，也不拖累国家——这一仗，他打胜了。

2021 年春节，我想给朱彦夫拜年，他唯一的儿子朱向峰接了电话。我问他："你们几个孩子，怎么看待爸爸的这份坚强？"向峰说："其实小时候我们从来没觉得爹是残疾，他就跟正常人一样，刷牙、洗脸、挤牙膏、刮胡子，样样都靠自己。"

在朱向峰降生后，他的爹——朱彦夫已经"什么都可以靠自己"，不拖累人了。

看着渐渐恢复了体力的儿子脸上终于露出了踏实的笑，娘也高兴，说："好，这下你可以平静地过日子了吧，别再强求自己，也别再折腾自己了。"

朱彦夫嘴上乐呵呵地答应着娘，但心里却非常清楚："这才哪到哪啊？拿下生活基本自理的这一仗，万里长征我才迈出了第一步！"

他要干什么？生命不息，战斗不止！

朱彦夫练好了一个人的生活基本自理能力，接下来就要迎接另一场战斗，一场身残志坚、发光发热，让自己变得有用，能用正常的大脑、思维去做事，让重残的人生活出一番崭新意义的战斗——他又准备为自己"吹号"了。

七

摔出"吉尼斯世界纪录"

1957 年，朱彦夫被上级批准，成了张家泉村的党支部书记。全村老少无一不为他的吃苦精神所感动，但要选一个没有手脚的"肉轱辘"当村支书，能行吗？他能给大家做什么？

故事还得从朱彦夫结婚的喜事说起。

朱彦夫不轻易向命运投降，身残志坚，用现在时髦的话说是"钢铁达人"。他那山一样的品格，山一样的坚韧，山一样的胸怀深深地打动了一位年轻的护工。这位护工有一次在医院里跟朱彦夫巧遇，听了他的故事，感动得彻夜难眠。她跟自己的家人说："我要来到他的身边，不仅跟他结婚，这辈子还要做他的眼、他的手、他的脚。"

这位身体健康的年轻护工叫陈希荣，后来真的成了朱彦夫的妻子。

人逢喜事精神爽，自己自理的"战斗"也刚刚攻占了最难的"山头"，有一天他跟新婚的妻子说："我要干一件为村里人发光发热的事。"妻子问："啥事？"他说："给村里建一个图书室，让乡亲们先提高文化水平，这样才能知道外面的世界，才有勇气和门道改变家乡的贫困。"先不管别的，妻子无条件支持。

朱彦夫自己一天学都没上过，在部队也只上过几天速成班。陈希荣给他买回来一本小字典，他一边回忆，一边查对，一个字一个字地自己先学了起来。

两截齐刷刷、硬邦邦，木棍一样的胳膊，要去翻弄一本小小的字典，难度可想而知。朱彦夫把字典放到被子上、枕头上，每天撅着身子，把脸凑近字典，然后伸出舌头一页一页地去舔。因为受伤植过皮，他的嘴很不听使唤，最尴尬的就是口水没遮没拦，顺着嘴角流到书上。

往往是一个字还没有查到、学会，字典已经被他弄湿了一大片。

功夫不负有心人。几个月的时间，朱彦夫已经认识了上千个汉字。对他来说，查字难、认字难，但和写字相比，它们就显得容易得多了。他用嘴叼着钢笔写字，笔杆子会滑，叼不住；咬重了，笔尖会把稿纸戳出一个大洞，或者突然把笔咬破，墨水、口水便弄得纸张一片狼藉。

然而，"难有所尽，苦有其酬"，这八个字是朱彦夫自己说的。他不断地自我鼓励："再怎么难，跟战场上的流血牺牲都不能比。"何况他自己会认字、会写字，目的是要去教乡亲们，于是就咬牙坚持。

建图书室的决心已下，朱彦夫首先得找个地方。村里提供不出场地，他就说服娘把她老人家住的房子隔出半间。这样，"卧室＋图书室"在山村可成了新鲜事。

不过有了地方，书架子呢？没有书架，将来买了书都放哪儿？他又开始着急这件事。

"有条件上，没有条件创造条件也要上！"这是共产党人的哲学！朱彦夫盯上了自家院子里的一棵槐树。"伐了它能出点木材！"于是就请人动手——砍树。但是一棵树出不了多少木材，怎么办？他又想到家里的饭棚子里还堆着一些板材，那是娘为自己准备的寿木。

"这个可敢动？"陈希荣提醒他。

朱彦夫一开始也觉得不应该，但他想了想还是找到了娘，跟娘说："咱这孤儿寡母的，这么多年，多亏了邻居百家的照应。我身体残废了，没有法子报答，就想着让乡亲们能学点文化，长点知识，也算是尽咱的一份心意。"

娘说："你就说吧，要干啥？"

朱彦夫只好承认他看中了娘的寿木："反正眼下您身体好好的，也不用，以后咱有条件了，我再给您买。"

明辨是非又善良的娘，一边抹着泪，一边向儿子点了点头。朱彦夫赶快找来了民兵连连长猛子，由他领着人七手八脚，锯木板、做书架，还做了一些简单的桌椅和板凳，供大家坐下来读书。

啊，心想事成啦！朱彦夫可高兴了。但是，图书室是建起来了，图书呢？

朱彦夫因为重残，国家每个月给他发二三十块钱的抚恤金。他丧失了劳动力，不能去队里挣工分，这点钱，除了一家人吃用，还要给他买药治伤，再加上三天两头接济村里的贫困户，几乎所剩无几。

他又盯上了家里的一头小猪，已经养了百十来斤了。但是他知道，这头猪是陈希荣过门之后养起来的，他曾经向妻子许下过诺言："到了春节，卖了这猪，一定给你扯块布料，做一件新衣裳。"

这回不用他为难，陈希荣看懂了丈夫的想法。她凑到丈夫身边，柔声说："娘都把寿木拿出来了，我眼下又不是露皮露肉的……"

说老实话，朱彦夫听见妻子这样说，真不知道该怎么感激她。本来人家一个正常人，嫁给了咱这样的重残，就有说不出的苦，现在还拖累她跟自己过得这样艰难。但是大事要办，这大事是顶天的正事。张家泉村世世代代受穷，荒山枯水是一个原因，没文化、精神上的贫困，更是基础的问题。

终于，卖了猪，三凑两凑，共筹出来 172 块钱，他让荣军休养所的孙所长帮他精心挑选了 200 多册既实用又通俗的图书，很快寄到了村子里。

开天辟地啊，张家泉村第一间山村图书室开张了，村民们蜂拥而至，有看书的，有看热闹的。孙所长还给大家寄来了一台会说话的"木匣子"，那叫矿石收音机。20 世纪 50 年代末的沂蒙山区，封闭、落后，电影、电话、广播离人们都相当遥远。人们不明白，一个小小的带旋钮的"木匣子",怎么会有人在里面说话,还唱戏?

小小的图书室把乡亲们都凝聚了起来,但朱彦夫的目的可不是只让乡亲们聚一聚,凑个热闹,他想教乡亲们认字。大家不认字就只能听他讲书,尽管他也是现学现卖,但总会有办法。如果大家都有学文化的积极性,可不可以在村里办一所学校?

"图书室"战斗的"升级版"来了,朱彦夫要请村干部们出面,给村里建一所夜校。他是学生,也愿意来当老师。朱彦夫的想法还真得到了村干部们的支持。很快,人们把南山四队的一个仓库挤出来了一间,拼凑、垒砌出一些石板、石凳,还打了一块小黑板。乡亲们推荐朱彦夫做名誉校长,张家泉村的第一所"农民夜校"要正式开学了。

每当夜幕降临,朱彦夫就挂着拐,按时来到夜校给大家上课,乡亲们也从各家各户走出来,手里擎着一盏或明或暗的小灯笼。这样,无数盏灯笼,朱彦夫后来自己形容:"就像无数颗星星,更像一双双明亮的眼睛,闪烁着,眨动着,照亮了街巷,照亮了全村,也照亮了家乡曾经荒僻愚昧的土地。"

上课时,粉笔不能用嘴咬,一咬会碎、会化,朱彦夫只能靠两截断臂抱着。抱松了,粉笔会掉,写不成字;抱紧了,又常常会折断,啪嗒一下摔到地上。为此,陈希荣托人到县里一盒一盒地往回买粉笔。

尽管夜校离朱彦夫家只有两里多地,路也让他走熟了。但朱彦夫每一次去上课,陈希荣的心都被揪得紧紧的。要陪他,也不让。有一次,在一个下雪路滑的夜晚,"学生们"左等右等,还不见"先生"到来。村主任张明喜和民兵连连长猛子就小声嘀咕,觉得事情有点不对,然后起身去找。果然,因为路滑,朱彦夫在山坡上失去了平衡,一下子摔在了雪窝子里,两只假腿也被摔"折",飞出去老远。

摔,对朱彦夫可不新鲜,或者可以说是家常便饭。他摔出来的跟头已经数不胜数，而且花样翻新，简直可以去参评"吉尼斯世界纪录"。只是这一次，假腿被摔出去太远，如果找回来再自己套上，不知要花多少工夫。好在路都已经走了一半了，他想干脆爬着去。当然，"爬"也是他的看家本领，只是此一刻雪大路滑，朱彦夫撑起胳膊，努力向前，有时嫌"爬"得慢，遇到下坡就干脆让自己"滚"起来。

摔、爬、滚——就这样，真是连滚带爬，等到村主任和猛子出来迎接他，大家都慌手慌脚，心疼得不行。朱彦夫却说："没事，没事，快别耽误大家的时间了，你们想帮我，就回去帮我找找我的那两条假腿，哦，还有我的拐杖。"

夜校年年办，天天开，乡亲们也认真学，很多人靠着夜校扫了盲，因此大家说："是彦夫给咱办的这大好事，他是咱的主心骨，也能成为咱的主心骨。"这才有了后来村民和领导都认可他当村支书的事。朱彦夫自己从另一个角度也觉得要感谢村民，因为"是乡亲们对我的信任，给我鼓励和期待，让我感到了一项神圣而沉甸甸的使命"。

有所作为，不甘寄生。这本来就是朱彦夫的理想，想不到它来得这样快，这样真实。

人们选他做村支书还用找什么更特别的理由吗？

不过朱彦夫到底是身体重残，他将如何面对担任村支书这场更大的"战斗"，他能打胜吗？

八
地、水、电——三大胜利！

朱彦夫勇敢地挑起了张家泉村党支部书记的重任。按照乡亲们和上级领导的要求，他只要在家里听听汇报、做做"战略部署"、动动嘴就行了。但是打仗，哪有指挥员不到前沿阵地的？

从此，乡亲们经常看到朱书记拖着17斤重的假肢，右手胳肢窝下挂着拐杖，左臂的残肢上搭着一块毛巾，在田间地头、坡坡坎坎、山山梁梁，一拐一拐艰难地走着。他要察看庄稼、进度、水肥、品种，要和村干部、乡亲们聊聊议议，谋谋划划。在他的战斗规划中，"改变家乡面貌，要让乡亲们先吃饱肚子"是最实际的蓝图。尤其1961年，人们把能吃的东西都吃了，野菜、树芽、树叶、树皮，甚至树根、观音土，但是越吃越饿，越吃越肿，很多人脑袋硕大，浑身像充了气的皮偶，胳膊大腿一按一个坑，一按一个大青窝子。张家泉村有人熬不下去了，打算举家外出，逃荒要饭。

要饭？想起要饭，那真是朱彦夫打小的噩梦。他的童年，饥饿如影随形，每一天都跟在他的身后寸步不离。家乡弯弯的山路，在他的脑袋里，被画成了一张讨饭的大地图。每到冬天，皑皑白雪铺天盖地，雪花覆盖住讨饭人的脚印，不管他们是踉踉跄跄还是只差半步就可能成为"路倒"……

不，不能让乡亲们出去讨饭！坚决不能！朱彦夫给自己，也给全村人下了死命令。可不出去，大家吃什么？天大的问题，也不比让乡亲们吃饱饭更重要！

他分析着"敌情"，想着出击的办法。后来听说邻村已经有人用过去当柴火烧的地瓜秧子做文章，把地瓜秧子粉碎了冲成糊糊吃。他立刻拿出所有钱，求过去认识的老领导帮忙买回了粉碎机。就这样，全村人没有一个人饿死、病死，外出逃荒。

然而，第一轮战斗打下来，朱彦夫陷入了深思，并明确地醒悟："张家泉村没有足够的土地，没有余粮，仅有的土地也不连片，根本种不出好庄稼。这次饥荒侥幸度过，那万一再赶上，万一再遇上荒年，那连能吃的地瓜秧子都没有了……不行，我们得闹地！老天爷不给——咱自己造！

张家泉村的地理位置，属两山夹一河，山高坡陡，没有天然的优势。村集体手里的土地十分贫瘠，产量极低。大部分田地跟打补丁似的东一块、西一块，一块块挂在山坡上。这里常年有山洪泛滥，洪水渐渐把田地冲出了三条大沟，仿佛三条长长的巨蟒，沟内乱石如阵，寸草不生，多少年来就那么一直荒着。

朱彦夫一次次爬上山观察、琢磨——他决定向荒沟要地了。具体"打法"是发动村民用石头先把三条大沟"棚"起来，在山洪肆虐时，让大水穿沟而下，然后在沟里填土，使其变为良田。这样不仅不怕每年的山洪，而且沟边原有的"补丁"也能连缀成片，和新土形成大面积的农田。张家泉村共有108户人家，种庄稼的地多了，生产队完成了公粮，家家户户也都能有富余的口粮。

朱彦夫拄着单拐，站在山头，戴着墨镜，像将军一样。一开始，对他的敢想敢干，乡亲们都睁大了眼睛：这样能行吗？这不是"改天换地""沧海桑田"吗？但这些都是说书人嘴里的"花花词"。朱彦夫指挥若定，他的"痴想出土地"并非没有实现的可能，这就像打仗，盲目地冲锋可能会白白送死，但如果知道怎么"冲"，就能成功，就能把敌人的碉堡一个个炸到天上去！

三个冬春，朱彦夫带领乡亲们破冰凿石，挥汗如雨，硬是将村里的三条大沟——"赶牛沟""舍地沟""腊条沟"重新改造，人为造出了110多亩土地。所建造的良田在当时解决了村民的吃饭问题，直到现在仍给村民带来巨大的经济收益。

结束了"向荒沟要地"的战斗之后，朱彦夫指挥的下一场战斗是

"向大地要水"。

说到水，张家泉村的人都知道，村里有这样一个传说：相传早年有个秀才，赶考时途经张家泉，他贫病交加，奄奄一息，倒在了村西南的龙王庙里。张家泉村那时还不叫张家泉村，而是叫张家庄。村里人生活艰辛却宅心仁厚，立刻把秀才抬回村，精心调养，直至病愈。后来秀才做了高官，难忘救命之恩，就以金银回报村民。但村民们不要，说："如果你执意要感谢，就在我们村子周围的荒山上给栽些树吧。"秀才立刻差人满山满坡地种树，但到了来年，除了一棵，其他树苗成片成片地枯死，那场景很吓人——从此，村民就得出了"地脉相克"，张家庄不宜种树的说法。于是，村里有泉有水，就成了张家庄的一种空想。

共产党员朱彦夫当然不信什么"地脉相克""不宜种树"之说。与其被这些"老理"吓倒，不如好好地研究地理。他反复思索，为什么满山满坡的树都因为缺水而荒死了，独有一棵，却能存活？

于是，他请来了水利专家进行勘探，专家说："不错，你推算得有道理，这棵树能活，就说明此地有水。你们放心地打井吧，打不出来我爬给你看！"

为了打井，朱彦夫接连召开全村党员干部大会、社员大会，反复讲道理、讲科学，告诉乡亲们，一棵树为什么能够独活？就是因为栽树的地方恰在三面是坡的一块凹地，山上的雨水常年汇聚在此。因此，只要有水，荒山就会变成绿林，甚至变成花果飘香的果园。

张家泉村一支治山造林的队伍不久宣告成立。沉寂了无数年的荒山秃岭也随着一声声"开山炮"从常年干旱的旧梦中惊醒了过来。

朱彦夫行动不便，乡亲们不让他每天跑到沟里来，他就白天不来夜里来，经常一个人趁着月光出来察看。当然，摔得人仰马翻还是常事。有一次，他摔下了一个深坑，灌了一嘴土，右眼被迷得睁不开不说，一条假腿被自己压在了坑底下，另一条假腿则横在坑沿。他挣扎着跪起来想爬上去，好不容易爬到坑沿，又连人带土塌了下去。无奈，他只能等妻子来救。妻子陈希荣有个习惯，如果哪天过了掐算得差不多的时间还不见丈夫回家，她一定会满山遍野地去找。可是这一次，屋漏偏逢连夜雨，朱彦夫等了半天不见救兵，原来是家里也出了事——两岁的儿子朱向峰因为感冒发烧，突然浑身抽搐，没一会儿工夫，孩子就陷入了休克，不省人事。陈希荣顾得了孩子，顾不上丈夫，她没承想，偏偏就在这时，丈夫摔了一大跤！

水井越打越深，出不出水可是事关军心。好在苍天不负有心人，水开始一点一点地往外渗。

为了鼓舞士气，也为了早日取得战斗的胜利，朱彦夫不顾阻拦，也出现在井下。他知道打井不能只靠自己干，自己每天挖几锹不仅困难而且根本不出活。他这样做榜样，就是为了发挥"共产党员跟我上"的精神。他相信，哪怕自己只铲出了一点儿，就不仅仅是铲出了泥水，而是铲来了群众对共产党人的信任，铲来了大家对脱贫致富、改造生活的信心。

苦干了整整一冬，张家泉村一口深 6 米，东西宽 24 米，南北长 33 米的大口井终于造成了。没用几年，村里漫山遍野，绿树成林，果树飘香。乡亲们看着欢喜，一个个眉开眼笑，谁都不会忘记，数九寒冬，朱彦夫铁制的假肢在井下不断被泥水浸泡。由于断肢，他的身体是渐渐地由痛变麻，等到他想把假肢卸下来缓一缓时，就得费上半天劲，用牙咬，用断臂砸，或者将假肢往井壁上磕。那假肢就像长在了朱彦夫的腿上，纹丝不动。后来大家才知道，这是因为井里的泥水、断肢磨破之后流出来的血水，把假肢和断肢冻结在了一起。妻子和乡亲们心疼，苦苦求他不要再下井。尽管情况都糟糕到了这种地步，朱彦夫还是开着玩笑安慰大家:"好了,这下可好了,要是假肢能够永远地和我的真腿连在一起,我每天就不用费劲地又穿又脱、又脱又穿了。"

后来,张家泉村"改天换地"的做法不知怎么被外界知道了,县里也开始推广他们的经验。有人觉得不可思议,便不住地问朱彦夫:"当初您怎么敢下这样的决定?这可是大手笔啊。"朱彦夫总是回一句:"被逼的,当年我们在抗美援朝战场上,不知有多少种打法,如果光考虑遇到的敌人比我们实力强就不敢打,那就没有一场仗能胜利。"

事实上,战天斗地到了最困难的时候,尤其在几近绝望的时候,朱彦夫的思绪总不由得回到战场,回到250高地。

那时,他们一个连刚刚冒死攻下了山头,敌人的反扑就一次比一次凶猛地如潮水般涌来。一开始全连还剩下52人坚守,后来只剩下19人,最后只剩下5人。连长像父亲一样呵护着朱彦夫这个还只有17岁的兵娃子,但他自己,腿被炸得直流血,满身满脸都是伤,没有绷带,就扯下裤腿角和衣袖胡乱地包扎一下。

阵地上不时一片火海,山头又被敌机给炸翻了。突然,黑压压的鬼子又冲了上来,密集的子弹打得阵地上碎石横飞。连长眼看着敌人就要冲上来了,他一把按倒了朱彦夫,然后右手抓起一个炸药包,拖着断腿狠命地一使劲,一下子跳下悬崖,同时拉开了导火索——啊!连长这是要干啥?他是要和敌人拼命了。

…………

每每想到战场上的这番残酷,朱彦夫都热泪横流。相比之下,在和平年代,与天奋斗、与地奋斗,这样的苦还算个苦?咋样的战斗都必须赢得最后的胜利!

最后的胜利——有了地、有了水,还有一场恶战,那是什么?电——朱彦夫还要为村里架电。

九
"三杆子"挑战生命极限

共产党人的哲学，就是斗争的哲学：与天奋斗，其乐无穷；与地奋斗，其乐无穷。任何一场仗打不赢，你就笑不出来。

架电是与造田、引水并排在一起的，是张家泉村改变家乡面貌最基础的三大战役的最后一战。

说起没有电，说起家乡的落后，朱彦夫从来不觉得"回避就是最好的办法"——尽管新中国成立之后，父老乡亲们都知道有一幅共产主义的蓝图，都听说过"楼上楼下，电灯电话"。但是，什么是电？张家泉村到了20世纪70年代，家家户户还在点煤油灯，人们依然不知道"电"究竟能给他们的生活带来怎样的改变。

1971年，朱彦夫做村支书已经有十几个年头了。他日益强烈地感觉到乡亲们解决了温饱，下一步还要发展，还要奔向更加富裕美好的新生活。但这一切都离不开能源。他要架电，千难万险，路途漫漫，但怎么都得拿下这"三大战役"里的最后一战。要想架电，张家泉村首先得从15公里外的公社驻地接线。一开始，他还比较乐观："不就30里地嘛，埋几根杆子，扯几根电线，电就来了。"

但20世纪70年代初，"文革"还没有结束，还有很多"左"的东西。他这个被红卫兵揪出来的村里最大的"走资本主义道路的当权派"当然很清楚，所有工厂几乎都只抓"革命"，不顾生产，架电所需的器材奇缺。朱彦夫一拐一拐地去到县里，找到供电部门，工作人员一开始跟他翻白眼珠子："您就保护好自己吧，别再让人家从批斗会的土台子上把您给抬头撅腚地摔晕了过去！"但转念又想："这老朱何苦呢？没手没脚，还缺了一只眼睛，他这样做，为了村里架电忙活，他图个啥？"于是工作人员深深地被感动，便找了一张白纸，悄悄地给他密密麻麻地写下了一大串架电要准备的器材、材料，然后说"什么时候您凑够了，就给我们打个报告"。

从此以后，7年时间里，朱彦夫凑钱、找人、备料。

他在张家泉村总共做了25年书记，从来没有从村里领取过一分钱的工钱，相反，他用自己微薄的抚恤金，不知接济过多少父老乡亲。然而，架电，为全村架电，要花的钱可不是小数目。为了节省下差旅费，他总是一个人外出，去南京，到上海，赴西安，挤汽车，爬火车，排队买票，上楼下楼，行程2万多公里。他出门常常不住酒店，就睡在要联系的单位的楼梯拐角，或干脆在街边休息一会儿。

后来他的儿子朱向峰向父亲学习，放弃了在县城工作的机会，回到家乡，担任张家泉村新的支部书记；再后来，朱彦夫的孙子朱帅宗大学毕业了，依然回到张家泉村，成了沂源县建在张家泉村"党性教育中心"的一名普通讲解员。

朱帅宗在一次参加淄博市"百姓宣讲比赛"时，以《接过爷爷手中的"枪"》为题，做了一次精彩的演说，还获得了比赛的第一名。他讲到他们祖孙三人一个"梦"："我爷爷当年心中的'梦'是让村里人吃饱饭；父亲的'梦'是带领乡亲们脱贫路上一个都不能少；而到了今天，我的'梦'是让朱彦夫的精神闪亮在咱农民致富的小康路上。"说到动情时，他讲了这样一个"小故事"——

那时，朱彦夫为了村里架电的事，有一次外出"求援"来到了淄博。在人民广场，因为走路累了，朱彦夫依着一根电线杆子坐了下来，他卸了假肢枕着，不知不觉就睡着了。那一刻他完全不知道路人会怎么看他，谁会知道这位残疾人是为国家做出过巨大贡献的铁血战士？但人们或许是看到了他身上背着的已经洗得发白了的解放军挎包，又或许是看到了他裸露的残肢截面正在一层层地往外渗血，总之，当他醒来后，发现身边多了一个纸盒子，里面一分钱、两分钱、五分钱、一毛钱地已经被放了很多的"心意"……

朱帅宗说："爷爷铮铮铁骨，多难的场面都不会落泪，但此刻，他泪流满面。因此后来他常说：'张家泉村能引来电，那是靠着很多好心人的捐助。'但村民们却明白这里面最辛苦的是老书记——对张家泉村来说，朱彦夫就是一盏灯，一盏照明的灯、引路的灯——他用自己的生命为村民带来了光明。"

1987 年 7 月的一个深夜，县民政局的两位干部突然敲开了朱彦夫的家门，说："有个好消息，您的一位老战友指名道姓地要来看您。快快，快穿好衣服，我们这是专程来接您去县里的。"

"老战友？我的战友还有谁呢？在朝鲜战场，在 250 高地，战友们都死了，都牺牲了。"

朱彦夫万万没有想到，要来看他的不是别人，正是后来我们国家的军委副主席、国防部部长迟浩田。迟浩田来到山东蒙阴参加"孟良崮战役胜利 40 周年"的纪念活动。之后，他想起了朱彦夫，专程赶到沂源来看望他。

第二天清早，两位年轻的军官扶着朱彦夫来到了迟浩田下榻的接待楼楼前。朱彦夫只觉得眼前模模糊糊有一个人向他走来。接着，朱彦夫被迟浩田紧紧地拥抱住。迟浩田高兴地说："看看，看看，你再仔细地看看我是谁？解放大上海的时候……"

"你是迟政委？"朱彦夫凭直觉猜着。

"是我，是我啊！咱们都是九兵团的战友，还都是山东的老乡呢……"

迟浩田知道了朱彦夫 1982 年从村支书的岗位上退下来以后也没有

闲着，他这个人"生命不息，战斗不止"。迟浩田说："整山造地、打井引水、高山架电的'三大战役'干完了以后，你又在干什么？听说你在写书？"

"是啊，是在写。我不能不写。"

30年前血红雪白的战场，连长刘步荣和敌人同归于尽，指导员高新坡身负重伤，胸膛、大腿根都在往外冒血，当朱彦夫在壕沟的拐角处发现他时，指导员的身体和阵地都被染红了。朱彦夫急忙撕下自己的半条裤腿儿，折叠了几下，给指导员捂住伤口。但指导员说："不用了……别……别再……"然后忍着疼痛，拼命从嘴里挤出来几句话："你，一定要记住……一个连的阵亡，可能不算什么，可你……一定得想办法把这一段悲壮……记录、记录下来。要告诉我们的后人……这样，我们死，也瞑目了。记住！一定要想办法……这是命令……"

因此，朱彦夫从村支书的岗位上退下来后，虽然身体衰弱，脑动脉硬化所造成的大脑迟钝与健忘更是使他的身体状况雪上加霜，但他并没有躺下来好好地歇一歇，他说他要完成指导员临终前下给他的"命令"，开始回忆和写作，写战友、写战场、写战争的残酷和年轻的中国军人为了祖国、为了人民，无比坚强的信念、无悔的青春选择和大无畏的牺牲精神……

迟浩田知道以后连连夸奖，说："好好，真为你骄傲、高兴。我等着，等着做你的第一个读者。"

但是，放下枪杆子、放下锄杆子，现在又要拿起笔杆子，这对朱彦夫来说，谈何容易？有时睡梦中，他会有些恍惚，自己突然爬起来，一阵呆愣，又一脸茫然地躺下。有时半夜三更，他觉得自己回到了过去，在枪林弹雨、冰天雪地的阵地上跟战友们一起冲杀，他嗷嗷叫着从床上滚下来，爬出门，甚至自己都浑然不知……

朱彦夫把写作当成了另一场战斗，一场特殊的战斗。而长时间地抱笔触磨，他的两个断臂创面常常被磨破溃烂，流脓流血，疼痛难忍。

儿女们看着不忍，一次次提出要"由他口述，孩子们代笔"。可朱彦夫总觉得那样不行，那样就"隔"起来了什么，边写边流露出的真情实感也会因为受到这样那样的阻碍而表达得不痛快、不准确，那就对不住死去的英烈。

所以他一个字一个字地写，一个场面一个场面地回忆。有时混乱了，颠倒了，漏掉了，重复了，还要翻阅前面已经写好的稿子。这个动作对常人来说，再简单不过，但对他来说却十分艰难。无奈之下，他只好把要写的人物、情节、次序都分别写好，让妻子陈希荣用胶水把一张张纸片粘在竹竿上，再固定到床边的墙上。这样，他的书房，也变成了"战场"，挂满了笔记和重点，像"万国旗"一样地飘来荡去……

同样作为写作者，我知道每篇文章、每本书的千字稿费可能是 50 元、100 元、200 元，但朱彦夫的每一个字值多少钱？那是字字含泪，字字千金啊！

像他架电一样，又花了整整 7 年，朱彦夫再一次挑战了生命的极限，写出《极限人生》《男儿无悔》两本书，整整 60 万字，没用电脑，没有人代笔。

书里有他年轻时如何走上革命道路，有如何从给爹爹报仇到明白了国恨家仇，有如何认识了共产党、党员、党的队伍，有上百场战斗、三次荣立战功，更有他的战友们，一个个有名有姓，前沿阵地，音容笑貌，怎样勇敢战斗，怎样流血牺牲……他用生命完成了指导员临死前交给他的最后一个任务。他问心无愧，像是又赢得了一场大的胜利。

2021 年，是中国共产党建党一百周年。春节拜年时，我没能跟朱彦夫实现视频连线，向峰说："对不起，我父亲今年的情况不太好，还是由我代为……"同时他不假思索地回答了我的问题："父亲这一生，最难的事情就是'站起来'，最大的信念就是不要给国家增加负担，此外，还要为家乡做事，为乡亲们做点事……"

多么朴素的语言，多么含金量置顶的表达！

"你们呢？你们六个兄弟姐妹从小都跟着父亲长大，你们觉得父亲是个什么样的人？他对你们产生了怎样的影响？"

向峰又说："爸爸永远都在'战斗'，永远都向着'胜利'，他是我们的榜样、骄傲！"

…………

250高地，七八架敌机轰隆隆地掠过了山头，扔下了无数的炮弹、燃烧弹，志愿军战士还在死守、死守。

连长说："大家排队，一个死了一个上，谁最后剩下，谁就是最后的战地指挥官。"

指导员临死前说："现在我不行了，我任命你，朱彦夫，现在由你来做战地的指挥……"

"作为一名战士，只要一息尚存，就不能泯灭了自己始终追求更大胜利的渴望……命运虽然给了我太多的苦难，但所幸的是我始终都能用战斗的姿态去面对这些苦难……"

这段话摘自朱彦夫自己的书。和很多人一样，我也想这样问："除了苦难，您这一生，有幸福吗？"

朱彦夫默默地回答了我，回答了这个世界，也分外鲜明地给了自己满意的答案！

第三章

为了一个没有"麻风"的世界

——根治麻风病的垦荒牛李桓英

2016 年 12 月 27 日中午,一场不同寻常的入党宣誓仪式在北京友谊医院举行。

一位鹤发童颜的老奶奶——李桓英,在鲜红的党旗下,和十几位穿白大褂的年轻医务人员一起举手向党宣誓——为了这庄严的时刻,她特意选了一条大红围巾,打头站在第一排的第一个,分外显眼。

李桓英是谁?耄耋之龄为何还要加入中国共产党?

说老实话,对这位世界著名的麻风病防治专家,在中国担当了几十年根治麻风病的垦荒牛的人,她的名字不一定人人都叫得上来。

李桓英 1921 年出生于北京,那一年,中国诞生了一个伟大的政党——中国共产党。作为党的同龄人,李桓英入党的时候已经 95 岁。所有的媒体记者,当然也包括我,都不能不问:"您为何在这个年纪做出了这样的选择?"

李桓英先是回答:"入党还分先后吗?"然后又说:"入党和搞科研一样,都是为了追求真理。我为国家服务快 60 年了,现在,觉得自己可能合格了。"

入党像搞科研?95 岁才认为自己"可能合格了"?

李桓英不爱说大话:"这些年,我取得的成绩,都与党的关心和支持分不开。人的生命是有限的,如果去世后,身上不能披上一面党旗,会落下遗憾……"

2019 年 7 月,因为不慎,李桓英在家中摔倒,住进了医院。治伤期间，还查出了心脏有问题，里面有一个"室壁瘤"，占据的位置十分凶险。为此医生不许她激动，不许她长时间接受记者的采访。没办法，我只能趁 2021 年春节给老人家微信视频拜年时顺便聊了聊。

李教授在视频里看着非常精神，其实她很愿意跟我讲一讲。经李教授的助手袁联潮老师同意，我开始慢慢地询问："除了'科研''合格'，李教授您还有没有其他的入党想法和机缘？"经这一提醒，李教授说："2016 年 9 月，我搞出了一件大事——这一年，第十九届国际麻风大会决定在北京召开，我获得了'中国麻风病防治终身成就奖'。那时候我就想，这是什么？算盖棺定论了吧？我应该有资格成为一名中国共产党党员了吧？因此心情久久不能平静。"

人生走到这一步，李桓英觉得"自己可以定型了""不会走错路了"。她心底那个"沉甸甸"的愿望——入党，可以实现了。身为科学家，严谨的她做什么事都要等见了"成果"才宣告成功，入党也一样，她一生用党员的标准严格要求自己。此时此刻，可以说出来了。

岁月年轮

新中国成立初期，史学家后来总结了四个突出的特点：工业技术水平低下，物资紧缺、物价飞涨，农业生产落后，人民生活痛苦不堪。可以说，共产党接手的是一个"烂摊子"。同时，帝国主义和国民党反动派拼命地封锁和扰乱，国内尚存的敌对势力更是盼着共产党出师告败，有些民主人士也担心年轻的共产党缺乏经验，治理不好国家。

但是，人民群众拥戴和支持共产党，相信在共产党的带领下，四万万民众一定能翻身做主人，建设好一个崭新的社会主义国家。

20 世纪 50 年代早期，政府进行了大规模的城市工商业社会主义改造和农村土地集体化以及社会改革。跟着，从 1953 年开始，我国开始进行社会主义工业化建设和对农业、手工业与资本主义工商业的社会主义改造（即"三大改造"）。到了 1956 年，社会主义制度在我国已经基本建立起来，我国开始进入社会主义初级阶段。

积贫积弱的旧中国，多少有志青年报国无望，出走海外，中华人民共和国的朝阳让这些人看到了新国家的曙光。很多人纷纷离开美加、欧洲，不远万里回到祖国。他们看准机会，投身国家建设，用自己的青春、热血浇灌有一天一定能够看见的国力军力强盛、人民生活富裕的广袤大地。

1950 年，核物理学家朱光亚写下了《给留美同学的一封公开信》，得到了 52 名准备近期回国的中国留学生的支持；同年，数学家华罗庚在归国途中发声："为了抉择真理，我们应当回去；为了国家民族，我们应当回去；为了为人民服务，我们应当回去；就是为了个人出路，也应当早日回去，建立我们工作的基础，为我们伟大的祖国的建设和发展奋斗。"

大约在同一时期，地质学家李四光秘密回到祖国，空气动力学家钱学森克服险阻回到祖国，核物理学家邓稼先谢绝了恩师挽留，生物学家童第周谢绝了重金续聘，材料科学家严东生冲破回家的重重阻挠。20 世纪 50 年代前后回国的还有邹承鲁、梁思礼、吴文俊、汪闻韶、梁晓天、师昌绪、汪德昭、郑哲敏、曹锡华……

一

"我要回国，就是要回国！"

1958 年，对于 37 岁的李桓英来说，这一年，她站到了人生躲不开的一个十字路口：是继续留在美国读书，续签世卫组织的聘书；还是回到祖国，融入新中国那一片绚丽的晴空下正热火朝天地进行着的社会主义建设事业？

李桓英在世卫组织已工作 7 年。"李，你的年薪已经从 6000 美元涨到了 9000 美元，不仅收入令人羡慕，而且学术上也应该是满足了的吧？"世卫组织人力资源的主管拿着合同要跟李桓英续约。但李桓英礼貌地回绝了："是的，我没有什么不满。但，我必须跟你实话实说，这不是我真正想要的生活。"

What？Why?（什么？为什么？）

因为她要回国。

2021 年春节期间，我视频采访她时刨根问底："党和国家究竟在什么地方吸引了您，让您放弃国外优越的生活，执意回国？"

李桓英想了想说："我今年整整 100 岁了，我亲眼见证了中国这么大的一个国家，需要一个党来凝聚人心，把十几亿的老百姓团结在一起，这样才能干大事。我后来做麻风病的治疗与科研，这是一个长期的过程，国家对全体病人都免费治疗，哪个国家、哪个政党能做到这一点？如果我当初没有回国，而是选择在美国或在世卫组织，或在其他国家其他地方工作，都不可能取得今天这样的成绩——这不是一个人的'个人能力'问题，是有没有人给你这样大的'一个舞台'……"

李桓英作为一个科学家，她不信天、不信命，只信事在人为，这和共产党员是坚定彻底的唯物主义者的立场相同。而且，共产党的宗旨是为人民服务，李桓英的志向也是希望自己这一生，只为"人民的需要"而工作——国家与她，她与国家，休戚与共，同体相连。

从小，李桓英在大人们眼中就是一个爱学习的好姑娘。5岁时，她已经跟着在北京怀幼小学教书的母亲开始上小学。随后的12年里，她先后换了9所学校，不仅跟随父母在中国的北京、上海、杭州、南京、香港等地生活和学习，还随着留德的父亲在柏林生活过一段时间，因此会说德语，且见多识广，"主意"也越来越"正"。

1946年，已经大学毕业的李桓英在母亲的坚持下，考上了美国约翰斯·霍普金斯大学，成了公共卫生研究院细菌系的一名"特别研究生"，主攻流行病学。因为是中国学生，一定要为中国争气。这是年轻的李桓英内心的种子。慢慢地，品学兼优的她引起了美国教授的关注。一开始，一位叫特纳的性病专家聘请李桓英做自己的助理研究员，接着又推荐她成为刚刚成立不久的世界卫生组织的首批官员之一和性病专家。李桓英先后被派往印尼、缅甸等国工作。

"在缅甸，我与我的祖国仅隔着一条河。每当夕阳西下，我回到住处都会情不自禁地遥望北方，想念北京，想念我曾经生活过的那个家。"此番情景出现的次数多了，李桓英就明白自己想回国的念头是越来越浓了。这种感觉后来被她总结为"在海外漂的时间越长，思乡之情便越难以抑制"。

终于，当她在世卫组织7年任期届满，对方向她提出续签合同时，李桓英婉言拒绝了。

李桓英要回国，是受了同时代人爱国情怀的影响，也是她自己近乎本能的冲动。她说："回国的路，其实很不平坦。当时美国和中国还没有建交，我手上的护照还是联合国的护照……遥远的祖国并不知道我要回来，也无法主动帮到我。"最后，她想尽了一切办法，先拿到了回国的签证，然后一个人绕道罗马、雅典、列宁格勒，最后来到中国驻英国的大使馆，找到了回国的机会。

1958 年冬，她终于如愿以偿，回到了祖国。此时她再看北京的北海、景山、天安门、正阳门，发现时光匆匆，这一晃，自己竟然已经离开了整整 12 年。

二
"名字是爷爷给我取的！"

李桓英的"桓"字，和寰宇的"寰"同音，本义为表柱，是古代立于驿站、官署等建筑物旁的标志木柱，后称"华表"。在今天，"华表"已经成了中华民族的某种象征。在过去，"华表"还有实际的用途，除了做"路标"外，还做"望柱"，用来提醒皇帝要时常外出体察民情，同时不要忘记按期归朝治国理政。到了明清时期，"华表"又被叫作"谤木"，平民百姓想向国家表达自己的心声时，就把文字写好贴在谤木上。在信息闭塞的时代，这已经是人们能想出来的很不错的办法。

说起李桓英为什么那么想家、想念北京，今天，这位已经 100 岁的老教授操着一口地道的京腔儿对我说："谁会忘得了'自己的根儿'呢？"

我又问："您在海外学习生活了十几年，为什么使用的英文名字还是李桓英的汉语拼音——Li Huanying？"

李教授有点急了："我是中国人啊，我只有一个名字，而且这个名字还是我祖父给我取的！"

祖父给孙子、孙女取个名儿，本是很常见、很普通的事情，为什么李桓英把它像"证据"一样跟我交代，而且说这话时，还显得特别自豪？

李桓英的祖父，名庆芳，字枫圃，是民国时期著名的爱国人士、诗人。根据北京市西城区整理的《百岁老人口述历史》，李桓英告诉众人："我祖父出生于1878年，自幼聪明，喜爱读书，记忆力超强。1902年和阎锡山等人被国家官费派往了日本，入学东京庆应大学，在法律系就读，属于中国历史上第一代留学生。"

1909年，李庆芳学成回国，参加了科举考试，中了举人。1913年，在山西上党被选为众议员赴京。中华民国成立后，李庆芳担任过国会参议院的秘书厅长，主办了《民宪日报》《宪法新闻》，竭力主张立宪，在政界和文坛都很有影响。他后来受山西督军阎锡山重视，被任命为总司令部司法处处长兼交通外长，同时兼任山西驻京代表。

在北平生活和安家期间，李庆芳创办了很多以"怀幼"为名的慈善机构，包括学校、女校、工厂、印刷厂等，现在北京很知名的宽街小学，其前身就是由李庆芳等人创建的。

1937年11月，贪心不足蛇吞象的日本侵略军占领了太原，华北的大部分城市也已经失守，李庆芳因长期在北平做国会议员，还在阎锡山手下担任过很多要职，自觉"目标过大"，深恐被日本人胁迫去做汉奸，便乔装打扮回到山西老家——襄垣避难。

此后，国破山河在，抗日的主旋律中总夹杂着蒋介石"攘外必先安内"的怪音，把枪口对准了不该对准的地方。"于家避难的爷爷，后来发现共产党和八路军，他们一直都在无条件地抗日，因此看到了新希望，从此在思想上倾向共产党的抗日救亡主张。"

1939年2月5日，日本人不知怎么听说了襄垣县的阳泽河村有一些八路军在活动，旋即派出500多人，杀气腾腾地包围了村子。李庆芳此时恰巧在村里，当时同 38 名八路军、民兵一起被日本人抓走了。面对敌人的恐吓和明晃晃的刺刀，李庆芳用日语怒斥日军，并亮明了身份，说自己与日军驻上党的司令官关今由长治是东京庆应大学的同学。日本兵听到这里，以为有了"重大发现"，立马把李庆芳请到了日军位于夏店镇的指挥部，设宴诱降。

"爷爷当然不会背叛自己的国家，但是他要想办法救八路军，救那些民兵。"

第二天，关今由长治真的与李庆芳见了面，并答应释放所有人，但接着就对李庆芳威逼利诱，要他担任山西省地方的维持会长。李庆芳不从，到最后也没有点头，日本人无奈，只能软禁了他，把他整整关了40 天。

李桓英的生命里，延续着祖父大义、耿直的爱国基因，她说爱国并没有什么特别值得自我标榜的，这是一件很自然的事。

2011 年，李桓英应邀参加了由日本财团、北京大学、中国人权研究会联合举办的号召消除对麻风病及其康复者的歧视和偏见的"全球倡议书 2011 启动仪式"。她感觉这是中国人向世界发出的伟大的呼唤，备感骄傲与自豪！

"我这一生总结不出什么（辉煌）来，我就是能心跳一天，就为需要我的人做一天的事。我的心是正的，虽然我不会写书法，但我要用我的心写出一个大大的正心。"

"正心"，这是集大成的两个字，也是李桓英用一辈子的行动塑成的一座丰碑。

1958 年，李桓英辗转从欧洲回到祖国。我们敬爱的周总理亲切地接见了她，根据她的特长，把她安排到了中国医学科学院中央皮肤性病研究所工作。从那以后，她就下定决心，无论如何都不能辜负了总理、党和国家对她的信任——她要为新中国做事，为人民大众做事。

2021年春节，我在微信采访她时，李桓英说完了"入党的理由"，又说起了"爱国"。她用因骨质退化已经变形的手指反复敲击着自己的面孔说："我是中国人，黄皮肤！"然后又揪着自己的头发说："我的头发是黑的，我的国家只有一个，那就是中国——你说党和国家在我心里的分量……"

回想当年她在美国读书，特纳教授为什么肯聘请李桓英做自己的助理研究员，然后又力荐她成为世界卫生组织的首批官员之一和性病专家？想来当时特纳看中的就是李桓英这位中国女学生的勤奋，除了认认真真对待必修课，各门成绩都很优秀，她还时不时地去听很多不拿学分的辅修课，目的就是扩大自己的知识面和眼界。

特纳觉得自己发现了一棵"好苗子"，而李桓英也抓住了这个机会，在特纳教授的指导下，整天跟小兔子、小白鼠打交道。这种实验室经历对她一个留学生来说真是非常难得。

几年时光过得踏踏实实，李桓英没有辜负特纳教授对她的期望，她利用梅毒螺旋体感染的实验兔，开始研究4种青霉素的疗效，几乎每天不分昼夜地在实验室里观察、记录，比较4种青霉素（G、F、K、X）的制动作用，最后证明了青霉素G有快速杀菌的作用，为人类有效治疗梅毒和控制其传播做出了重大贡献。

果敢、博学，也是书香门第的家传遗风。李桓英说她一生能够赶上好家庭、好国家，能够做自己毕生喜爱的医学研究，就已经很幸福、很幸运了。"真的，我是幸运的——我是个幸运儿。"

后来为什么会和麻风病结缘？又怎么成了中国终结麻风病的垦荒牛，同时也为世界防治麻风病提供了"中国方案"？

李教授那天对我说："这就是后话了，国家的需要、患者的疾苦、时代的使命，正好让我遇见了……"

我本想再多聊聊，但又担心李教授的身体。反倒是她笑呵呵地安慰我："没事儿，咱还有时间，回头我再好好地跟你说，好好地跟你说，哈哈哈……"

三
"是麻风病选择了我！"

一个人究竟应该怎样度过自己的青春，选择一条正确的路？这是一道选择题，只有一次机会，只能一次过，无法悔棋。

李桓英选择了为党、为国家、为人民，后来更把目标瞄准了麻风病。她是怎么想的？又是怎么做的？

麻风是一种病，一种慢性传染病。患者短期没有危险，长期也不会死，只是"麻风"这个名字听起来让人恐惧，它把"病"的"可怕"程度放大了。

当然，很多重症麻风病患者到了晚期，出现的一些症状确实吓人——"麻风杆菌"入侵体内，致使患者从皮肤到骨骼逐渐溃烂，慢慢变得鼻塌目陷、面目狰狞，四肢也会出现残缺，往往表现为秃手秃脚，躯干变形。

英文用"leper"来形容麻风病患者，这个单词还有一个意思，是"被大家憎恶、躲避、厌弃的人"。李桓英不同意，她坚持用"leprosy"（麻风病的通用英文翻译）。但是不可否认，麻风病患者"恐怖的外表"常常给人带来心理上的恐惧，尤其是在迷信思想浓厚的时代和地区，人们视麻风病患者为"鬼"，为"魔鬼附体"，认为那是他们造孽得到的报应，他们自己不死，却会祸害接触过他们的所有人。

作为一种古老的疾病，麻风病与人类相伴至少有 3000 年的历史，它与梅毒、结核并列为世界三大慢性传染病。早期的欧洲，人们因"怕"生"恨"，用船把麻风病患者大批运到海上，投入茫茫大海，使其溺死，又或者将其火烧、活埋。人道一点的，是把他们赶到远离人烟的荒山深谷，令其自生自灭。有些地方或责令麻风病患者如果出门走动，必须在脚上和身上绑上铃铛，或者打板出声，以警示他人赶快躲避。

在中国，自古以来，人们对麻风病的恐惧也伴随着排斥与歧视。相传，1935 年，广东军阀陈济堂在白云山下一次枪杀的麻风病患者就有300 多人；1936 年，高要县县长马炳乾在赵镇一次活埋的麻风病患者也有 20 多人；1940 年，西北军阀马步芳曾强令青海各县将麻风病患者一律枪毙，焚尸消毒，惨无人道。

不论东方还是西方，视"麻"如虎，谈"麻"色变。因此，麻风病不仅仅是一种传染病，更衍生出了许多社会问题。可怜的病患往往在忍受肉体痛苦的同时，还要忍受更痛苦的精神上的折磨。

人类几千年来与麻风病的斗争，一直都以失败告终，因此，"隔离"是大家的共识。哪怕是在新中国成立后，"麻风村"也依然被保留，成了麻风病治疗和管理的特殊组织机构。

1950 年，中国的麻风病患者大约还有 50 万人，涉病的地区包括广东、海南、福建、云南、贵州、西藏等。1958 到 1959 年，仅仅一年，麻风病的发病率就高达 5.01/100000，而且在 20 世纪 60 年代，这种病根本无药可治。

李桓英回国后，先被国务院外国专家局分配到了 1954 年创建的中国医学科学院中央皮肤性病研究所（现为皮肤病研究所），从事与皮肤病有关的科研工作。当时从国外回来的她，尽管看到研究所的实验条件"简陋到要命"，比如连最基础的"紫外线消毒设备"都没有，但是国家信任她，很快将 1960 年"五一"节要献礼的一项艰巨任务——梅毒螺旋体制动试验交给了她。这让她备受鼓舞，天性愿意接受挑战的她，不会被任何条件上的困难吓倒。

"我那时就因陋就简，土法上马——用石碳酸的喷雾水来消毒，同时还自制了二氧化碳孵箱，很多用于实验的小白兔和豚鼠，当然也都要自己来养。"

"献礼任务"如期完成，李桓英受到邀请，参加了全国"五一大游行"。此后她又相继完成了提取麻风抗原、从麻风杆菌中提取出特异性的酚糖脂的工作。为了试验其有效性，她干脆撸起衣袖，在自己的双臂上进行验证。这是羊入虎口，一旦感染，她从此也会成为一个麻风病患者，到时会受到怎样的对待，她比谁都清楚，但是她依然……以致后来，她的胳膊上永久地留下了"光田氏反应阳性试验结果"的明显疤痕。

"只要能为国家做事，做什么我都愿意，何况我所从事的科研还与我的专业、兴趣相关，已经是很好了。"

1965 年，李桓英被派到北京雕漆厂与河北赞皇县割漆现场，对工人们容易患上的接触性皮炎进行调研。之后又到丹东，研究为什么冬季运煤工人在洗过热水澡之后，很容易发生物理性的刺激性皮炎。

1970 年 8 月，根据中央战备 1 号令的精神，卫生部军管会指令皮研所全体人员下放到江苏泰州。为何选择下放到泰州？因为当时的三泰（泰州、泰兴、泰县）地区是中国麻风病的高流行区。当时又恰逢"文革"时期，作为从国外回来、深受"资产阶级思想熏陶"的李桓英，需要"好好地改造"，被下放到泰州也是"正好"。

但是被下放并不等于被剥夺了工作的权利。李桓英被分配在苏北地区的苏陈公社，她在这里一天也没有荒废，相反积极参加巡回医疗，从一只灰黄霉菌株受到启发，开始利用当地的农副产品做霉菌的培养基，又利用旧式的培养箱，成功研制出了灰黄霉素，为苏陈公社160多名患了头癣病的儿童，摘掉了头上厚厚的"盔甲"，解除了他们的痛苦。这项成果后来被推选参加了1972年在北京举办的全国科学技术成就展览。

"是金子总会发光，但发出来的光要有用，才是金子的价值。"这是李桓英的人生哲学，也是她无论被放在什么岗位都不会放弃自己对科研的执着的内心动力。

到我2021年要为李桓英"写传"，她所在的北京友谊医院热带医学研究所提出要先看看我的提纲，这要求合理，双方事先有所准备，采访起来才更顺利。于是我一口气列了26个问题，其中一个就是：1970年，您怎么走进了江苏的一个"麻风村"？这一进村，受到了什么刺激？对您日后几十年开展麻风病的防治和研究有什么影响？

话说到这，"故事"和"缘分"就要来了。

下放时，有一段时间，她被指派到了长江北岸的一所医院——滨江医院。在那里工作的时候，她来到了一个风景优美的江边小村，这个村就是一个"麻风村"。进到村来，有一个小女孩儿拉着一个中年妇女的手，小心翼翼地蹭到李桓英的跟前，说："医生阿姨，你快帮我妈妈看看吧，她身上烂，臭，也不能为我做饭，我很饿……"李桓英轻轻地拍了拍中年妇女的胳膊，然后让她抬起头来。当那女人犹犹豫豫地抬起了头，李桓英心里着实给吓了一跳。这是她第一次面对面地接触麻风病患者，那位患者的一只眼睛已经失明，另一只眼睛根本闭不上，一只脚溃烂着，流着脓，身体歪歪地，走路必须得让女儿领着……

害怕是一种生理反应，李桓英内心更多的是对患者的同情。作为医生，在她被世界卫生组织派往印尼、缅甸等东南亚国家服务的那些年，尤其是在印尼，流行一种叫作"雅司"的传染病，患者的样貌也大致如此，浑身溃烂，肢体变形，面目可怕。因此从理论和实践上来说，李桓英对麻风病是了解的，只不过当她在自己国家的"麻风村"，突然这么近距离地看见了这样的一个麻风病患者，她依然感到深深地震撼。

因此，当后来很多记者问李桓英为什么会选择去防治和研究麻风病，她总是说："不是我选择了麻风病，而是麻风病选择了我。"

望着那位痛苦的中年妇女，李桓英联想到了自己在国外工作的经历，她心里深深地明白：像雅司、头癣，以及麻风这样的传染病，往往都跟贫困、落后紧密相联，这也正是她立志要回国，要为尚未脱离贫困的国家、为在苦难中挣扎的同胞提供服务的原因。

"文革"后期，李桓英被借调回北京的科研机构，回到了自己熟悉的实验室。那是 1972 年，中央皮肤性病研究所的老所长胡传揆到上海开会，顺路来看望已经整体搬迁到泰州的老同事。他见到李桓英，立刻想到北医皮肤科正在开展的"荧光抗体"工作非常需要专业的人才，而李桓英早在 1962 年就已经开始了"荧光抗体"在梅毒血清诊断中的应用研究，因此邀请李桓英回北京。对李桓英来说，这个机会是非常难得的。

突然降临的机会，让李桓英非常高兴。她也不知道自己为什么那么兴奋，或许是她从小就在北京生活，"根儿"就在北京。北京这座有着 3000 多年建城史、800 多年建都史的古老城市，对她有着极大的吸引力。然而，当她再次回京，理想抱负还没来得及施展，自己的身份和生活却先陷入了窘境。

怎么回事？

离京前，她一直住在北京甘水桥中央皮肤性病研究所的集体宿舍。回京后，她因为不是"正式调入"哪一家单位，所以没有户口，也没有地方住，自然就成了"一没单位，二没身份，三没住处"的"三无"人员。

回想当初她的祖父把家安置在北京时，李家无论在东城、西城，甚至在京郊很多地方，都有自己的房产。李桓英从小最熟悉，也是在此度过了她美好童年的两条胡同，一条是东城区的灯草胡同，另一条是西城区西直门的马相胡同。马相胡同离动物园（当时叫万牲园）很近，小时候祖父经常带她去那里看动物。

这一段故事很重要，本来2021年春节拜年前，李桓英是同意跟我"好好地谈一谈"的，但她住院了，医生紧跟着又发现，这两天李老的心脏指标突然有了些波动。一问才知道，是因为要接受采访，100年来的很多往事在她的心里波澜起伏，她两个晚上都没有睡好觉。"不行！万一人一激动，她心脏里的那个室壁瘤一旦破裂，即便是人在医院，也很难抢救！"

我和她都得听医生的话。就这样，我俩之间的"面对面"就只能往后先放一放。可我急着要听故事，李教授就让她的助理——袁联潮老师先给我接着往下讲。

没了地方住，她要怎么办呢？我实在是想象不出一个那么重要的专业人员，回到北京，竟然……

袁老师说："李教授借住过中国医学科学院、卫生部外籍顾问马海德先生的家，也借住过中央皮肤性病研究所老书记戴正启的家，后来又在西山自己租了民房。直到5年后，她正式调入北京热带医学研究所，才在北京前门东大街有了一套属于自己的面积很小的单元房。"

从"居无定所"到"再次安家"，李桓英没有叫苦，也没有抱怨。

袁老师说："李教授对生活的要求很低，她当年不顾父母反对一个人回国，就是只想到发挥自己的专长，没有想过一旦回国、回到了北京，'我住哪'？只要能工作，有实验室，这对她就足够了。"

正式调入北京热带医学研究所之前，李桓英可以说是一边做着"新北漂"，一边到处"打零工"。除了在北医皮肤科开展"荧光抗体"实验，还曾到北京阜外医院皮肤科开展"红斑狼疮"的"荧光抗核抗体诊断实验"，跟着又来到北京协和医院进行学习，做了免疫学的新理论研究……

"工作着就没有烦恼，也没有工夫去烦恼。"这是李桓英对自己的安慰。对于事业，她马虎不得，嗅觉也很灵敏。

那是 1978 年 3 月 17 日，她在报纸上看到北京热带医学研究所在首都医科大学附属北京友谊医院刚刚落成。该所是一个集热带病诊治预防和研究为一体的科研单位，是我国成立最早的北方唯一的热带医学研究机构，也是中国最早被世卫组织认定的合作中心。李桓英心里的火苗一蹿老高："啊，这是我该去的地方！"

于是她又找到戴正启书记。老书记深深地理解她，也为国家珍惜这样一位特殊的人才，于是帮忙介绍。通过审查和面试，李桓英正式调入北京热带医学研究所。从此，她才有机会大面积地接触麻风病，一颗深埋于内心为国为民效力的种子，才找到了最合适的土壤。

我跟袁老师感叹："真是想不到，李教授还曾有过这样的一段难！"

"是啊，整整 5 年，身份、居所不确定。"

"那，即使是遇到了这样的不顺，李教授也没有后悔过回国吗？"我心里都有点替李桓英打抱不平了。

"她不是有实验室吗？她的工作可一直没停。"

1981 年，李桓英凭借自己的资历和影响力，成为国际麻风学会理事、印度麻风协会终身会员，同年还应邀参加了在缅甸当时的首都仰光召开的西太区麻风免疫和化学治疗科学会议。在这次会议上，李桓英获得了一个天大的"利好"，那就是世卫组织已经有了对麻风病联合化疗的最新治疗方案，下一步就要找国家进行实验。她可不能错过这个机会。于是回国后立刻向国家有关部门汇报，并提议希望中国赶快向世卫组织递交申请，国家完全采纳了李桓英的意见。

机会，有时你不知道它会躲在什么地方，但是李桓英要让自己的国家进入终结麻风病的世界第一梯队。她该出手时就出手，正好利用自己在世卫组织工作过的经历和便利，向麻风病宣战。这一次，她要整装出发了！

四
麻风病不是不治之症？

1940年，曾被日本人软禁了40天的李庆芳因为忧愤，感染了伤寒，又没有得到及时的治疗，在这一年不幸逝世，享年62岁。同年4月27日，中共中央北方局机关报《新华日报》专门刊载了李庆芳"被日军虏获四十日拒不屈从"的事迹，盛赞其劲节可风。

那时候李桓英已经深受五四运动新思想和无数爱国志士为了祖国不惜"抛头颅洒热血"的影响，知道祖父的"劲节可风"是什么意思，她在心底暗暗下定决心：要做像祖父那样的人——祖父了不起，将来我也要"了不起"！

为了参加祖父的追悼会，李桓英和父母、妹妹弟弟们回到了山西老家。她听到了更多的关于爷爷的故事，也知道了父亲跟爷爷一样，尽管做着民国的"大官"，但为人正直、磊落，不愿意与恶势力同流合污，同时两袖清风，是个当官只想做事，"不懂得数钱"的人。

说起父亲，他是李桓英成长路上又一个正面的榜样。

早在 1917 年，李桓英的父亲李法端，从北京汇文预科学校毕业并被官派前往德国留学。李法端被分配到柏林工业大学的电机工程专业，学成后也像他的父亲一样回到祖国，先后任民国杭州电机厂代总经理、政府交通部技士、材料司司长、国家行政院物资供应局顾问，以及中央银行驻关岛代表、中国经济建设协会副总干事、中国工程师学会材料试验委员会主任委员等要职。

祖父和父亲两代人言传身教，并没有因为李桓英是一个女孩，就不支持她读书获取知识。李桓英的上面原有一个哥哥，7 岁时因为白喉夭折，从此，祖父和父亲就拿小桓英当"长子"来养。因此无论在德国，还是后来在国内的很多城市，都要求李桓英好好学习，长大了要报效国家。

李桓英不止一次跟她身边的人说她这一生之所以幸运，一是因为有一个好家庭，从小就受到了很好的教育；二是因为长大后回国，更有戴正启、胡传揆、马海德这些对她有知遇之恩的前辈相助。因此个人遇到了一些暂时的困难、冷遇，她根本就不会往心里去。更何况若论吃苦，她本就是经历过抗战的人，和平年代再苦，还能比得过战时？还能苦过躲炸弹、饿肚子，颠沛流离，生死难测……

1939 年，她从香港考上了同济大学医学院。当时由于日本人的入侵，同济大学被迫从上海搬到了昆明，同学们都住在翠湖的八省会馆，不仅生活苦，吃的是牛皮菜和蒿子、荨叶子，生命安全也因为随时会赶上日寇对昆明的轰炸而完全没有保障。

"后来学校不得不再度搬到四川南部长江边上的一个偏僻小镇——

李庄。在李庄，日子过得就更艰难了，七八个人挤在一间宿舍，没有电，同学们晚上看书只能点油灯。"

不过恰恰是李庄的生活，让李桓英真正有机会接触到了中国的底层社会，看到了国家被外敌欺辱、践踏，更深地懂得了祖父和父亲装到她心里的那颗拳拳爱国之心的种子。

早年间，有人问她："您在美国学习了 4 年，又在世卫组织工作了 7 年，收入很高，已经习惯了西方的生活，为什么要回国？"

李桓英总会反问一句：为什么我不回国？如果不是因为被世卫组织邀请，让她觉得在这个平台上对她将来的事业有益，李桓英说她一毕业，就会像祖父和父亲那样早回国了。

北京热带医学研究所的钟惠澜所长对李桓英的工作热情非常肯定，尤其看到她有在世卫组织工作多年的经历和学术研究基础，听说世卫组织要上马治疗麻风病了，便提议李桓英以访问学者的身份，接受世卫组织的资助，先去出国考察。

面对难逢的良机，李桓英非常珍惜。9 个月的时间，她跑了 6 个国家，访问了 9 个麻风病治疗中心。特别是当世卫组织同意将中国作为"实验新疗法"的地区时，李桓英根据中国的特点率先拿出了联合化疗的短程实验方案。

她拼命地争取项目，不是为了个人的学术地位和名誉，而是看中了联合化疗对麻风病患者是一份救命的大礼，她一定要为自己的祖国和患者争取到这个机会。

当时的医学界对"联合化疗"并非没有争议，比如并没有足够的证据证明"动物实验"的可靠性；同时，医护人员也不清楚应该给病人施以怎样的剂量和指定多长的服药期限，更不知道究竟要对患者治疗多久、何时停药、会不会复发……

但是李桓英身为传染病专家，她明白联合化疗是由利福平、氨苯砜、氯苯吩嗪三种药物组合而成的一个新套方，这个方子对患者是安全的，而且没有不良的副作用。它就像三颗手榴弹被捆绑到了一起，对治疗麻风病来说，是人类智慧终于绽放出来的一道曙光——为了祖国，为了让中国几十万患者尽快摆脱麻风病，她一定要积极实验，把这件事情做成功！

结束了9个月的学习和考察，她兴奋地"杀"回祖国，急着跟领导汇报，并拿出了具体方案。接下来，为了选择实验地区，她先后来到云南的麻风村寨和山东潍坊的麻风病地区，对80位多菌型患者实施了24到27个月（云南用了27个月，山东用了24个月）不等的精确治疗。此时，李桓英已经57岁了。

在这个年龄，中国大多数妇女都在做什么？颐养天年、含饴弄孙。但是李桓英没有，她把80位患者当成了她生命中最重要的关爱对象——一路治疗、一路呵护，直至疗程结束，这些人没有一个失败，都被治好，完全康复，从此远离了"麻风村"，重新回归了正常的生活。

五

"李教授，您就不怕被传染？"

李桓英从不避讳自己这一辈子为了医学研究和治疗传染病，没有结婚，没有后代，没有普通人家的天伦之乐。因此经常被人问道："您不后悔吗？为什么会选择单身？特别是看到别人家逢年过节，热热闹闹，老了也有儿孙绕膝，三世或四世同堂，您不羡慕？"

李桓英总是笑笑说："我这人比较笨，做什么事就得全情地投入，如果又是老公，又是孩子，牵绊太多，我就做不成'治麻''防麻'这件事喽。"

如此"交换"意味着什么？是一种牺牲吗？

李桓英却不这样认为，她觉得当事业和个人生活必然发生冲突的时候，她选择了事业，而且乐乐呵呵，这没什么不好："人生有很多种幸福，我有我的收获，那就是幸福。"

1979 年，她把推广世卫组织联合化疗的试点对象选在了云南省西双版纳的勐腊县，从此就把生活、时间、情感都给了勐腊。

我在李桓英的办公室看到了一张 12 寸大小的彩色照片，照片中有一个中年男子，怀里拥着一个小男孩，却看不见那男人的手，估计是拍照时让摄影师给故意遮挡了。袁老师告诉我："照片中的男人叫刀建新，两只手都残疾了，烂得只剩下指根的一点点；那个男孩是他的儿子，初期感染时让李教授给治好了。父子俩先后担任了'麻风村'的村主任，这张照片也有着长长的故事。"

在勐腊，李桓英筛选出了回菁村、孟捧镇的纳所村、勐仑镇的曼南醒村三个村寨作为自己定制的"短程联合化疗"的试点对象。这些"麻风村"山路崎岖，偏僻封闭，难进难出。比如曼南醒村，这个村子过去叫南显村，在中国的地图上根本找不到它的身影。1983 年元旦刚过，李桓英坐了三天的火车，带着从世卫组织争取来的免费新药，又一次来到曼南醒村。她从勐腊县先乘车走六七个小时的公路，然后从镇到村还有七八里牛马踩出来的小道，路旁不时会出现十来米深的断崖，好不容易看到村子了，要想进去，办法只有三种：滑铁索、走独木桥、乘独木舟。

2017 年，北京西城区委宣传部在得知李桓英做出"95 岁高龄入党"

的惊人举动后，组织三位作家编写了《大爱初心》一书，书中有很多照片，其中三幅狠狠地攫住了我的眼：

一张是独木舟——那"舟"真的是一棵大树被凿空了躯干；

一张是独木桥——那"桥"也是一棵大树被放平在河面上；

还有一张滑铁索——照片上，李桓英正绑着安全带，双手抓着铁环，脸朝天，弯腿收膝，身体悬在河面上。

李桓英怎么都忘不了第一次走进曼南醒村时的景象。那时，村里的人，走着的、站着的、蹲着的、坐着的，各种形状。什么意思？就是人们的脸上、躯干、四肢大多都"奇形怪状"。人们的眼神黯淡无光，麻木中紧绷着委屈、自卑、怨恨、绝望，李桓英知道，"连他们的心，其实也是残疾的"。

曾经有记者请她回忆："一个眉清目秀的少女，撩起裤腿，腿上全是溃烂了的皮肤；一个活泼可爱的孩子，脱下鞋子，脚指头已经完全不见了……"

麻风病患者不会死，他们只是因为受到麻风杆菌的侵袭，身体一点点丧失对外界的知觉，然后萎缩、溃烂、变形。但患者告诉她："这病不会死人，可活着比死了还难受！"

新中国成立后的很多年，"麻风寨"也不是没人管，政府时不时就会派医生来给大家送药。但医生都把自己装扮成"防化兵"：白大褂、白手套、鞋套、帽子、口罩，整个人脸上只能看见两只眼睛。放药的桌子离患者一米远，医生用棍子把药一份份推到患者的面前……尽管患者都知道医生"这样做"实在是"没办法"，但面对整个社会的躲避、歧视，同时也面对自己"吃了什么药都好不了"的现实，麻风病患者有一个算一个，心灰意冷，情愿躲避到"世外麻源"，不与正常人来往。

李桓英进村可与众不同，更与之前的医护人员不同。她进村后，头脸、手上什么"防护"都没有，见了村主任，也就是刀建新，她自然地先来了一个大大的拥抱，然后跟大家一一握手，接着巡诊，给患者打针、喂药。她不仅经常住在村子里，一有空还会帮助失去劳动力的患者料理生活，有的人卧床不起，大便干燥，她甚至还会亲手为患者抠大便。这下，整个村子的村民都流泪了："北京来的女摩雅（医生），天哪，不怕麻风病！"

勐腊县皮防站的工作人员惊讶为什么李桓英不怕被传染，而且她还把"实验室"搬到"麻风村"，就地组织大家在村子里做病理、做涂片——一开始，人们真是不理解！

李桓英缓慢而坚定地说："我这样做就是要打破陈规，不仅不隔离地在现场为患者检查、治疗，而且要把'实验室'搬进'麻风村'。这是因为短程联合化疗方案要求我们每天都要给患者服药、观察、做记录，同时还要研究这些患者在接受了'新方案'以后的各种反应。因此不要说'实验室'得放到村里，我们医护人员也要做好长期在'麻风村'工作的思想准备。"

其实，1949年以后，中国对麻风病的防治工作已经有了两个大手笔：其一，对全国的麻风病患者进行大规模的调查与隔离；其二，基于当时的条件和医学水平，国家安排力量，在合适的地方，建了一批"麻风村"。这才使得我们国家后来在短短的几十年内既实现了麻风病患者的大量减少，也使一些"麻风村"逐渐荒废。跟着，才逐渐完成了从人们对麻风病很少问津，到麻风病患者大规模地"被隔离"，再到逐渐"消失"的全过程。

李桓英一年至少有三分之二的时间在"麻风村寨"工作。她这个说着一口北京话的女摩雅不仅什么都不怕，而且和大家一起吃、一起喝，疲了累了也同意让村民们给她"做做按摩"。

有时候她让患者当着她的面脱下鞋子，那鞋子泥里踩、水里蹚，有多脏多臭？患者往往不从，尤其是一些大小伙子、老少爷们，哪里好意思。但李桓英"命令"他们脱！麻风病患者因为神经受损，感觉不到伤痛，他们的脚指头被老鼠咬了也不知道疼。因此他们下地干活，鞋子里进了沙子或被钉子等硬物把脚划破了也没有知觉。但如果受了伤，伤口会继续感染，也会增强传染性。

整整 27 个月的治疗、观察、陪伴，李桓英开始是治疗麻风病的医生、专家，然后是患者的朋友、老师，再后来就和乡亲们情同家人。

她不断地告诉患者和家属，麻风病是传染病，但它的传染力其实并不强，10 个人里有 9 个人是传不上的。而且如果我们能早发现、早用药，就不会溃烂，也不会落下任何残疾。

2019 年，我的同事、《面对面》栏目主持人王宁采访过李桓英，当时有这样的一句提问："虽然很难被传染，但那也还是有被传染上的可能啊，您不怕？"

"不怕。"

李教授回答得很淡定，口气里带着一种科学家的权威。过去人们总以为麻风会传染，一见面、喘口气就会被传上，那是缺少医学的常识。

"再说，怕也没有用啊！战士上战场都知道子弹的厉害，但打起仗来，不是还得照样往前冲？"

李桓英拿自己举例："你们看我跟麻风打了 40 年的交道，什么时候走进'麻风寨'，我都是坐下来就喝，赶上了吃饭就吃，从来也不躲着患者，我也没有事。如果什么时候，我真的被传染上了，那我还盼着呢！那样，我就可以给你们看看我是怎么把自己给治好的。"说完了还"哈哈哈"！

李桓英尽量与患者打成一片，她的这一行为，我相信多多少少还是有一些"主观故意"的，医生要消除患者的自卑，让他们的心情首先轻松起来，然后才能很好地配合治疗。多少患者听说麻风病不是"不治之症""麻风病能够被治好"时，渐渐发出的笑声里裹着泪，泪水里饱含着崭新的希望。

当世卫组织有了联合化疗的治疗方案，中国有了像李桓英这样的好医生，这种折磨人类数千年的麻风病，在中国，是到了该"拔根儿"的时候了。

六
坚持到奇迹出现

现在要说说那个长长的故事了。

曼南醒村的村主任刀建新，因为患上了麻风病，用他自己的话说，是从"人"变成了"鬼"，在得到国家的治疗后，他又从"鬼"变成了"人"。因此这一辈子，他怎么说感谢李桓英的话都不为过。

原本，刀建新在傣族长辈的眼里是个有出息的后生仔。他毕业于昆明民族学院，能说一口流利的普通话，政治上进步得非常快，年纪轻轻就已经成了勐腊县的县委副书记。但是1965年，人们发现他忽然从县委的机关大院消失了。一打听，原来他被查出得了麻风病。这对他来说，不啻为一场晴天霹雳！

刀建新措手不及，得了这种病，如果能治好，"水牛角都能被扳直"！他万念俱灰又别无选择，生怕传染给别人，因此不得不离开工作岗位，也不得不跟妻子离了婚。而且有件事儿像一根大刺儿，一直深深地扎在他心里。那是他离开工作岗位之前，这个年轻的共产党员没有忘记要给党组织最后交一次党费。他伸出手、举着钱，但没有人敢接——突然，刀建新醒悟了："我已经成了鬼，成了灾星魔鬼，谁还愿意跟我接近？！"

他急慌慌地跑出办公室，离开县城，逃进曼南醒村，从此开始自我封闭。病治不好，也死不了，但生活还得继续。不久，村民看到刀建新有文化、有能力，选他做了村主任。十多年来，刀主任也曾尝试过上山采药，熬煮、内服、外贴，尽量为自己和乡亲们治病，但是都没用。他只能看着自己的手指、脚趾一天天地烂，残疾程度越来越重。患难中走到一起的妻子咪香，身上、手上长出了很多的节、红斑，尤其脸上还时常出现类似蚂蚁爬过的感觉，她不知道这是不是也得了麻风病。

李桓英进村，要得到村主任的支持，村子里没手术室，她得先找人帮忙用帐篷搭起个能做手术的地方。开始的时候，李桓英并没有自己的助手，她是单枪匹马进村的。后来她听了村主任的故事，心也被狠狠地刺痛了。李桓英决心要帮他，还要依靠他，一定要把他和所有乡亲的病都治好！但常年的医治无效，刀建新是绝望的，他不相信李桓英，不相信世卫组织，更没什么兴趣去尝试短程联合化疗。

为了解开刀建新的心结，李桓英觉得得先和他"走近"。一天中午，她不请自来地推开了刀建新的家门，说："主任，我的驻地离你们村有十公里，今儿要回去再返来，时间就都耽误在路上了，我想在你家蹭顿饭。"

刀建新懵了，人人躲避麻风病患者唯恐不及，这李医生怎么还来蹭饭？还没等刀建新想好怎么回答，李桓英已经端起了碗，坐下来自己开吃了。李桓英一边吃还一边说："你家的苞谷饭真好吃，我在北京可很难吃到，我得多吃点。"吃完，又起身去盛了一碗。

这还让他说什么呢？刀建新从此以后像变了一个人，从排斥到协助，从一个人到后来组织全村人都主动配合李摩雅。

就这样，李桓英用实际行动温暖着麻风病患者的心，疏解着他们心头已经拧成了疙瘩的自卑。在她看来，身为医生，首先应该让患者感到尊重和平等。她坚信："德不近佛者不可以为医，才不近仙者不可以为医。"医者仁心，从来都不是说说而已。联合化疗的不隔离短期治疗，既然在中国已经开始，就一定不能让患者"空欢喜"！

1984 年 5 月，李桓英在对曼南醒村全体村民进行复查的过程中，发现刀建新刚刚 5 岁的儿子岩糯的屁股上出现了一小块红斑。尽管孩子自己没有任何感觉，但李桓英知道这是一块未定类麻风。由于发现得早，马上给孩子进行了治疗，因此岩糯体内的麻风杆菌很快就被彻底地杀死了。孩子成了"早发现、早治疗"的一个鲜活样板。李桓英用这个实例教育了村民，也在教学当中将知识传授给其他医护人员。果然，十几二十年后，小岩糯已经长大成人，他不仅健健康康，再也没有复发，而且还向爸爸学习，努力工作，勤力为民，后来也当上了曼南醒村的村支书。

什么叫作苦尽甘来，春风化雨？尽管一开始推行短程联合化疗的时候，李桓英遇到了很多困难。这些困难中不仅有在村寨要吃苦、孤军奋战、一眼看不到结果，而且还有不被人理解。比如，她非常敬重的一些老专家、老领导，对她的短程联合化疗一开始并不信任，大家纷纷提出质疑：患者长期服药都没有解决的问题，你用只有两年的"短程"，能成？试都不用去试！

说这话的老专家、老领导都是权威，而且多年以来一直在很多事上都支持自己、关照自己。但科学就是科学，很多时候，"新的世界"恰恰是因为我们"走错了路"，才偶然被发现的。何况李桓英本来就是"实验室出身"，她最相信实验和数据，而且短程疗法副作用少、见效快，也符合中国"多快好省"的国情需要——"那节省下来的药，还可以治疗更多的患者"！

　　性格率真的她，一方面努力说服老专家、老领导，另一方面也叮嘱自己"咬定青山不放松"，一定要用事实说话，坚持，再坚持，坚持到最后——让"奇迹"出现。

　　果然，功夫不负有心人，上苍也不能不为李桓英的真诚、付出而感动——24个月、27个月的短程联合化疗坚持到最后，都获得了大丰收。老专家、老领导们也都笑了，很多同行更默默地为她竖起了大拇指：干麻风的科研，大家都知道太艰苦、太危险，很多人常年对这个题目绕着走。可人家李桓英，却敢冲到第一线，实干、苦干、闷头干——做科研真是要有点"殉道"的精神啊！

　　当然，除了领导、专家的质疑，短程联合化疗在一开始还有一"难"，那就是村民在服用了一段时间的药以后，身体渐渐地出现了一种"鬼气"，这让人们一下子感到恐慌、害怕和怀疑了。

　　什么情况？原来短程联合化疗的药物是紫色的，患者服下去之后，药物会慢慢进入细胞，然后再反应到体表，这就会使患者的面部和患处呈现紫色。这本是很正常的药物反应，但患者不理解啊，就开始疑神疑鬼了，有人甚至趁李桓英不注意，偷偷把药扔进了水里。

　　这样做李桓英可不答应！她一个个找患者谈话，说明这种药的疗效和反应，反复地告知大家可以放心，同时也口气强硬："没什么说的，必须遵医嘱，严格用药，除非你们不想摆脱麻风的困扰，不然就好好地听我指挥！"

　　奇迹终于出现了，患者按疗程服药，最后一个个都出现了疗效。大家都说李摩雅说得真对。

　　面对疗效，面对康复者一个也没有出现反复，李桓英的短程联合化疗被证明取得了成功、取得了预期的效果！很快，世卫组织收到了李桓英的报告，并且不断派人来进行考察。

李桓英的临床医治，在"时间""用量""反应""是否复发"等问题上都为短程联合化疗获取了临床参数。因此，世卫组织非常感激中国，也非常感激李桓英。

不过，面对事业上的"首战成功"，李桓英可丝毫没觉得"自己已经走到了这一步"，就可以好好地停下来歇一歇，或过一过安逸的退休生活，或实现多年来她的父母和4个弟弟妹妹一直盼着她"能回美国和我们团聚"的梦想。她觉得勐腊的成功、潍坊的成功，都只是"局部的"，中国除了勐腊、潍坊，还有很多地方、很多人，依然受着麻风病的侵扰，她要赶快请求国家把"战果"扩大、推广，她眼前还有"更大更大的一片任务"！

事实上，国家随后很快便批准了李桓英的建议，这就有了之后的30多年，李桓英跑遍了云、贵、川等7个地区的59个县，开始新一轮医治麻风病的"工程"。这项"工程"最终也取得了患者"全部康复"的结果，且复发率只有0.03%（世卫组织的标准是1%）的好成绩。一方面，中国基本阻断了麻风病的传染，李桓英为自己的国家做出了巨大的贡献；另一方面，李桓英也为世界提供了更有说服力的中国"治疗方案"。她哪里有时间坐下来歇歇脚呢？

七

为国争光，福莫大焉！

57岁开始接触麻风病的李桓英没有觉得当年自己已经"并不年

轻",到 68、78、88、98 岁,她依然要求自己坚持工作,且精神饱满。

"与麻风病结缘"的 40 年里,她的团队、助手、领导、同事经常看到她背着一个小包,每天从家或坐两站公共汽车,或步行,来到她的办公室,来到她永远都不想离开的实验室。

说到李桓英的办公室,只有 8 平方米,很小,和她小小的住所一样,但气氛很温馨,工作起来很方便。

2021 年春节前的一天,我被李桓英的助手袁联潮老师领着,来到了位于北京友谊医院内科研 2 楼的一层,推开一扇双开门,里面是一处不大的套房,外间是实验室,摆着很多实验要用的设备和大大小小贴着"麻风室"字样的塑料盒子,侧身穿过这两间实验房,我来到一个过道,那里很紧凑地摆着 6 张桌子,6 名科研人员正专注地工作。再往里走,有一道窄门,里面就是那 8 平方米的办公室——李教授如果在北京,每个工作日她都会出现在这里。

袁老师指着对面顶头放置的两张办公桌给我介绍:"长江老师您看,这边是我的,那边是李教授的。"

我点点头,看到腿边有一张很简易的长沙发。袁老师看到我想问,立刻说:"哦,还有这靠门的沙发,每天中午,李教授都会在这儿靠一靠,简单地眯上一小会儿。"

"哦,那吃饭呢?"我还有疑问。

袁老师:"一般都是我从食堂给她打饭,然后就在办公室的办公桌上铺一张旧报纸,坐下来吃,就是普通的盒饭,一餐吃不了还会打包,晚上回家热热再吃。"

李桓英的生活极其简单。她自己会做饭,但通常最爱做的是西红柿鸡蛋面,因为一顿吃不了,还可以再吃第二顿。

"早餐呢?那可就没有食堂的供应了。"我继续问道。

　　袁老师："早餐就更简单，因为李教授有早年在国外生活的经历，每天早餐就是一个苹果、一杯咖啡，这几乎日日雷打不动。"

　　我坐在李桓英办公桌后面的扶手椅上，看着摆在桌上的老照片，思绪飞到了 1958 年……

　　当年她的父母和她的 4 个弟弟妹妹，为了能跟她聚在一起，全家移民到了美国，但是家人刚到不久，有一天父母却发现大女儿竟然"悄悄地溜了"。李桓英先是借口到英国学习，然后辗转回到了中国。父母形容她是"悄悄地溜了"，李桓英也承认："那是因为我回国，真没有跟父母商量，怕的是'一商量了，就走不了'。"

　　1964 年，李桓英的弟弟靠自己在美国加油站、餐馆打工挣来的路费，让父母到香港与姐姐见面。当时李桓英所在的中央皮肤性病研究所领导是冒着很大的风险才批准了李桓英"出境赴港"。她走后，有人议论："看着吧，李桓英此去香港，见了父母，怕是就不会回来了。"同时，父母那边，此行还真是有"强烈的目的"要带走女儿——他们年龄越来越大，需要女儿，同时也心疼女儿只身一人在国内，没有家庭，没有丈夫，无依无靠，万一有个病有个灾……因此，这次在香港的会面，父母是"一定要说服"女儿跟他们"回美国"的。

　　三天的见面，李桓英跟爸爸妈妈说了很多体己话，多次说到对不起父母，"看你们年龄慢慢大了，我也不能在身边尽孝"。但是她也很坚定地告诉父母："我需要祖国，祖国也需要我，我能用我的医学专长为国家做事，能解救很多很多痛苦的病人，这是我无法不坚持下去要做的事……"在机场送别的时候，老父亲望着渐渐走远的女儿满含热泪。性格倔强的妈妈不等女儿走到看不见身影，就自己先一转身，生着气走了。

　　后来李桓英讲起这段往事，说那一刻的画面永远嵌进了她的心里。

对父母的亏欠，让她永远都不能原谅自己，但心头所能安慰的就是"或许自己对父母的不孝，能换来对国家的大孝"。因此只有工作能够忘记烦恼，唯有工作能够让她暂时地不想爹娘！

投身防治麻风病这个值得自己终身为之奋斗的事业，就像"回国"，李桓英从来没有后悔过。

在最艰难的"实验阶段"，曙光已现，但工作非常艰苦，条件简陋，资金匮乏，她就借助自己曾经在世卫组织工作时的关系、声誉，马不停蹄地向世卫组织汇报，利用一切机会向世卫组织申请药物，申请国际专家的技术支持，当中也包括"伸手"要资金、要设备、要车辆……

"会哭的孩子有奶吃。"没办法，我们国家经历了十年"文革"，刚刚才迈开经济建设的步伐，我们还很穷，政府对于所有麻风病患者的治疗又都是免费的，所以我们需要、需要……

云南和山东第一轮的实验证明了短程联合化疗的 100% 有效，接下来，李桓英又拿出整整 10 年的时间，继续实验、继续探索。1986 年 11 月，中国卫生部在成都召开了全国麻风联合化疗座谈会，宣布全国要普遍推行麻风短程联合化疗治疗方案。这对李桓英的工作是一个学术上的极大肯定。

1994 年，世卫组织开始向全球推广中国的短程联合化疗方案。

1998 年，第十五届国际麻风大会在北京召开。中国向世界宣布："我们已经成功消除了麻风病。"世卫组织官员诺丁博士在会上紧紧握着李桓英的手说："全世界麻风病防治现场工作，你是做得最好的！"

荣誉渐次向她走来，但"名与利"根本不是李桓英长期从事麻风病防治工作的心理期许。想当年，在美国约翰斯·霍普金斯大学公共卫生研究院读完了硕士，她是两年后才从学校拿回了毕业证书；回国后，她先后供职于中央皮肤性病研究所、北京热带医学研究所，领导多次为"评级"的事找过她，一个"正教授"的头衔，她拖了整整20年才认真地去填写了第一张表格。

"为了一个没有麻风的世界"——李桓英觉得自己能够成为"中国符号"，替中国人在世界麻风病治疗领域站到最高的实验台，这已经是对她最好的回报。除此以外，她还在乎什么呢？

1990年，云南西双版纳庆祝泼水节时，勐腊县人民政府在曼南醒村敲锣打鼓地开了一个大会，宣布了一个"大好消息"，那就是：长达30年，一直戴在我们县4个村寨头上的"麻风寨"的帽子——从今天开始——彻底地被摘掉了！从此，在云南西双版纳的地图上，人们再也找不到"麻风寨"的存在。

那一天，李桓英也被邀请回去，很多在外面生活和工作的老病友们知道李教授也会回来，便纷纷赶回"麻风寨"。人们抱住李桓英，紧紧地拉住李桓英的手，说："谢谢谢谢，谢谢李教授，谢谢李摩雅。没有你，哪有我们今天的新生？"

李桓英则说："我们相信科学，也相信自己！我们的党和国家要终结麻风病，你们，当然也包括我，都赶上了好时代、好机会。"

其实新中国成立不久，针对当时中国人所患疾病的四分之一都是皮肤病（比如麻风、梅毒等）这样一个基本事实，周恩来总理就曾说过："要建立一个与普通卫生系统区分开来的垂直系统，就叫'皮防系统'吧。"国家随即派出专门人员"搞皮肤病的防治"，在防治目标中，麻风病是最大的一个工作重点。

李桓英作为医学专家，当然很懂得防治传染病的三个办法：控制传染源、切断传染途径、保护易感人群，必须"三管齐下"，但是具体怎么做？她想到社会主义中国有自己的体制优势，可不可以利用过去的

"皮防系统"进行"垂直管理"？跟着，她积极尝试并创立了"麻风病垂直防治与基层防治网相结合"的工作模式。这个"垂直"的好办法，1996年被国家认可，随后便在全国展开了"消除麻风病"的攻坚运动。世卫组织后来也知道了，还把"中国的做法"推荐为"全球最佳治疗行动"——李桓英和她所带领的团队，用有效的实践，把"垂直管理"的这张大网，织得更密，也更牢固了。

八
"百岁算什么？我的事还没做完！"

1972年，李桓英正在江苏泰州的麻风病防治前线没日没夜地工作着，突然收到了一封电报：母亲去世。她悲痛难抑，深深地自责——自己这一生，长大成人，性格养成，都跟母亲分不开，这不只表现在当她还没到适学年龄时，母亲就把她送进了学校，而且从小到大，母亲反复叮嘱："作为女人，要受教育，要独立，要有自己的胸襟！"

学医是母亲的主意。当年，李桓英好不容易从同济大学毕业了，母亲又建议她到美国去继续读硕士。母亲初中毕业，跟同龄者比，文化已经不低，但是在旧社会的大宅门，她忍气吞声，明白上学的重要，她要让自己的孩子比自己强大。

母亲走后很多年，包括2021年我采访李桓英的时候，她还说着："我最大的心愿就是把父母接过来，赶快接过来，就在我的病房，让我陪伴他们，我要为他们养老送终……"

但是，1964年，李桓英和父母的会面，已经是此生最后一别。

后来出国便利了，去美国看看父母已不是什么难事，但每一次都是因为忙……不知不觉,父母走了,她自己也将近百岁。

1988 年,领导考虑到李桓英的身体已经不能够再独立支撑科研工作,遂派了翁小满医生作为她的第一任助手。年底,翁小满到首都机场去接从云南回来的李桓英。从机场出来的李桓英,头上缠着绷带,一只胳膊吊在胸前,羽绒服也只能半穿半披着——这是怎么了?

车祸。自从李桓英把"实验室"搬进了"麻风村",云南对她来说就是常来常往,经常坐车翻山越岭,已经不知道"翻车"过多少回。受的轻伤就不说了,就说 1987 年夏,正值雨季,李桓英从云南文山返回昆明的途中,因为坡陡路滑,汽车不慎翻到了路边的玉米地,造成她右锁骨骨折。紧跟着,1989 年 1 月,她只身参加完西昌联合化疗工作资料的年终会审,赶着回成都,途中,因为雪天,汽车行驶到大凉山箐笆山的时候,一下子滑到了 50 米以下的山底,造成她左手骨折,三根肋骨骨折,头上还缝了七针……

受伤回来的李桓英住进了友谊医院,因为身边没有亲人,翁小满就想来陪护,但李桓英说:"我的腿又没断,生活还可以自理。你赶快回去做实验,这次我带回来的 200 多份血液标本,都放在冰箱里……"

1989 年,非隔离短程联合化疗试点在云南全省推开,时年 68 岁的李桓英当选为全国政协委员。

2001 年,李桓英因为主持"全国控制和基本消灭麻风病的策略、防治技术和措施研究"获得了"国家科技进步一等奖",这让她心里感到非常兴奋、非常欣慰。"一个科研人员,有什么能比在事业上有所成就来得更重要?这一点就像医生救死扶伤,患者好了,起死回生地活蹦乱跳了,那是对医生最大的奖励。"

从事麻风病治疗与研究的 40 年,用李桓英自己的话说,她得到了来自国家的太多的荣誉,先后获得了"全国优秀科技工作者""全国杰出专业技术人才奖""何梁何利基金科学与技术进步奖"以及"感动中国十大新闻人物"候选人等荣誉，后来又获得了"全国'五一'劳动奖章""北京'三八'红旗手""北京有突出贡献专家""全国麻风防治先进个人""全国医德楷模""最美奋斗者"等30多项荣誉……2005年，北京市李桓英医学基金会在友谊医院成立。2010年，李桓英研究员学术思想研讨暨90寿辰座谈会在友谊医院召开。北京热带医学研究所高度肯定了李桓英的工作，北京友谊医院历届的领导和全体同仁更把李桓英教授当作"镇院之宝"。

面对这些不曾想过的收获，李桓英能不高兴吗？悠悠百年岁月，她初心未改，初心没变。

因为麻风病的传播方式、发病机理、检测方法还没有被彻底地突破，李桓英虽然年近百岁，但始终都觉得自己还没有把这件事情做好。

2021年，她跟我说："云南是我的第二故乡，等我好了，新冠肺炎疫情也过去了，我还要再去云南！"

我说："是吗？太好了。您什么时候去，我也跟着您去采访。"

她说："好啊好啊，到时候我一定通知你。"

"那您就得好好地保重身体，等您出院了，医生也同意了，我们就去。"我建议。

李教授听完，爽朗地大笑，语气非常坚定、声音非常洪亮："没问题，你放心。我现在吃得下、睡得着，还不做梦。"

"啊——吃得下、睡得着，还不做梦？！"这句话猛烈地撞击着我的耳膜，气贯长虹又让我浑然不觉她的年龄。

难道永远"忙"就可以让人状态逆袭？青春就可以"常驻""永驻"？

保重吧李教授，等机会到了，云南——我真的，真的还要跟您一块去！

第四章

"97 颗星，我送你们去太空"

——中国卫星燃料加注师白崑顺

要说重任，这个人手中没有任何一枚总师、总指挥的帅印；要说头衔，这个人也没有专家、首席等任何一顶沉甸甸的帽子。但是他的一双手，因常年给卫星加注燃料，已经被烧得又粗又硬；他的家，还有一箱子的通行证，拿出来可以铺满一张大床。这种通行证是进入中国卫星发射现场、有武警把守的燃料加注地的身份证明，一张一张数下来竟有97张，每一张都代表着一次卫星加注，他整整攒了26年。

是历史的陪伴？岁月的记录？青春的镌刻？幸运的旁证？

白师傅说："也没有什么，就是命运选择了我，我也认准了这条道。"

为了卫星的发射，白师傅常年来不敢有丝毫的疏忽与懈怠，每一次知道第二天要加注了，头一天就怎么都睡不好觉：无数的细节，几百道口令，一遍遍在他脑子里过……

一辈子加注的工作笔记摞在地上，高到与他"等身"。每一颗卫星上天，时间、地点、型号、加注的全过程，他都一一写在本子上。

这位白师傅是谁？

白崑顺，人事档案里写着：中国航天科技集团五院502所推进系统部燃料加注高级技师。航天的岗位，他一干就是48年。

2016年到2019年，海南文昌航天发射场，中国最大的火箭"胖5"三次搭载实验卫星上天。第二次加注燃料前，远在千里之外的另一个发射场——中国西昌卫星发射中心，也要发射一颗很重要的卫星，总指挥在现场怎么也找不到白师傅的身影，就问："大白呢？"得知白师傅此时正在文昌，总指挥立刻和有关领导协调："赶快，先把白师傅调到这边来！"就这样，文昌—西昌，西昌—文昌，等西昌的这颗卫星燃料加注完了，再回到文昌，白师傅成了"空中飞人"。

多少年来，很多领导都会在发射现场问一句："白师傅在吗？"有白师傅在，大家心里就踏实，就放心，就觉得不会出问题。

"行了，就这一句，就够了。"

岁月年轮

20 世纪 60 年代的中国，人们都熟悉"一穷二白"的概念，那是当时国力匮乏的真实写照。可就是在那种情况下，全体中国人都支持共和国的领袖下决心：为了国防，为了国家不再受到核大国的威胁，我们宁肯勒紧裤腰带，也要搞"两弹一星"！

"两弹"＝原子弹＋导弹，"一星"就是人造地球卫星。

然而，"两弹一星"说说容易，咋个搞？

当时没有资金，没有原料，没有强大的工业基础，也没有充足的专业队伍，就连研制核弹需要进行海量计算的工具——计算器，我们也只有"手摇的"。

但是中国人为什么永远不可战胜，就是因为我们拥有冲天的勇气，又有不怕吃苦、不信命的奋斗意志。

中国的航天科技起步较晚，但发展迅速，1970 年开始发射航天器，第一颗卫星就是"东方红一号"。当国人熟悉的《东方红》乐曲响彻太空的那一刻，中国向世界宣告：我们拥有了第一颗人造地球卫星！

随后，从"神舟一号"到"神舟十二号"，从"嫦娥一号"到"嫦娥五号"，从空间实验室"天宫一号""天宫二号"到空间站，同时还有"天问一号"、"北斗"导航系统、中国通信卫星、中国气象卫星、地球资源卫星……

无数爱国知识分子，自海外，自祖国的四面八方，投入马拉松一样的科学探索战场，用汗水、智慧，甚至健康，换来了寰宇太空的话语权。一颗颗巨大的蘑菇云下，走出了一大批共和国的功勋人物，但除了这些领头羊，他们的身侧身后还有无数的普通科研人员、普通工人，以及运输、保卫、后勤人员……每一位都名不见经传，但每一位都为党、为国家付出了自己火热的青春、毕生的辛劳。

他们当中就有白师傅，这是航天人的代表，也是优秀共产党员的代表——有他在，人们就踏实，就放心。"一句'白师傅在吗？'就够了。"两次面对面地采访，我都曾经认真地问，白师傅两次都很满足地说："是的，够了，这难道不就是最大的荣耀与光环？"

赞美在这样的回答面前已显得没必要开口，但回报呢？"您觉得您一生有没有回报？"

白师傅："有啊！什么时候一想到天上转着的卫星，每一颗都有我和我徒弟们的汗水，我们没让一颗卫星出问题，就觉得心里特别高兴——这'高兴'不就是千金难换的幸福？"

是啊，白师傅说得太好了——他幸福并且这幸福千金难换！

一

"苦孩子"的出路就靠"能吃苦"！

1972年，白崑顺从北京地坛中学毕业。说是毕业，其实赶上了"文革"，他在学校并没有学到什么知识。那时候不是学工、学农，就是拉练、下乡。中学毕业后，要么上山下乡接受贫下中农再教育；要么当兵，被工厂招工——这都是他可能会面对的未来的命运。

白师傅回忆，那个时候他和他们班上的同学，每天就是一大清早坐到教室里等"命运"。如果到了上午9点多钟还没有消息，就说明今天的"着落"没戏了，大家就可以回家了。临了要走向社会了，老师才让同学们赶快学会写一二三四五六七八九十的中文大写和表示公斤的KG，因为万一有人被分配到了商业部门，你一个中学毕业生，总不能连个发票都不会开。

终于有一天，他还是坐着"等"，教室的门开了，有人从外面递进来一张条子，老师照着条子开始喊人，连喊了三个，其中就有"白崑顺"——好了，白崑顺热血沸腾："真是盼星星、盼月亮，那时候我就盼着能赶快参加工作！"他迅速离开教室，知道这一"离"，门外就是社会，门里还是学校，出去了便是成人，没出来的，您就暂时还是待业青年。

此次招工的单位现在叫中国航天科技集团五院，就是后来白师傅一直工作到退休的部门。当时并不叫502所，而是叫"京字172部队"。但是白师傅不管招工单位叫什么，只要能毕业、有工作就行，而且单位还是"保密机构"，这岂不是很好！

对于当兵，白崑顺从小就非常向往。那时候家里穷，每到寒暑假，他都会被送到三姨或四姨家，这样家里的7个孩子至少就少了一张吃饭的嘴。白崑顺的四姨父是抗美援朝的英雄，在战场上开着坦克车，呼呼呼地冲向敌阵，多少战友倒在他的身边，多少敌人死在他的炮火下，他自己虽然受伤、挨冻，但这一生能保家卫国，能"雄赳赳、气昂昂，跨过鸭绿江"，也算为国家和自己的小家赢得了骄傲，是莫大的荣光。

因此"能当兵"，让白崑顺按捺不住心头的喜悦。

"但是我们这样的兵，不穿军装，也没有领章帽徽。不过在这里工作，直接服务的是国家，是为党'干大事'。这一点我还是知道的。"

没过多久，一辆大卡车，在约定好的时间、地点，接走了北京市31名学生，大家都事先被通知了要带洗脸盆、被褥和换洗的衣服，这就表明工厂很远，不能天天回家。

其实真到了工厂，白崑顺发现也并不远，离他家所在的北京市东城区"地坛"也就一小时车程。但工厂没有厂房，工作没有车间，他们整天要干的活儿，就是拉沙子、搬砖。

这算什么啊？同学们开始小声地议论。

"哎，服从命令吧！"白师傅说。

502所那时候正在搞基建，一帮突然到来的青年学生正好出苦力，同时也能"锻炼锻炼"。可这些学生个个都感到莫名其妙。

"反正领导让干啥就干啥！"这是白师傅给自己拿的主意。

男同学每天在大卡车上爬上爬下，跟着车到京郊房山的窦店去拉沙子、装砖，然后再押车回来卸沙子、卸砖；女同学就整天码砖、收拾、刷漆、和灰。大热的天，一群十七八岁的青年男女，没人告诉他们将来的前途是什么，反正眼下就是干这活儿。耐得住，能吃苦，不偷奸耍滑，最后就会被筛出，分到重要的岗位；耐不住的，就会被分配其他的工作——自己的路自己选。谁会想到每天艰苦的工作、单调的搬砖，其实是对大家一场"不知情"的考验，尤其老师傅还会经常吓唬他们：

"你们不好好干，赶明儿就把你们给送回去！"

白崑顺可不能让人把自己"送回去"。他家生活条件艰苦，好不容易有了工作，能替父母分担一点负担，多苦的工作他都得咬牙坚持。

一个天上下火的酷暑，白崑顺拎了一大桶红油漆，被要求爬上高高的脚手架，去涂刷写在墙上的大标语。他身材矮小，又瘦又弱，看得领队师傅都心疼，但是领队师傅还是在心里默默地盼着他"可别半途而废啊"。

整整3个月，31个人，最后仅优选出3个，白崑顺就是其中之一。他们被接到了位于北京东北方向怀柔县的一片大山里，这回，离家可远了。那里，有一个中国卫星发动机的实验站，白崑顺进了站，必须从ABC开始了解航天、人造卫星，卫星里为什么还会有很多的发动机……

卫星之所以需要发动机，是因为它们被火箭送入茫茫太空，火箭的任务就完成了，卫星得靠自己定位，转身、腾挪、移动，然后根据地面的指令不断地"矫正"自己在空中的姿态。所以，卫星就像汽车一样需要动力推进，而发动机就是卫星的动力来源，只不过发动机也得吃饭，甚至还要带足了"干粮"，进入太空几十年，它"有去不还"。

发动机的"干粮"是燃料，这很容易理解，燃料是要靠人工加注的。白崑顺以后要干的"大事"就是指这个，只不过那是后来命运的选择。此刻在实验站，他得先给卫星发动机做好"热试车"。

这项工作一个是苦，一个是累。开始是一周回一次家，后来白崑顺就两周才能回一次家。

20世纪70年代，中国还没有双休日，北京的交通条件也很差，从家到单位，他得先坐两个小时的长途汽车，然后到了怀柔县城，简单吃点东西，还要再倒车，一站又一站：台上、台下、上庄、下庄……最后到了一个叫"坟头"的站，就该下车了。当然，下了车，还要走半个小时左右的山路——这还只是路途。

还是那句话："不要讲条件——有工作就算幸运！"

当时，白崑顺家里的条件真的是很困难。7个兄弟姐妹，他排行老三，全家9口人全靠在铁路上工作的父亲一个人挣钱养家。最开始他们家并不在北京市内，远在石景山。父亲先是在安定门火车站做地勤，然后被调到东直门日杂商店卖劳保用品。

"记得那时我爸一个月的工资是62块钱，这个钱数，对一般的工人或普通的店员来说还算是高的。"

我问白师傅："那您从小就听话，能吃苦，是受谁的影响？比如说父母、老师？"

白师傅说："父亲。我父亲最大的特点就是能吃苦，换句话说，他不吃苦也不行。"

那时候白崑顺的父亲之所以"挣得还可以"，是用"特别能吃苦"换来的——计件工作，多劳多得，所以他就拼命地干。比如说送货（类似现在的外卖），他不计远近，不挑肥拣瘦，有时骑着自行车从北京城里到郊区，好几十公里，一趟又一趟。

"因此您工作以后不怕吃苦也不喊累，其实是受到了父亲的言传身教？"

白师傅说："是的，应该有这个影响，但更重要的是现实，残酷的现实。"

"什么残酷的现实？"

"就是我刚刚工作一年，1973年的5月1日，那一天是国际劳动节，本来可以休息一下，可父亲他不歇，骑着自行车去石景山我姥姥家帮忙盖房子。结果遇到一个大上坡，他累了，本想停下来喘口气，然后再推着车往上爬。可那会儿遇到了一个村里的熟人，两人就聊了一会儿，还抽了一根烟。之后老乡说他要下山了，父亲说'我也得赶快上山去了'，于是两人分了手。但之后，父亲没有动，应该是突发心肌梗死。总之，等被同村人发现时，他已经歪在一棵小树旁，自行车还支在他身边，人已经没气儿了……"

飞来横祸！简直是一场飞来横祸！

从此，九口之家唯一的经济支柱倒了。"我们的家，也塌了天。"

之后的日子，无论全家人怎么省，都难以为继。白崑顺的母亲不得不出去工作。但即便是这样，每个月的后半个月，白家也要到邻居家去借钱。

"借钱也不能只盯着一家借，得借好几家。一来，那个年月家家户户都不富裕；二来，你只借一家，人家也借不起啊！"

好在白崑顺父亲活着的时候是个热心肠，邻里有难，他总会出手帮助，现在白家突然遇了难，邻居们能帮忙的也都愿意搭一把手。

白师傅的儿子白洋向我提起他爸爸小时候受的苦，也曾跟我补充："我奶奶后来常跟我们孙子辈的孩子们说，那时候每个月的工资一发，就得先把借的钱挨家挨户还上，剩下多少花多少，不够了，到月底还得再去借。"

20世纪70年代，北京人吃粮还是配给制，都要靠粮票。白崑顺的母亲经常把家里的细粮票换成粗粮票。细粮票能买大米白面，粗粮票则只能买棒子面，但是细粮比粗粮贵啊，吃不起，买粗粮为的就是便宜。

白师傅回忆："所以我们小的时候整天吃的就是窝头、贴饼子，要不就是棒子面粥，棒子面糊糊……"

故事听到这儿，我大概已经知道了为什么白师傅长大后，比一般的同龄人更能吃苦。但同时，由于从小没喂壮，到初中毕业时，他的个子只有一米六几，从此再也没有长高一公分。

"'苦孩子'的出路就靠'能吃苦'？"我这样总结着。

白师傅使劲地点头："对对对，除此之外，你也没有别的办法啊！"

或许是三个月"搬砖"搬得从不停脚，或许是那个下火的酷暑，白崑顺拎了一大桶油漆，吃力地爬上高高的脚手架，不喊累也不偷懒，让领队师傅看了都觉得心疼。总之，他被看中，被留下，从此与卫星发动机结缘。到2020年，整整48年，在中国的"卫星加注"这个岗位上，没有哪个人比他的工龄更长。"我一辈子从来没换过第二个地方，就是跟卫星、发动机、燃料为伴。"白师傅说。

"那您是'卫星加注马拉松'的冠军了？"我开起玩笑。

白师傅同意："那还真是——有人后来就走了，也有人中途改行赚了大钱，但我就从普普通通的工人一路干下来，现在已经是'高级技师'了，也挺自豪满足的。"

二

苦累之外，还有危险

说起给卫星发动机加注燃料，很多"小白"，包括我，会很自然地联想："哦，那不就是拿根管子，或像加油站里的加油枪，往卫星的什么油箱、油罐子里咕嘟咕嘟地灌？"但看了材料，我真为自己的无知感到惭愧。

白师傅说："没什么，我们一开始也是什么都不懂。"

发动机是起动力作用的，这一点已经明确。但是卫星的发动机长什么样？放在哪儿？

白师傅说："外观很像一个尺把长的'小喇叭'。"

"啊？那么小？"我很惊讶。

白师傅给我看照片。果然，一般卫星的发动机就像一个小喇叭。"喇叭口"的地方是喷口，"身子"后面跟着两根管子，一根是加注氧化剂的，另一根是加注燃烧剂的，其中氧化剂是四氧化二氮，燃烧剂是甲基肼。"氧路""燃路"各走各的道，两种液体只要一相遇，立刻就会自燃。所以每个卫星肚子里都有两个完全被隔开的贮存罐，分别贮存着两种液体。同时，卫星还必须携带一个氦气罐，氦气就是用来根据指令专门"顶"出液体的。什么时候需要让两种液体"见面"了，"推手"就靠"气"——好几吨重的卫星就可以在太空中自己完成"推进"。当然，不同的卫星，发动机的大小会不同，加注的燃料也不同。

哦，说到这一步，我终于算明白了。但一个问题立刻冒出："四氧化二氮和甲基肼会不会易燃、易爆？有毒吗？有害吗？"

"当然易燃易爆，有毒也有害，而且危险系数还很高。"白师傅答道。

曾经有一次，航天五院 502 所推进系统部的主任李永面对《澎湃新闻》的记者说："现在，我们国家的卫星推进系统主要分为单组元和双组元。无论是单组元还是双组元，它们用的推进剂都是有毒的，若发生事故，可能会造成'星毁人亡'的严重后果。"

"星毁人亡"？如此危险？

当说到"危险"时，我仔细看了白师傅的手。他的手干了几十年加注，已经被四氧化二氮和甲基肼腐蚀得掉了无数层皮。双手表面看着像扫帚，摸着又粗又硬。

白师傅说："现在都软多了。2020 年我退休后，手已经慢慢恢复了正常的颜色。过去总是结硬皮，我就忍不住一层层往下撕。撕了，露出嫩肉，很疼，然后再变硬，再忍不住往下撕……"

我没有想到，白师傅的手不仅被加注液体腐蚀得常年疼痛不说，而且改变了表皮组织。后来他的家按统一规定安装了电子门锁，但白师傅已经没有了指纹，他想用指纹开门，不行——电子门锁根本不认！

《澎湃新闻》记者写过一篇题为《白崑顺：与推进剂打交道40年，成中国加注卫星数量最多的人》的文章。文中说，以西昌卫星发射中心经常发射的以东方红四号为平台的卫星为例子。该卫星平台采用双组元推进系统，一颗卫星的四氧化二氮加注量大约1900千克，甲基肼加注量约1100千克。在卫星加注前，需要花7到10天的时间，检查推进系统各管道的气密性，并对推进剂进行化验。正式进行加注工作时先加注氧化剂，大概从早上7点加注到晚上11点；燃烧剂加注也要从早上7点加注到晚上7点。

这就是为什么每一次加注下来，白师傅他们都要不间断地工作十几个小时，严格按口令一个一个地执行。

"口令"就是工作流程，一点都不能错。我曾听北斗三号加注现场指挥刘振新说："我们的工作：每一次加注，要涉及大约八个人协同作战，口令有五六百条，管路接点有三百多个，还有阀门五十多个，阀门操作要数百次，这些都要求操作人员在连续十五六个小时的作业时间里头脑清醒、口令清晰、操作精准、数据读取无误……"原来加注对技术要求如此之高！

"我师父干起活儿来像绣花，每次加注，他都要爬上两米高的大罐框架。有时候，加注的管道长达几百米，好几百个接口，得一一进行检查，他不烦不躁，一丝不苟地按照流程，严格执行。"这是白师傅的大徒弟王国超对记者说的。

有一个字——肼，一开始我不知道是指什么，更不理解"滴肼不漏"对卫星加注来说，为什么重要到简直要命。经过请教才知道，"肼"又称联氨，是火箭和喷气式发动机的燃料，很容易和水相溶。"滴肼不漏"就是指卫星加注时要一滴肼都不能漏。漏了就意味着污染，意味着伤人！

"那你们工作时肯定要穿防护服吧？"我自然地想到这个问题。

白师傅说："那肯定。只是最开始的时候，我们的防护服比较差，性能也不好，像雨衣，不透气，好几个小时穿下来，人很难受，经常是戴的手套一脱，里面全是水……"

"啊，那不得把人给捂死？"

"是啊，没办法，卫星加注很复杂，也很危险，机器无法替代人工，操作人员就得近距离地接触。"

就拿西昌卫星发射中心这一个基地的工作量来说：这个发射场自1984 年开始首次执行发射任务，不到 40 年时间，已经组织了 100 多次航天发射，成功将 100 多颗卫星送入预定轨道，而白崑顺一人加注的卫星就有 97 颗（主要在西昌，此外还有其他发射场的一小部分）。一个人啊，"滴肼不漏"，颗颗卫星加注成功，这不仅是在"与魔鬼共舞"，而且是在"刀尖上跳舞"。白师傅被誉为中国"卫星加注"数量上的"第一人"，真是"牛"之无愧！

"可人再细心负责，也会有疏忽的时候啊。"我稍稍担心。

白师傅非常坚定："永远都不能疏忽！一疏忽就出事！出事就是大事！"

因此每次加注前，卫星发射场都要组织演练。"就是消防车、救护车，急救人员、抢救人员都要到现场，模拟加注失败后如何救人、灭火、控制污染。我这个人个子小，好抬，常年被当成'救助的对象'。好在我们的卫星发射了 26 年，从没失误过一次，但消防车、救护车至今还是次次都要到场待命。"

四氧化二氮的挥发性很强，到了零摄氏度就会进入"气液共存"的状态，可以被人吸入肺中，对上呼吸道黏膜造成损伤。甲基肼的腐蚀性更强，一旦操作不当，会烧衣服、烧肉、烧头发，进入人体后还无法代谢——直接对肝脏造成伤害。

很多人都给我说明"卫星燃料加注"的危险。除了危险，长时间的等待、单调的工作，也让人很难熬。

"每次加注，一定要十几个小时不间断，对吗？"——这又涉及常识、原理，我是个"小白"，但又不能不问。

白师傅还是说"没办法"。卫星发动机的氧罐、燃料罐里面都有网状的装置和过滤器，因此加注不能快，一快就起气泡，起了气泡就会外泄。平时我们在家里，把食用油从大瓶倒入小瓶，倒急了，瓶口处就会形成气泡，那油就噗噗噗地往外流，我想这和卫星加注在道理上应该是一样的。白师傅说："对。只不过四氧化二氮和甲基肼一旦外泄，那跟食用油外流可不能同日而语。""星毁人亡"的说法一点都不夸张。所以卫星"加注"的速度必须慢，时间跨度长。除此之外，工作琐碎，每一道程序都要严格遵守，容不得有丝毫的闪失，半点也不能"走神儿"。

三
"熬"出来的每一次成功

比起卫星发动机实验站，到了卫星发射场，那里的工作强度、需要的责任心，可不是增加了一点，白师傅有一次跟我脱口而出："很多次都把人给熬醉了。"

他用了一个"熬"字，还把人"熬"得都"醉"了？

"举个例子吧。"我建议。

白师傅就说："好。有一次，上一颗星，就是前面已经发射了的卫星，应该是某个环节有些问题，领导和专家们就开会，要归零，找出问题究竟出在了什么地方。那个会从早上一直开到下午3点钟，我们负责加注的几个师傅并不知情，还是一大清早就来到了加注现场。可是等了大半天，大家都已经累了，还以为今天这活儿肯定干不了了。但是到了下午3点钟，一个电话打过来，现场总指挥说：'白师傅，你们现在可以加注了，而且还得辛苦一下——马上干！'啊？都什么时候了？大家都已经熬了大半天，从现在开始加注？接下来又得十几个小时？"

但领导这样安排，一定有他的道理。白师傅从来没有在任何一次任务前讨价还价，这次也当然要"无条件"地上！

因为卫星加注是把卫星安装到火箭上之前的最后一道工序，因此每到此时，整个基地都要清场，气氛庄严，不是战场，也似战场。

白师傅所在的部门，全科室共有五位师傅姓白，外面有时来电话，说"请帮忙找一下白师傅"，接电话的人总会问："找哪位白师傅啊？是大白？二白？三白？四白？还是五白？"——"大白"说的就是白崑顺，这样称呼并不是因为他个高，而是按照年龄，白崑顺排行"老大"。"老二"叫白玉明，小白崑顺12岁。因此白崑顺说怎么干，大家也往往会跟着怎么干。

加注一干就是十几个小时，不熬夜是不可能的，这是第一个"熬"；另外，随时待命、随时上架子，这种随时随刻的"熬"有时更考验人。所以白师傅跟我说有时真能把人给熬到"醉"，是生动的表述，非亲身经历者不可能知道那个"醉"是什么滋味，会让人困到什么程度。

近十九二十年，国家富裕了、强大了，卫星的发射也变得频密，卫星加注工作也就更多了。

从 1994 年开始，白师傅经常被从北京怀柔派往西昌，时间最长的一次出差，一待就是十个月，五六个月的出差更是家常便饭。他的儿子白洋后来也加入航天 502 所，负责信息系统的运维，采访时跟我说："我爸那哪里是常出差啊？简直就跟长在基地一样，是发射场的一员！"

我问白洋："那你有没有觉得，父亲有时回来了，你倒感觉有点陌生？"

白洋说："您提的这个问题，现在不用问我了，就直接问我儿子吧。"

白洋的儿子后来看到爷爷回家，每次都这样问爷爷："您这一次，在我家会住上几天？"——天哪，这本来就是爷爷的家，但是爷爷因为常年不在家，在孙子眼里，倒成了客人！

"白洋当时才 10 岁，我就开始经常往西昌跑，根本顾不了他。后来我孙子出生了，出生的那天我也在基地。领导知道我又因为工作不能回家，在食堂吃饭时，还特意要了两瓶红酒来为我祝贺。"

仅仅是给卫星加注，白师傅一埋头就干了 26 年。这 26 年，他带出了很多徒弟，一有机会，他都会让徒弟们先回家看看。"可不是嘛，很多年轻人刚成了家，有了小孩，长期这么在外面，不好，所以能回家了，我就把机会让给他们，我在这里盯着，让他们先回。"

"但是您不也是从年轻的时候过来的吗？当年您的孩子也还很小。"我有点打抱不平。

"嗨，那是没办法啊，时间长了，我们家里也都习惯了。"

白师傅所说的"习惯"，不仅仅是指他的小家，还有他的大家。父亲去世后，家里的 7 个孩子都很懂事，不用相互招呼，每到周末或节假日，大家一准儿都从各自的小家回来陪伴母亲。一大家子人吃饭，经常是几十口，一张桌子得分三拨开饭。

"但是我们家里多少侄男甥女的婚礼，我爸都没有参加过，倒是他在基地，附近村里人的红白喜事他经常去贺喜或帮忙。"这是白洋"抱怨"的。

"共产党员嘛，总要先人后己。况且我是师父，要给徒弟们做榜样。"这是白师傅的"托词"。

这 26 年，白崑顺真像"长"在了基地，附近村里的很多人，见了总会问："您还没有复员呢？您都在这当兵干了多少年了？"

不仅当地老百姓把白崑顺当成了发射基地的人，就是发射场内部也有人常常惊讶："哟，白师傅，您还在这儿？这一年四季的，怎么连个病都没见您生过？病假、事假，更是统统没有呀？"

白师傅自嘲道："是啊，那还真是，我很少去医务室、医院，好像连我的身体都明白，我这个人在加注的岗位上是不敢生病的。"

时刻准备着，时刻把神经绷得紧紧的。但是人，常年总是这么"熬"着，总有一天……这一天还真的出现了——白师傅有一次真的病了。

那是在北京，不是在基地——白师傅连生病都躲开了卫星发射的"档期"。

"那次单位正要开会，他突然捂着肚子说疼得特别厉害。"白玉明师傅跟我讲，"我一看，情况不对呀，就赶快搀着他去了医务室。医务室的人都不认识他，看了看他的脸色，初步一检查，说：'不好啊，别耽误了，你们赶快带他去医院吧，看他这反应，咱这医务室看不了。'"

就这样，白玉明架着白崑顺好不容易挪上了车，把他送到海淀医院看急诊。结果一查,是急性尿结石,难怪人疼得都受不了了。

后来经过治疗,病情缓解了,白师傅还笑呵呵地说:"这结石发作得真是时候,如果是在加注台上,就算再坚持,也可能会出事。一旦出事,那就不是我的麻烦大了,而是卫星的麻烦可就大了。"

四
"我是工人,一个'工'字,咱得顶天立地!"

我和白师傅差不多算是同龄人,因此有很多共同的时代语言,比如说"工人"。20 世纪 50 年代到 70 年代,工人阶级在中国很伟大,填写档案时,如果你是出身"工人""贫农",那简直很棒;如果是"革干""高干",当然更骄傲;但如果你是属于"职员""小业主",还不要说"中农""富农""地主""资本家",大家可就都要躲闪了。填表的人心里既无奈又窝囊,填表时往往会用手挡着。

"中国共产党是中国工人阶级的先锋队",这是一句最硬的口号。

白师傅说他入党的时间并不早,没有在一参加工作就获得这份殊荣。但是他很早就用共产党员的标准来要求自己,他说:"咱是工人,什么时候党和国家有需要,我就得毫不犹豫地往前冲。"这感召跟"共产党员跟我上"一样,都很带劲!

白崑顺刚刚来到怀柔卫星推进系统实验站的时候,只要工作不是特别忙,他就会利用单位派他去附近工厂学工的机会认真拜师学艺,连续几年,车、钳、铣、刨每一个工种,他都学。后来像模像样地出了师,工厂的正常生产,来了图纸也会交给他,他就给人家一样一样地加工好,然后交上去——没有工资,也没有奖励,只为了能练手。

"车、钳、铣、刨"跟卫星实验有什么关系吗？应该是没有直接关系的。但是年轻人的内心应该有更大的追求，有幸加入"工人老大哥"的行列，"我就想多方面地掌握技能，然后有一天，一旦国家需要了，咱就能成为国家的栋梁、国家的依靠"。

人生的选择，往往在迈步阶段看不出"道路"的价值所在，但是"有心人"是"有志者"的开山之斧。这斧子人人手里都有，就看你会不会用，舍不舍得花气力来锻炼自己。

后来的事实证明，如果不是青年时期的好学进步，"艺多不压身"，到了八九十年代，国家要开始大踏步地发展航天事业了，502所要派出优秀的人才去一线的发射场，白崑顺怎么会成为最合适的人选？

当然，一颗螺丝钉拧在卫星加注的这部机器上，按那个时代的"时尚"，白师傅就会干一行爱一行，全心全意，直至退休，退休后还被单位返聘。

17岁，白师傅参加工作；65岁，回到北京。一个"回"字，再好不过地说明了他大半生的状态——很少在京，很少回家，更很少对家尽心尽职。

我问："您爱人有没有埋怨？"

白师傅说："应该有吧。"

白崑顺的妻子在幼儿园当老师，休息时喜欢出行旅游，可这辈子，丈夫从来没有带她出去玩过一次。很多年后，她才知道原来公职人员每年都有15天的带薪休假。可这个假，她压根就不知道！

别说结婚以后没机会带爱人出去玩，就是谈恋爱难舍难分的时候，他也没有多余的时间，他的生活也还是围着实验转。一个礼拜最多回市里一次，同事们都一块儿回来，他的家离东直门长途汽车站近，他还要负责周日一清早去给大家把车票买好，不然周一回怀柔，很多人就没有座位。

慢慢地，白师傅成了一个好说话的热心肠，而且"人家白师傅还什么都会"。于是，单位同事、朋友、邻居，谁家有需要，比如洗衣机、电视、电冰箱坏了，都会找他来帮忙修理。

白洋说："我小时候就知道，我爸今天又当'活雷锋'去了，好不容易捞着一个周日，别人一叫他就去，一叫就去。先是给人家去查看电器出了什么毛病，然后骑着自行车去买零件，再赶回去给人家换上。"

"有这事？"我问。

白师傅说："大热的天，你说人家空调坏了，或者是家里老人突然生了病需要用电器，你能不马上去给人家看看吗？"

"那零件也要由您来买？让他们先准备好了不行？"我质疑。

白师傅说："大部分零件，他们都不会买，我去他们家一看，知道是什么品种、什么型号，我自己买回来的才能用。"

"哦，那您这'活雷锋'当了有多少年？多少回？"

"这可就没数了。上百家，上千台……几十年，只要我有空……"

不仅是北京，就是在西昌，白崑顺的善行义举也惠及众人。彝族同胞的婚丧嫁娶一定会请白崑顺就不多说了，他常常帮助村里的乡亲，小到从北京给孩子们带吃的、穿的，大到彝族同胞有谁到北京办事，他也是能接待的接待，能帮忙的帮忙，特别是有的人家孩子要上学，家庭有困难，他就出钱资助。

"为什么这样做呢，您并没有这个义务。"很多人都说。

白师傅总是一句："谁没个难处？谁不需要个朋友！"

有一次，他在麻叶林村偶然看到村里有人养蜂，但收集蜂蜜的设备又旧又不好用，他就暗暗记下了相关的尺寸和形状，趁着自己回北京的时候，逛市场，找合适的替代物，最后买了一个大铁皮桶，自己画图、设计，又找人加工，再回到西昌的时候，一套崭新的蜂蜜收集设备就送到了村里。

"咱是党员、工人，一个'工'字，咱得做到顶天立地！"这就是白师傅内心的追求。

我从来没听说过一个工人会把自己的身份诠释得如此胸襟博大又脚踏实地！但白师傅就是这样想的。"工人老大哥"这个称呼他不能白当……

五

大国工匠原来是这样炼成的

无论从白师傅的"能吃苦""熬到醉"，还是从他作为一个党员要起模范带头作用，抑或从他当工人也要让自己顶天立地，我都能从他的身上感受到一种超乎寻常的力量，那就是坚守！

他年轻的时候，刚刚做了工人，社会上还没有流行"大国工匠"的说法，但白师傅心里就明白：一件事，要做好，不是一时，而是要用一辈子、用一生。

熟能生巧，"巧"是什么？就是经验的总结和沉淀，更是你独家的绝活儿本领，这都需要时间，需要滴水穿石的毅力和持之以恒的坚持。

记得我开始写他从文昌到西昌，又从西昌回文昌，两个发射场，领导都拿他"当个宝"，但我记不清两边基地发射的都是些什么"星"了，就给白师傅打电话。白师傅说："哦，您等等！"跟着就去翻他的本子——那些记录他26年来参与发射的97颗卫星的工作笔记。

一会儿，白师傅回我的微信了，说：我们国家总共在海南发射过三颗"胖五"火箭，第一次是2016年11月3日晚上的8点43分，搭载了一颗"实践17"号实验卫星；第二次是2017年7月2日，搭载的是"实践18"；第三次是2019年的12月27日。三次火箭发射搭载的三颗卫星，都是由我加注的。

厉不厉害？

早就听说过白师傅的工作笔记，26年来每一次发射，在什么地方，中国的还是外国的；导航的、气象的，还是通信的；是否顺利；有谁参与；涉及"加注"的工作遇到了什么问题，是不是一切都正常……都记得清清楚楚。采访时我提出想看一看，白师傅说："好，没问题，但是太多了，你看我这个大床的底下，堆得满满都是。"还好那天他家的抽屉里就有几本，是友邻单位的同事要看，白师傅先挑出来的。我拿起本子，几本笔记的薄厚并不统一，大小差不多都是16开本。随手翻翻，字迹工整，密密麻麻，有公式、有程序，有术语、有口令，门外汉根本看不懂。不过很多本子，我一眼就看出来是二十世纪七八十年代的东西，其中有的封皮上还印着"红太阳，放光芒""最高指示""毛主席语录"……

我说："您一开始记这些要干吗呀？后来攒了这么多，都可以进历史博物馆了。"

白师傅说："就是随手记惯了，不断地总结经验教训。开始并没想到要拿它当什么资料查，但我这个人比较重视积累，攒多了，就不舍得扔了。"

"反反复复地做一件事，难道您不烦？"我终于要提这个问题了，但话到嘴边，觉得不妥，就变成："那您这么多年搞加注，反反复复地，都在做哪些具体的工作？"

白师傅没在意我真心要问的是他"烦不烦"，相反，既然问起他的工作，他就很认真地给我掰着手指头数："您看，每一个卫星发射场加注的平台都是混用的，所以我们无论到哪个基地，加注的设备都要从北京清点好了再运输，这是第一；第二，到了现场，我们要展开设备，这些设备包括电子秤、压力表、传感器、热电偶，等等；第三，电子秤的标定，因为地理位置不同海拔也不同，海拔高度会影响到地球的引力，所以每次都要调电子秤，比如说你到了西昌，海拔高度是2000米，在北京一吨重的砝码，到了西昌就可能给你差出去20斤；第四，搬运燃料，那更得千小心万仔细，易燃易爆、有毒有害嘛；第五，连接设备，厘清高压气路，也就是'氧路''燃路'，以及安放好起稳定作用的气垫，等等。"

"这些事情都做熟了，但每次还……"我还是觉得人一辈子只干这一件事，怎么会不烦？

可白师傅说："烦可不行。每一次都得认真做。毛主席不是讲过了吗？这世界上怕就怕'认真'二字，共产党最讲认真。"

认真？"共产党最讲认真和您这工作……"我耳目一新。但接下来想想——可不是嘛：共产党真是用"认真"建立起了一个政党、一个新的国家！想当年国民党和共产党的力量对比，那么悬殊，天壤之别，一个是配备美式装备的800万军队，一个是只有小米加步枪，结果——共产党"认真"出了政权、"认真"出了江山。如今，共产党又在带领着十几亿中国人"认真"出经济富裕、国防强大。

白崑顺的"认真"，看似平凡与重复，但是他的"认真"挑战的是"永远都不能出错"——永远啊，就这一点，是多大的困难？！

什么是大国工匠的来路与生成基础？干漂亮了自己的绝活儿，永远都是顶梁柱，不让人担心。

白师傅说，至今只有一件事让他感到很遗憾。我忙问是什么。他说就是希望通过自己的双手，能为我们国家送出去 100 颗卫星。但是 60 岁退休，先是按规定返聘了 3 年，领导舍不得，又续聘了 2 年，最后到 2020 年"北斗三号"的"收官之星"前，他的工作时限到了，不得不离开。

"但是，最后那颗星，负责加注的不还是您徒弟吗？"我说。

他承认，也高兴——几十年来，他亲手带出来的徒弟，已经接替了他的工作，有经验、认真、严谨，而且徒弟们都学着师父的样儿，每个人认认真真地把每一次任务前前后后的过程都记录在本子上。白师傅们的工作笔记也在不断地加高、加厚。

2021 年是中国共产党建党 100 周年，我问白师傅您这老党员"内心感到最骄傲的是什么"？

白师傅一秒钟也没耽误，马上说："100 年的政党还能赢得民心！具体到我自己，还是那一句'老白在吗'。有我在，领导就放心。"

很多时候，他在往西昌发射场的路上走着，不管什么人，开车从他身边路过，都会停下来，摇下玻璃窗，大喊一声："大白，来，我捎你一段！"有几次驻军的司令员迎面走过来，见到他总会快走几步，上前给他"敬个军礼"，弄得白师傅很不好意思。司令员身后的警卫、司机更是吃惊地睁大了双眼。

还是要说那一次推迟的加注，本来安排的是白天加注，但因为发射计划推迟，加注命令到了当天下午 3 点钟才通知到白师傅和他的徒弟们。当时 502 所一位所领导也在基地，他问白师傅："时间紧，任务重，加吗？"白师傅知道这是领导对他的信任。"加！"他的回答没有丝毫迟疑，"再累也不能让加注有一丝一毫的差池。"

加注又连续干了十几个小时，还是万无一失，还是滴肼不漏。

整整一夜，等任务结束，白师傅站在高高的罐架子上，已经累得迈不动步了。所领导心疼白师傅，快步上前把他扶了下来。"快都休息休息！"所领导感谢大家圆满地完成了加注任务。"也没什么感谢不感谢的。"白崑顺后来说，他内心真正感到自豪的是"这辈子又多加注了一颗卫星"。

一个不珍惜英雄的民族，永远都没有后劲。和平时代的英雄，是何人？有怎样的表现？他们往往都默默无闻，最平常，平常到可能是你、我、他。

但平常的人走过了英雄的路，那路便与众不同，便永远会与日月同辉，铺展出光明、闪烁出召唤，养人的眼，暖人的心，让后来者一个又一个地愿意追随着他……

第五章

要么"死"，要么就种树

——毛乌素治沙劳模殷玉珍

陕北,1985 年。一头毛驴,一位父亲,一个 19 岁的女儿。父亲要送她去十公里以外的沙漠出嫁。

20 世纪 80 年代,中国人早就告别了"父母之命,媒妁之言",但是这位"吐口唾沫也能在地上砸颗钉"的耿直汉子却信守承诺。每年农忙过后,他都会去内蒙古的大草原放羊,在途经毛乌素大沙漠时,偶遇了一户人家,并在那里歇脚,时间长了,就和这家的男主人形同"拜把子"兄弟。

那是一个"人不留客天留客"的夜晚,漫天的黄沙在地窖子四周呼啸,屋里老哥俩却把酒正欢。人家待咱这么好,咱也无以相报,眼看着五姑娘玉珍已经长大,到了该出嫁的年龄了——"那就结个儿女亲家吧"。

男方的父亲高兴得不行,他因为自己身体不好,说不定哪天……这些日子正为儿子的婚事发愁。就这样,为了这一句话、一个承诺,殷玉珍被父亲拉着,离开了靖边娘家,要嫁给她根本不认识的白万祥。

还没到婆家的时候,她就一路在哭,到了,抬眼一看,哪里想得到啊——毛乌素大沙漠,对,不是草原,是沙漠,新郎的家在乌审旗河南乡尔林川村。但方圆几里地,就白家孤零零的一户,四周没有人家,没有炊烟,没有树,一棵都没有,当然也别想有什么花草、菜地。

那结婚的新房呢?就是一个地窖子。那地窖子利用一个沙丘的斜坡,笔直地铲下去,依着硬土梁,算后墙,再在左、右、前方堆上几块土疙瘩，用树干搭个顶，盖上草，这就是一个窝。窝里有一块比单人床大不了多少的地方，两个人猫腰进去，站不起身也转不开身。婚后没两天，早起一推门，门已经被沙子给堵死了，小两口只能奋力地挖啊，不挖就谁也活不了命。

父亲撂下殷玉珍，转身就走了。殷玉珍说："父亲临走时一句话都没说，撂下我就走。只是后来，我婚后回到娘家，他交代'承诺就是债务'，只这一句话，我的'命'就给'运'定了。"

岁月年轮

经历了 20 世纪 50 年代的人民公社、"大跃进"、大食堂，再加上之后的三年困难时期，"吃饭"变得比什么都重要。"跑步进入共产主义""亩产过万斤""人有多大胆，地有多大产""放卫星"这些"大口号"，饿着肚子可喊不动。接下来，国家的强大、富裕，更不能只靠单一的农业，要大炼钢铁、大办工业，城市要有工厂，首都也要带头见到一座座拔地而起的烟囱……

但是一个新兴的社会主义国家，在民国的烂摊子上搞建设，工业基础非常薄弱，人们迫切地强调一头，就难免顾不上另一头——环境。今天中国人经常挂在嘴边的"环保"，不得不短时间地"以牺牲它"为代价。

地球，这颗人类唯一可以生存的星球，从太空相望，呈蔚蓝色，那是因为地球表面 71% 的面积是海洋，29% 的陆地也不都是绿色，有绿有黄，绿的是森林植被，黄的是戈壁沙漠，沙漠占 29% 的四分之一。中国的首都，西北依着毛乌素、库布齐，那是两片大沙漠。过去的"老北京"都知道,"大风骤起,黄沙扑面",那是北京春秋两季常见的景象。妇女儿童都喜欢围纱巾,花花绿绿的,既好看又实用,但纱巾可不是为了装饰,它更实际的用途是挡住扑入眼睛、口鼻的沙尘。不过,沙尘暴要是滚滚而来,仅靠小小的布片,是根本挡不住风沙的肆虐的。

毛乌素大沙漠,号称中国第四大沙漠,"黄"则祸害北京,"绿"则守护北京。

公元 5 世纪,据说当时的毛乌素草滩广大,河水澄清,水草肥美,风光宜人,是块很好的牧场。但是后来,由于不合理地开垦、气候变化与战乱,毛乌素的植被被破坏殆尽,整个大地就地起沙,渐成沙地。大约从唐代开始积沙,至明清时期,毛乌素已成茫茫大漠。

近些年,北京的风沙明显少了,"新北漂"或年轻的北京后代已经不常见来自西北的沙尘暴。他们更不知这样的友好与平静得来不易,是几十年来人进沙退,种树治沙,挥汗如雨,才使得沙漠渐渐变成了绿海,沙丘渐渐变成了果园,其中有多少汗水、多少泪水、多少艰难,在茫茫大漠里踩出了多少没有留下足迹的"脚印"?

每个故事说起来都有长长的余音……

一

"达,你真把额撂进了沙漠?"

古代的陕地,周文王的祖先公刘曾在这里带领族人农耕,当时的人们都认为"天大地大,父亲最大",便管父亲叫"大",逐渐演变成"达"。

至今,说话依然带着浓重陕北腔的殷玉珍回忆道:"当年额达把额真的撂进沙漠，送到白家。白万祥的父亲，其实是他的养父、二叔，已经死了。父亲为了让他的这位朋友安心地'走'，代价就是让额给他的儿子做了婆姨（媳妇）。"

"把你嫁出去，事先有没有跟你商量？"我问。

"没，啥也没说。"

其实殷玉珍的父亲年轻的时候一直在队伍上。他虽然勇敢坚强，懂得阶级仇、民族恨，但毕竟是西北的汉子，脑袋里还是重男轻女。殷家5个姐妹，婚姻大事都是他一人说了算。他只供了最后来的一个儿子读书认字，所有的女子都没给读书的机会。

因为一句话就把五姑娘嫁给了沙漠人，殷玉珍说："那时候我心里对父亲恨啊！"

她心高，对于自己的婚姻，不想凑合，但父亲不仅毫不商量地就把她嫁给了没有机会相处相爱的人，而且一下子把她"撂进沙漠"，不管她日后靠什么生活。

"你出嫁那天穿的是啥样的红衣裳？盖了红盖头吗？"我想找一些轻松的话题。

不想这一问，殷玉珍气上加气："没有红衣裳，身上从上到下没一点红，就穿了一件蓝棉袄。"

"咋去的？有轿子吗？吹吹打打把你送到了白家？"

"哪里有轿子！就一头驴，但那驴也不是给我坐的，只驮东西，驮了一些换洗衣服，一个小包，还有一个脸盆、一面镜子、一把梳子。沙漠里，人深一脚浅一脚的，东西是没法背的。"

"怎么会呢？毕竟是结婚。也没有什么'仪式'？比如'一拜天地，二拜高堂，夫妻对拜'？"

"没有，啥仪式也没有，除了俺俩就没旁人。还拜天地？那都是有钱人家的事。"

殷玉珍的婚礼，简单、意外，还有点粗暴。我就不明白了，既然不高兴，这婚就别结！

按照殷玉珍的脾气，她跟我说过："过去在娘家，一群女子打架，我总是头。"长到15岁时，她在靖边生产队里放羊挣工分。有一天带着羊去喝水。"那天河边正有一帮小伙子，都光着沟子（屁股）在河里玩。看我来了还笑我，还吓唬我的羊。我就抢起拦羊棍，打过去，打得他们四下里跑"。因此，以她的性格，逼婚其实是不可能的。

"我是不高兴出嫁，但这事拗不过达啊！只是再咋也没想到我达一步就把我撂进了沙漠。"想逃？沙漠那么大，逃也逃不走；况且，就是能逃，"我也不能回娘家"。

为什么？殷玉珍这样讲，我一点都不明白。

"在我出嫁之前，我家刚把我弟弟的婚事办了，要是我逃回去，这不是给我弟媳妇做了榜样？人家如果看不上我家，也逃走，那让额达、额娘可咋办？"

到底是女儿，自己都委屈得不行了，行事还是会替爹娘考虑。弟弟上面有五个姐姐，全家人都稀罕宝贝他。

"到了白家，看到了地窖子，我号得更厉害。但是达说出去的话，没办法往回收。"

就这样，殷玉珍为了弟弟，没有逃走。婚房就是个地窖子，她也没办法。整个新婚之夜，她只有哭。丈夫躺在身边，她就坐着，一张小炕也躺不下两个人。

"坐了多久？一夜？"

"一夜？好几个白天和黑夜，也不许他碰我。"

"你不喜欢新郎？"说句公道话，殷玉珍的丈夫白万祥，个子高高，人也有模有样，年轻时应该还是挺帅的。

殷玉珍说："唉，那不就是恨我达，恨他一甩手就把我撂在了沙漠里，生他的气，所以看什么都不顺眼，怎么都不愿意！"

直到那一场风沙，大风用沙子把他们的"婚房"给堵住了。此时，殷玉珍为了生存，不得不跟掌柜的（丈夫）一起掏沙子，拼了命地推门，往外逃生。

"那最后你是咋认命的？一个人结婚后，也不能总是昏天黑地地哭？"我问。

"我达让我给气走了。"

"气走了？"

"对，就是死了！"

"啊？"

1985 年，殷玉珍是正月里"被迫"结了婚。5 月，父亲不放心来看她，见女儿瘦得浑身一把骨头，腔沟子都变得尖了，一双手，柴火一样，还被沙子烫得皮翻肉露。出嫁时从娘家驮来的玉米棒子都吃光了。眼看着女儿受罪，父亲受不了，他本来就有肝病，回到家便一病不起，后来肝硬化，7 月人就没了。死时只有 59 岁。

殷玉珍扑在父亲身上，知道达到底还是心疼自己的。他愧对女儿，又说不出。父亲活着的时候很要面子，村里无论谁家的大事小情，说个理、劝个架，最后都是靠他出面，很受乡亲们的尊敬。"现在，他死了，我也不能逃回来，那样会让他的脸没地方放，会毁了达一辈子的高大形象。"

当年被国民党追杀，父亲和他的战友只能躲起来，生活非常非常艰难，后来殷玉珍的外婆，隔三差五给这些为了老百姓吃苦打仗的兵送吃的，慢慢地就看上了殷玉珍父亲的人品，还把自己的姑娘许配给了他……

"达是被额给气走的。"殷玉珍的心里老是有这样的一种自责。如果没有那一次见面，父亲没有看到她皮包骨头、手被烫得露着肉，他就不会生那一场气，"额达就不会走"。

所以再难，殷玉珍都不能逃婚，也不能再别别扭扭地跟白万祥过日子。那一刻，她真的认命了。

尽管白家一贫如洗，方圆10公里一片沙海，但白万祥老实，心疼媳妇，不会说话，也不敢多言。

然而，沙漠毕竟是沙漠，白万祥是7岁时因过继给二叔才来到了井背塘，他对沙漠的厉害比殷玉珍知道的多不到哪儿去。平日里风起，沙子飞扬，人都睁不开眼，耳边只能听到呼呼的风声在吼。风一停，眼前就又是满目黄沙，渺无人烟，四周像死一样的寂静。

有一次，夫妻俩正在大漠里种树，狂风大作，沙浪滔天，风沙又来了——突然，沙丘开始移动，一点点在他俩的眼前"行走"，把夫妻俩给吓得，眼睛又睁不开，半天也找不到家，后来还是听见自家的狗在叫，循着狗叫声，仓仓皇皇才回到了地窖子。

孤寂的大漠，像是故意要折磨年轻时爱说爱笑的殷玉珍。一开始她种树，只是心里闷得慌，从娘家带来的两棵小树苗，她小心地栽下，然后天天看护着，挡风、浇水，和小树苗说话，那时还没想到要大面积地治沙、种树，为国家出力。她不懂环境保护，也不知道基本国策，这些概念离她都还很远。

后来，大儿子出生了，殷玉珍觉得一家三口得吃，得喝，得在沙漠里活下来——种树完全是一种生存的本能。种一片，活一棵，活下来的就倍加珍贵。等有了树，风就见小，就能在沙漠里围出一小块地，种玉米、小米、蔬菜……

有了粮食，她就有奶水，娃就能活命——开始的初心就这么简单，这么直接。

慢慢地孩子多了，有了三个儿子、一个女儿，她本能地想到要为孩子们多备下一些树木、庄稼，将来儿子娶媳妇、女儿做嫁妆，树多、地多，娃娃就不会被人低看，受人欺负。

因此，树就越种越多，反正沙漠一望无际，也没人管。后来政府开始鼓励，也认可她的做法，她就越干越疯，越干越起劲了……

二

不要工钱，只要树苗！

2019 年，我和电视编导陈新红第一次来到毛乌素，殷玉珍带着我们爬上了一片高高的沙丘。站在丘顶，我 360 度转个圈儿，视野里全是绿树，就问她："你种树的面积估计有多大？"殷玉珍说："7 万亩。"我再问："那过去这 7 万亩地是啥样？"她回答："全是黄沙，一眼望不到头。"

这黄与绿，是如何变化的？

离开沙丘来到她的家，她已经不住地窨子了，盖了一排新砖房。还有一间老屋，十来平方米，满墙都是照片。照片里有很多她获得的奖项，被很多领导人接见。我知道这些很可能是后来她"成了名"，各路记者帮她拍的。一晃三十年了，发黄的照片开始泛出历史的沧桑。

殷玉珍总是身后飘着一根大辫子，跋涉在风沙里、荒漠中。她的身体很健壮，用形容男人的词来形容她，一点也不夸张。她的腿很粗，肩膀、腰身也都显得很有力量。几十年来，她要么挑着两个水桶往沙梁子上走，要么扛着一大捆树苗，深一脚浅一脚地在沙漠里前行。

"为啥总留着一根大辫子？"我很好奇。

"好打理啊。"她说，"沙漠里缺水，平时把头发盘起来，用包巾一包，多少天都不用洗头，也不用求人给理发。"

"那水在哪儿呢？"我好奇，在沙漠里种树最不可缺的就是水。

"在沙漠里挖大坑，很深，好大好大的坑。见到水了，就用树杈子在大坑四周围起来，就是沙漠里的'井'。"

有一年她在辽宁卫视做节目，主持人介绍殷玉珍出场的时候，她穿着一身大红的上衣，手里拎了一把铁锹，雄赳赳、气昂昂的。

红衣服是殷玉珍的最爱。她结婚时家里穷，娘都没舍得给她扯块布做件红棉袄，出了名以后，她只要出席一些重要场合，就特别喜欢穿红色，而且永远穿一件火红火红的上衣。

"那铁锹呢？"

"那是我的战友。"种树30多年，殷玉珍不知道用坏了多少把铁锹。

2019年我们住在她家，见到她的丈夫白万祥手里正拿着一把铁锹，我走近一看，那锹口都被磨平了，还向里面凹。白万祥的身边，还有一把铡刀，是斩秸秆、斩树枝用的，刀锋上豁豁着大大小小的口子。

"宁可治沙累死，也不能叫沙漠给我欺负死。"这是殷玉珍的誓言。

"治沙能把人累死？顶多不就是个苦？"我心说。

那要看你怎么拼命了。殷玉珍也似乎在回答我。

1986年的秋天，她用家里仅有的一只三条腿的瘸羊，换回来了600株树苗，围着地窖子婚房一圈圈地栽上了。刚开始种树的时候，她没经验、没常识，也还没有摸透沙漠的脾性。一场大风，沙子扬起来比人还高，一夜工夫就把她和丈夫辛辛苦苦干了好几个月的成果吹了个精光。

婚后第二年，她又说服丈夫挖井，小两口连日苦干，修出了一条

4000 米长的水渠。谁知，又是一场风沙，整整一条水渠，一夜之间，竟消失得无影无踪！殷玉珍坐在沙子里哭啊，哭自己的命苦，哭老天爷咋就不可怜可怜她这个敢走进沙漠，还要治理沙漠的外来媳妇？！但哭有什么用？树苗被吹走了还能自己长腿再回来？她一把鼻涕一把泪，哭乏了，就在沙床上躺下，琢磨自己的问题究竟出在了哪儿。她一天天地看，一天天地想：树苗、树根？树坑深浅？种树的时间？风沙的走向？水浇得不够？最后，她站起来，拍拍手，抖掉脸上、耳朵、鼻孔里哪儿哪儿都是的沙子，发誓说："风沙，你等着吧，我就是舍上命也要把你给治住。"随后，一场"人沙大战"拉开了序幕——

水渠让沙子给埋平了不是？这年冬天，她总结经验，咬紧牙关，又用葵花秆扎起 4000 米长的防风带，再开渠 6750 米，担土 19000 立方米，栽种了旱柳 5000 多株。这是殷玉珍的第二场大干。尽管这第二场大干的成果又让风沙给无情地吞没了，但她斗沙的怒火却燃得更旺了。

往往，每年的春节一过，日子还在正月里，她就跟丈夫开始准备剪枝、扎林、背苗条，然后等到冻土融化，立刻上阵，他们开始没日没夜地在沙海里挖坑、种树、挑水、灌溉。累了，就顺势躺在沙地里歇上一会儿；饿了，就架起随身携带的铁锅，烧水、煮粥，拢来一小把干柴烤干馍。

后来，丈夫外出打工，走到哪儿都跟老板说："我不要工钱，只要树苗。"再后来，国家开始鼓励老百姓种树，有些地方的生产队就给家家户户发一些免费的树苗，但不少人并不种，一来是怕吃苦，二来是树苗成活率太低，种不好还白白洒下汗水。

有一次，白万祥正给一户人家做工，看到人家院子里堆着一捆捆的树苗，已经被太阳晒得开始打蔫儿，他很心疼，就问东家为甚不种？东家说："你们要吗？要要，那就赶快背走。"

　　这可是个天大的好消息，白万祥赶紧回家叫上媳妇，两个人高兴得像捡到了金子，就去背树苗，一捆一捆地往沙漠里运。摔了，爬起来；再摔，再爬起来。因为怕树苗枯了活不成，两口子把树苗背回家，不吃不喝，拼命抓紧时间一棵一棵往沙坑里种。然后围圈、浇水，精心护理，每天看着小树苗，能活一棵是一棵，多活一棵就多一份胜利。

　　那间屋子满墙上的照片记录着他们的艰难与毅力。

　　地窨子后来改成了屋，只不过在初期，屋是土坯的，还是很破，高度刚过一人高，歪歪斜斜，四面透风，很像反映旧社会底层劳苦大众苦难生活的舞台布景。屋里有一盏小油灯，微微的黄光在沙漠里显得很小、很弱。冬天，屋顶不是一片残雪，而是有的地方有雪，有的地方没雪。怎么回事？因为屋顶有窟窿，有的地方没了茅草，干脆透了天。

　　土屋外还有院子，院子的土围墙上，一拉溜码着好几个大南瓜，那是殷玉珍和丈夫种树、固沙、围田、耕种，初战告捷的成果。

　　小时候在靖边，尽管陕西老家的生活也很艰苦，但殷玉珍家所在的村子有树林，家里有果园。小时候，她经常跟着姐姐、村里的女孩子们在树林里追逐打闹、嬉戏玩耍。树林就是她的家园，也是她的乐园。但是长大后，她嫁到了沙漠，树林没了，家园也没了。

　　殷玉珍告诉我，治沙活命的时候，苦，她不怕；累，她也不怕。当时最难熬的一件事，就是孤独——沙漠里十天半个月也见不到一个人，自己独自"顶天立地"，在茫茫沙海，寂寞得不行。

　　媒体曾报道过这样的一幕：有一天，殷玉珍正在种树，远远地忽然发现沙梁上有一个人在走动，她惊喜地扯开嗓子就喊，还直起腰身拼命地挥手。但那个人好像没听见，当然也没给她任何的回应。殷玉珍叹了口气，走上沙梁，看着陌生人留下的脚印，也觉得亲切，竟找了个筐，傻傻地把那个脚印给罩住……

后来我向她证实有无此事，殷玉珍说："有，那时我刚嫁过来40多天，从没有见过一个外来的人。好不容易见到了，就拼命地喊。可人家不理我，不是没听见，应该是以为'我是个疯子'。"

想留下脚印也是真的，但不是用筐，是用脸盆。"几十天没有遇见过外来的人，有个脚印不是也可以跟它说说话儿？"当时殷玉珍就是这样想的。

三

娃都生在沙漠里了

认命是一种顺从，但"认"字里面也带着反抗。殷玉珍是典型的命运不由我来选，但面对青春，她要自己驾驭。

结婚两年后，殷玉珍怀孕了。老大是个男孩。怀着娃的时候，为了种树，她一天也没有歇过，普通女人的害喜、贪嘴、慵懒、撒娇，等等，这些对她来说，都不知是啥滋味。她照样每天往沙漠里背树苗，挖坑，固沙，浇水，护理。

孩子营养不良是可想而知的，但与别的孩子不同的更在于：每天都要跟着娘，天不亮就爬出地窖子，晚上不知道几点才能回来。那时候殷玉珍没有手表，她是看着天上的北斗星算时间。2021年采访时，我偶然跟她说起中国的"北斗三号"组网卫星发射成功，前一阵我一直忙着在做"北斗"的电视。她显得很兴奋："啊，是吗？北斗？那我可是最熟悉！在沙漠里，天黑了以后，我咋知道啥时候该回家？就是看天上的北斗！看北斗的位置、亮度。"

真无法相信——20世纪80年代了，中国都已经改革开放了，国门打开，大力引进国外的产品和技术，大力发展生产力，搞经济建设了。但在毛乌素，这片沙漠里还有一位不识字的青年妇女，没有手表，不懂得科学育儿，却很会用北斗七星来看时间。

由于疲劳，不注意休息，怀老大8个月时突然早产了，这可吓坏了殷玉珍和丈夫。她被送回了娘家，娘生了6个娃，有经验，可以悉心照顾她。好不容易，殷玉珍母子慢慢地熬过来了，恢复了健康。

后来，殷玉珍又怀上了老二，还是泼泼辣辣地担水、背树、挖坑、种埋，一天也不歇。她以为自己怀过娃，老大虽说是早产了，但也没事，那老二一定更皮实，而且怀孕已经9个月了，娃娃能蹬能踹，一切都正常，她就没当回事儿。然而有一天，她背着一大捆树苗从沙梁上走下来，正赶上沙漠里刮着大南风，不知是自己一下子软了腿，还是大捆的树苗像海上的船帆一样兜住了大风，总之，她一猫头，连人带树就摔了下去。

殷玉珍说："应该是衣裤都划破了，一捆树苗正好压在我的肚子上。"

她觉得不对劲，也顾不上疼，下半身已经湿乎乎的又是血又是水，咕咕噜噜地孩子就"出来"了。她歪头一看，又是个男娃，还挺高兴。但娃娃出来后，不会哭，也不动。殷玉珍就紧张了，她害怕地再仔细看，天哪，娃娃从前胸到肚子，皮都被划开了。再看后背，从沟子到蛋蛋，也都没了皮！她"哇"的一声大哭起来，知道这孩子可能是……

不管是死是活，女人只要分娩，就不得不跟婴儿断了脐带。茫茫沙漠，殷玉珍知道自己和二儿子还连着脐带，但此时此刻，没人帮她，没有医生，没有接生婆，也没有热水、毛巾、剪刀……

"可怎么办呢？"我问她。同是女人，同样生养过，我知道女人生娃，那不仅是走了一趟鬼门关，而且孩子生下来以后，再倔强的女人也不可能靠自己……

但是，殷玉珍说："没办法啊，反正脐带是要给它弄断的。"

"没人帮就只能靠自己？"

"对！"

她一口咬住大辫子，这样好能忍住疼，然后两只手使劲地从裆下往外拽、往外拽……

30多年后，当殷玉珍回忆这段往事时说，等到她的女儿长大了，出嫁了，也怀了孕要生孩子了，虽然女儿是在医院生产，她还是害怕，生怕女儿会有什么意外。但是想想自己，"当初在沙漠，就我一个人，从来也没为自己担心过：万一难产，万一赶上了大出血……"。

二儿子被殷玉珍在大漠里一摔，又让树捆子一砸，没了。年轻的殷玉珍缓了缓，找了个半围起的沙湾子，将儿子小心地放下，没盖，也没埋。

"为啥孩子走了，就裸着，不埋？"我低声问，心里却想着：即便是沙漠，也该用一捧黄沙把孩子……

但殷玉珍说，他们那个地方12岁以下的孩子死了，都不埋，就那么裸着，也不怕野狼、野狗。如果有野狼、野狗把孩子给吃了，那孩子兴许还会早转世、早托生。

啊？这难道是大漠里的文化？

大约过了半个月，殷玉珍又来到这个沙湾，想看看儿子还在不在。

"在吗？"

"在，长得很周正。虎头虎脑的，模样可清楚……"

又过了一个月，她再来看时，"孩子没了，放尸体的不远处，能看到一块小小的头盖骨，但我不忍心走近，也没近看……"。

面对这样的经历，这样的凄苦，如果换了另外一个女人，还不得疯了？但是殷玉珍，我真没想到，她实话实说，说她的老二没了，她和丈夫倒也没咋，没太伤到疯癫。许是那时他们都还年轻，但更重要的，就是那会儿，他们的心思都在种树上。

殷玉珍说："我刚嫁到白家的时候，那时候白天晚上一直哭，枕头这边哭湿了，就转到另一边。这回老二没了，我还真没咋狠哭。正是赶上栽树的季节，我就躺了三天，又回到沙漠，开始继续干。"

用什么来形容殷玉珍的刚强？或许不身处绝境，旁人很难理解。面对生死、生存，其他的情感包括悲伤，都显得太奢侈！

"要么死，要么就种树！"就这样，殷玉珍赌了一口气，凭借自己的双手，克服了常人难以想象的困难，忍受着常人难以忍受的孤独，在毛乌素大沙漠，和丈夫一起植树造林，改天换地。

30 多年来，殷玉珍种了多少棵树？

每年 3 万棵杨树，20 万棵沙柳，40 多万棵杨柴、紫穗槐，这还只是初期的成绩。到了 2000 年，她已经完成总治沙面积 4 万亩；2000 年以后，又在地方领导和社会各界的支持下，造林 2 万亩。2021 年，造林总面积已经突破 7 万亩，如果加上树死了再补，有了好树再换，这 7 万亩就得翻倍，2 倍或 3 倍，谁又说得清？！

这是怎样的执着与付出？是何等辉煌又不为人所知的伟业？一辈子宁可累死，也不能让沙漠把咱给欺负死！

开始的时候，没人知道，也没有媒体报道。慢慢地，她的事迹被当地政府发现，被地方媒体、中央媒体一次次宣传，国家和有关部门也开始关注她、支持她，很多读者和电视观众也一点一点了解了她，人们为她的故事所感动，为她的经历而心疼。

1999 年，殷玉珍被评为全国防沙治沙十大标兵之一；2000 年，被评为"全国劳动模范"；自治区"三八"红旗手、全国"三八"红旗手、全国绿化劳动模范、全国十大绿化女状元、第四届中国十大女杰、三北防护林体系建设突出贡献者、全国生态建设突出贡献奖先进个人，等等，80多个荣誉称号相继涌来。这一切是殷玉珍当初根本就没想过的。

她说："过去，我的眼泪都不知道会浇活多少棵树苗，现在，懂得了，我当初的选择是对的。幸福，那是样好东西，但平心而论，我的幸福是用奋斗换来的，每次想到这一点，都让我心里特别特别踏实、特别特别珍惜……"

四
"我还真不能离开这些'孩子'！"

2003年，一场SARS（非典）肆虐中国。当时，人们还没有公共卫生特别是重大传染病的预防准备，各地医疗资源告急，社会人心惶惶，一些民企和小型企业经不住经济的滑坡而不得不面临无工可开、无钱可赚的资金链断裂危机。

"资金就是企业的血脉。"说这话的是内蒙古呼和浩特市一家叫谊华防水有限公司的女老板斛美英。

2003年，她的企业一下子断了周转资金，雇用着那么多的员工，市场却没了活路。"真是想跳楼的心都有了。"

正是因为非典无事可做，斛美英和她的先生才有工夫在家里看电视。她在一档节目里，偶然看到了殷玉珍，真心为这个女人所感动。心想人家是被命运扔到了那样的绝境，要吃没吃、要喝没喝，人家还不服输，还与天斗、与沙漠斗，几十年下来，硬是用自己的双手把好几万亩荒漠变成了绿洲——跟殷玉珍相比，自己这点"难"算个甚？

　　后来我也采访了斛美英，她说打那时起，她就很想见见殷玉珍。后来在内蒙古电视台组织的一次现场节目里，她和殷玉珍同时接受邀请，同台做嘉宾。但是那天，她因为见到了殷玉珍，一激动，把她在节目里应该承担的任务，一下子都忘了。她眼里就只有殷玉珍，很想跟她打声招呼认识认识，然后就直直地走过去，跟殷玉珍来了一个大拥抱，也不管当时殷玉珍的头上黏黏的，身上也……因为没有太好的洗浴条件。这些她都不顾了。在斛美英的眼里，殷玉珍就是她的救命恩人。殷玉珍用她战胜苦难、走出绝境的亲身经历教育了她、点亮了她。因此她很感激，当天就拉着殷玉珍去了她在呼和浩特的家里，想让殷玉珍在她家痛痛快快地洗个澡。殷玉珍去了，也没见外。从此两人成了好姐妹。

　　第二年冬天，斛大姐和丈夫要开车去看望殷玉珍。

　　殷玉珍说："好，你们来，我很欢迎。但就是你们得去乡里先换辆车，不然你们的车底盘太低，到不了我的家。"

　　开始，斛大姐将信将疑，但还是听了殷玉珍的劝，先开车到了乌审旗的河南乡，得到乡政府的支持后，换了一辆213吉普，还由当地熟悉路的司机开着，去了井背塘。

　　路上斛大姐说："那四周变得越来越荒凉，什么人也没有，一辆车也看不到，没有房子，没有人烟，除了沙漠，还是一望无际的沙漠。"

　　走着走着，连路都没了，这时她才明白了殷玉珍为什么一定要让他们换辆车。她问司机还有多远，司机说还得一会儿。沙漠荒凉得让人心寒，大约又走了个把小时，天已经快黑了。司机说："看，前面有炊烟了，那就是井背塘，就是殷玉珍的家。"

　　看到眼前的景象，斛大姐已经开始哭了，她心疼殷玉珍："这十几年，她就是在这样的环境里生存？"

　　那时候，殷玉珍已经不住地窨子了，搬进了土屋，就是那个连白雪都遮盖不住的透天的土屋。斛大姐进了屋，更加难过了。因为没有路，拉不进来煤，殷玉珍的家跟冰窖一样。她一把抱住殷玉珍开始大哭。

殷玉珍不解："你这是干甚呀？"

斛大姐说："看你这样苦，我好心疼！"

殷玉珍却笑笑："这已经比过去好多了。"

斛大姐和丈夫当晚住下。第二天一早，斛大姐拉着殷玉珍出来，面对漫漫沙漠，她说她怎么也看不下去了。"你这里没水、没电、没路、没人烟，根本不是人住的地方。何必呢？走，跟我去呼和浩特。"尽管她的公司现在不行了，但毕竟是做企业的，还有几套房子，可以供殷玉珍一家老小居住。尤其是看到四个孩子，个个都很乖、很聪明，斛大姐就说："你不走，他们也得离开沙漠。我在呼市会给他们找学校，供他们上学。我让你们离开沙漠，不仅仅是让孩子们不再跟着你一样受苦，同时，也是让孩子们接受最起码的教育……"

斛大姐的连珠炮，说得动情入理，谁听了都会被感动。后来我知道了这件事，一开始有些不解，不知道为什么斛大姐要这样"力劝"，要把殷玉珍一家都接到呼市。这"决定"是经过深思熟虑，还是一时冲动？

后来斛大姐告诉我，她当时是"一时冲动"。但她敢说这样的话，就一定会兑现自己的承诺。她想救殷玉珍，那是因为此前殷玉珍先救了她的命——2003 年，如果没有在电视上看到她，斛美英说不定真的跳楼了。

面对斛大姐的一腔善意，殷玉珍一遍遍地说"谢谢，谢谢"，就是不走，不能离开沙漠。

"为什么啊？当初你不愿意嫁进沙漠，现在又不愿意离开？"斛大姐问。

殷玉珍说："你能带走我这 4 个娃，但是其他的呢？都能带走？"

"啥？你还有其他的娃？你究竟还有多少孩子？"斛大姐有点懵。

殷玉珍笑笑："你看远远近近的那些树，都是我的孩子，在我最痛苦的时候，是它们每天跟我摆摆手，跟我笑，看我流汗又流泪的。它们都是我的孩子。我走了，谁给它们浇水？没水，它们不是会渴死、枯死？"

殷玉珍把亲手栽的树，一棵棵都当成了自己的孩子。"这理由，唉！"斛大姐和她丈夫走了，临行前说，"我还会再来。"

不久，斛大姐果然带着公司的助理、工人，材料、工具来到了井背塘。她这次是要给殷玉珍透天的房子铺些油毡，做好防水。临行前还给了殷玉珍 3 万块钱，说是专款专用，让她把自己的老房子——就是1985 年她嫁过来时住的地窖子给保护起来。这样，以后也好让晚辈后代看看，看看他们的父辈曾经是在怎样艰苦的条件下生活、种树。

殷玉珍道了谢，嘴上答应着，但一转身，就用这 3 万块钱买了树苗。2004 年，斛大姐再次带人来到毛乌素，为治理沙漠做贡献。在殷玉珍的协助下，斛大姐创建了万亩"谊华林"。她再次来到殷玉珍的家，看到地窖子还是老样子，殷玉珍并没有用她的钱去做加固和保护，她忙问原因。殷玉珍只能笑笑，老老实实地交代："那边还有一片沙漠，荒着呢，我就……"

你还能说甚呢？是高兴，是难过？是该哭，还是该笑？斛大姐和殷玉珍紧紧地抱在了一起。

五
"我也成'治沙专家'了？"

1969 年，美国俄亥俄州的凯霍加河突发大火。在历史书中，这场大火被称为对美国的"唤醒电话"。到 20 世纪 70 年代，在美国，强烈的环保意识已深入人心。

那么中国有没有"凯霍加河时刻"？

事实上早在 2008 年，中国已将"空气污染"列为国家所面临的"非常严峻的问题"。2013 年，黄浦江上出现了大量漂浮的死猪；媒体揭露出"癌症村""毒大米"；被形容为"空气末日"的坏天气先后出现在京津沪杭等地。此后，研究人员又给出数据：由于北方依赖煤炭导致的空气污染不断加重，北方居民要比南方居民短寿 5.5 年。因此国家下大气力整治污染，刻不容缓。

正是因为艰难治沙，为国家做出了贡献，殷玉珍做劳模、当代表，开会、学习，不断走出沙漠，她才有机会知道了外面的很多事，知道了自己"像是碰巧合拍"地植树造林、防风固沙，跟国家正在号召要做的大事是一个方向。尤其是近几年，习近平总书记还多次专门针对环保作出过很多重要指示，比如"绿水青山就是金山银山"，比如"良好生态环境是最公平的公共产品，是最普惠的民生福祉"，比如"我们不要走先污染后治理，用牺牲环境换取经济增长的老路"，再比如"人类追求发展的需求和地球资源的有限供给是一对永恒的矛盾。我们必须解决好'天育物有时，地生财有限，而人之欲无极'的矛盾，要达到'一松一竹真朋友，山鸟山花好弟兄'的意境"，"树立尊重自然、顺应自然、保护自然的生态文明理念"……

因为一次次失败，一次次反复栽种，殷玉珍开始慢慢摸着了沙漠的脾气。30 多年来,也总结出了一些实用的办法、土办法。2021 年大年初七,我和她约好了再做一天的微信采访。其中说到她的土办法,她问我网上、报纸上都是怎么总结的?我说我不想用网上、报纸上的总结,就想听她亲口跟我好好说一说。

她想了想说:"好,至少有下面几条。首先得把要种树的沙头给固定好,通常是用秸秆和树枝,目的是不能让风沙扬起来,那样会把小树苗给埋了。其次得掌握好季节,什么时候种树最合适?比如咱们国家阳历 3 月中旬是植树节,我们这里种树最好的时候是清明节前,节前和节后,你别看就差 10 天,效果大不一样。另外,种树的深浅必须拿捏好,深了,不一定旺;浅了,就种不住。而且杨树、沙柳、沙棘,品种不同,怎么个扎法,扎多深,都不一样。你还得懂得老天,365 天的大气候,你心里得有数,哪一年是水大的年份,哪一年是水小的年份。水大的年份,当然就不用多浇水;水小的年份,你就得更辛苦地付出……"

我听着她滔滔不绝,尽管不是面对面,但她身上那种自信、果决,我是熟悉的。

殷玉珍成名后,先后获得了 80 多个国内外奖项,用现在的流行语叫"拿到手软",她把一堆荣誉证书、奖章,出席证、代表证,大红烫金的获奖证书,斜披在身上的大红绶带,一个个捧回家,一样不少地收藏起来。与此同时,国家知道了她,世界也开始关注她——一个没有文化的中国治沙女人不仅获得了世界"诺贝尔和平奖"提名,还收到了好几个国际会议的邀请,有的还专门请她去介绍治沙经验。

2010 年 9 月,殷玉珍在蒙古国召开的沙漠治理研讨会上作报告;10 月,在韩国召开的国际环境水资源会议上荣获国际水环境"盖娅"奖;12 月,在中国香港召开的全球和平妇女大会上作报告。2012 年 3 月,被邀请参加在法国马赛举办的第六届世界水论坛部长级会议,并上台作了大会的主旨演讲……

开始去作学术报告，她心里很紧张，生怕自己没文化，怎么能够跟国内、国际上一流的大教授、大学者们搅到一口锅里吃饭？后来听人家讲得多了，她倒也不觉得专家们什么时候都说得对，至少结合她在毛乌素治沙的实践，结论就不一样。于是她鼓足了勇气，站到讲台上发言，每每得到热烈的掌声与夸奖。从此以后，她便有了信心。

20世纪80年代，她为了活命，能捞到啥树苗就栽啥树苗。但树苗不一定都适合毛乌素，这方面她必须听专家的。比如过去，她种下的沙柳、杨柴等灌木，花费了大量的心血，但枯死的很多，成活率并不高。她从沙漠"走出去"以后，听说鄂尔多斯市和乌审旗在积极调整树种结构，大面积推广更易成活、绿化效果很好的樟子松。她一分钟都不耽误，赶紧改种、补种。后来，她又琢磨出用杨树萌生的枝条进行扦插造林，这办法一举多得，既节省了运输费用，又通过"扦插造林"，让杨树的成活率超过了80%。

到过殷玉珍家的人都知道，走出她家的小院，往西有一条笔直的沙漠大道。道的两旁是一眼望不到头的高大杨树。我问她："这些树都是你栽的？"她说："是啊，刚来的时候栽的，现在您看，都已经成了参天大树了。"说着，她又高兴地提醒："长江老师您看，那树上有一篷一篷的鸟窝，看到了吗？沙漠里静的时候，我能听到好多种鸟的叫声，叽叽喳喳的，它们一会儿飞来，一会儿飞去，像是在给我唱歌和跳舞。"

从树我们又说到路。

"这条路也是你修的？"我问。

殷玉珍说："是的，原来光靠我和掌柜的两个人，人背牛驮地运树苗，不仅累死人，成效也很低。后来我想扩大治沙造林的面积，知道就得修路。"

可是在茫茫沙海里修路，那难度堪比登天。定好了位置，起点、终点，先得在路面上铺上柴草、枯枝，然后开始垫黄土。沙漠里哪有土呀？如果有土，就不用治沙，就能种庄稼了。关键时刻，有政府，有好心的机构、企业，向她伸出了援手，解决了"没钱"的问题。有了资金，具体咋"修"，也是一个字——难！

有好几年，植树季节刚过，殷玉珍就请了十几个帮工在茫茫沙海修路，但路先后修了四次，三次都被沙子埋了。第四次终于成功了，也是因为改道。那一阵，殷玉珍的膝盖都磨破了，手指也裂开了，脚掌磨起了大泡，血和沙子常常和到一块，先结痂，后脱皮，再成茧。已到中年的殷玉珍，虽说饱经风霜，但她的脸红扑扑地透着健康，再看她的手，握一握、摸一摸，硬邦邦的，那是无数次刨坑、种树、挥锹、埋沙，被沙子磨，被沙子烫，被千锤百炼过的一双手。

终于，一条10公里长的简易公路在沙漠里铺成，殷玉珍家所在的乌审旗河南乡尔林川村的井背塘开天辟地有了一条通往外界的路。这片封闭了上千年的沙漠腹地，终于与今天的时代、现代化的时代相融通。

有一次我看到殷玉珍在电视上做节目，手里拿着两个塑料瓶，里面装的都是沙土。她拧开盖子，第一个瓶子里的沙土哗哗哗很快流出，就像我们平常用来记时间的沙漏；第二个瓶子里的沙土就流不出来，沙土有黏性，也变了颜色。殷玉珍骄傲地说："大家看，几十年的荒沙治理，让沙土的土质都发生了变化。"

7万亩黄色的沙漠变成了绿色的生态园——环境变了，植被慢慢地覆盖，沙丘渐渐地消失，土层越来越厚，降水也明显增多。后来，殷玉珍和丈夫还在砖房的周围改造出了一片水浇地，修建苗圃，种植了上百亩的瓜果，还有小米、绿豆、糜子、蔬菜。留够了自己吃的，剩余的就用来出售。他们还开始养羊。她说："过去我们是在地上活着，现在是在天上——改天换地，那不是发生了天与地的巨大变化？！"

六
"入党让我从此有了依靠！"

据科学论证：我们每人每天要吸入的新鲜空气是 18 立方米，需要吃掉的安全食物大约是 1 公斤，饮用的纯净水约 2 升。人的生命之所以存在，就是要靠不断地与环境进行物质和能量的交换，这就是我们常说的新陈代谢。

2000 年，殷玉珍当选为全国劳模。她说她千想万想也想不到，一个沙漠女人，就是靠着肯吃苦、持续种树，国家竟给了她这样高的荣誉。她回到大漠，高兴地放声歌唱。我问她："你唱的是什么歌啊？"她回答："没歌词、没有调，意思就是远方的大沙、金沙银沙，我都给它种上花果啦！"后来，她又编了一首带歌词的，我让她唱给我听，她轻轻唱着："毛乌素沙漠荒了几千年，我治沙海企盼着绿相伴，一棵绿了一片，原是绿草肥美的地方，未来的绿梦也定能圆。"

听到她自编自唱，我哈哈哈地笑，她也咯咯咯地笑成了一个小姑娘，还连忙向我解释："我这嗓子，在沙漠里都喊哑了，但做姑娘时，我可是会唱小喇叭广播里的歌，嗓子也是水灵灵的。"

完成了 7 万亩的明沙治理后，殷玉珍又开始把原来的理想"百年树种"，提升到了"千年树种"，也就是在原有的杨、柳、榆、沙枣的间隙，补种上樟子松、油松、云杉、国槐，同时又在柠条、沙蒿的间隙插种上丹参、桃树、樱桃、葡萄，还把原有的"生态植物"换成了"经济植物"，不仅建立了"玉珍沙漠生态园"，还与相关企业联系，开始种植玫瑰，向生产玫瑰精油、化妆品和玫瑰食品进军。

30 多年来，殷玉珍说："我在沙漠里种树，开始只有一个梦想，就是要'活下来'；当这个梦想实现了以后，我又有了第二个梦想，是要让沙漠'绿起来'；现在，我又有了第三个梦想，就是让我和更多的沙漠人'富起来'。"

曾经，《联合国防治荒漠化公约》缔约方大会在内蒙古鄂尔多斯国际会展中心举行。殷玉珍照例在大会上做了经验介绍，用她的实践成果告诉世界："过去，我们井背塘一亩地只能打 200 公斤粮食，现在能打 700 多公斤。每年林地采种，可以创收 5 万元以上，水果有收入，平茬灌木也让人们获得了大量的饲草，从而带动畜牧业发展。可以说，今天的井背塘已经从昔日的'穷沙窝'变成了'金沙窝'，这样美好的愿望，过去真是想都不敢想，但是现在已经实现了。"

1999 年的一天，乌审旗河南乡的党委书记曹文清找到殷玉珍，说："我得介绍你加入咱的共产党。"这是在动员殷玉珍入党。

党？说老实话，那个时候，殷玉珍不大知道入党是什么意思，入党意味着什么。但她心里明白，乡里面的领导都对她好。因此她说："书记，你让我入，我就入。"

听了这个"入党的故事"，我觉得十分奇特："你当时难道对共产党一点都不了解？"

殷玉珍说："也不是不了解，从小我就爱党，怎么爱的？是因为叔叔是当兵的，他的帽子上有一颗红色的五角星，我就爱这颗星。我问叔叔，这个星星怎么是红的？叔叔说，因为我们的党旗和国旗都是红的，红旗是无数烈士，为了建立新中国用自己的鲜血染红的。你看那些革命电影里的赵一曼、刘胡兰……这些电影我都看过，叔叔说的那些人都是共产党员，这样的党我也愿意加入。"

2000 年，殷玉珍到北京人民大会堂参加全国劳模的颁授典礼。殷玉珍告诉我，那是她第一次见火车、坐火车。"火车咋会是那么长、那么长的一条大铁龙？咋就那么快地把人从一个地方运到了另一个地方？"

对她这位"沙漠女神"来说，城市、高楼、大厦，现代化的种种设施都是陌生的、新鲜的。尤其到了人民大会堂的高台阶上，她近距离地看到了红色的天安门、广场上高高飘扬的五星红旗，她说那一刻，她热泪盈眶。"一辈子在沙漠里种树，什么人都没得靠，后来地方政府支持我，我知道这是有了靠山了，现在又入了党，我才懂得自己的这一生，终于有了结结实实的依靠，我咋能不感动得哭呢？"

入党之后，殷玉珍通过学习，知道了党的十八届三中全会，习近平总书记在会上就《中共中央关于全面深化改革若干重大问题的决定》作说明时指出："我们要认识到，山水林田湖是一个生命共同体，人的命脉在田，田的命脉在水，水的命脉在山，山的命脉在土，土的命脉在树。"殷玉珍对我说："总书记说得太好了，他用大实话把人、田、水、山、土、树都串联了起来。这也是从我们国家的地形、地貌、水文、气候、植被、农作等实际情况出发，对农业生态学提出了一种全新的认知与创见，真是太正确、太精彩了。"

我知道殷玉珍能这样讲，是因为她认认真真地学习了总书记的讲话。尽管她不识字也不会写字，但她的记忆力却超强。

我说："你知道吗，总书记在巴黎访问联合国教科文组织总部时还有一段话，他说：'拿破仑曾经说过，世上有两种力量：利剑和思想；从长而论，利剑总是败在思想手下。'中国既努力学习西方先进科学技术之利剑,加快生产力发展,但更重视天人合一之思想,重视生态文明意识……"

她说:"知道、知道。因为总书记年轻时也插过队,在农村生活了很多年,所以他的观察和讲话,都是从亲身体会而来——中国人环境意识的形成是因为有好多方面的经验和教训:环境污染、生态被破坏得厉害了,人们就不得不重视。再有就是生存,这个我太有体会了,原来毛乌素沙漠也是水草丰美的地方,但后来因为砍树砍成了漫漫黄沙。可是现在,中国人懂得保护了,开始治理了。比如毛乌素沙漠,听说它是全中国四大沙漠之一,现在已经变成了绿洲,帮北京都挡住了风沙——听说,毛乌素沙漠,已经从地球上给抹去了。"

殷玉珍的长篇大论,让我惊讶:这还是她没文化,如果让她上了大学,搞科研,那她无论干啥恐怕都会成为那一方面的专家。

数十年来,中国着急生产而疏于保护,我们曾为粗放发展,为雾霾、"牛奶河""毒土地"等污染事件"买单",可是现在你再提环境保护,人人都从梦里醒来:一定要重视,为了我们自己,更为了我们的子孙后代。

2019 年,我第一次来到殷玉珍的家。她把我让进了她那第三代又宽又亮的新砖房,我惊讶地发现整个一面墙上,竟有五位世界领袖的画像。我这个年龄的人当然一眼就能看出那是马、恩、列、斯、毛,殷玉珍强调:马克思、恩格斯、列宁、斯大林、毛泽东!

我说:"这……"

殷玉珍笑笑说:"我真正地了解共产党晚,了解共产主义也晚,但是我知道了我就信。党给了我依靠,树立了我这个样板,可以带动更多的人。2007 年,我们这一片沙漠的森林覆盖率有 32%,到 2017 年提高到了 70%。植被覆盖率也由原来的 45% 提高到了 85%。那现在呢?"

　　我知道她要说什么，她再次讲起她的第三个梦想，但靠她一个人实现不了，要靠我们的党给大家引路，做大家的靠山……

第六章
让世界爱上中国造
——中国民族制造业的脊梁董明珠

2013 年，我在央视亚太总部做首席出镜记者的时候，曾经去日本采访和制作了报道日本福岛大地震 3 周年的专题节目。任务完成后，我下狠心在东京买了一个日本原装的电饭煲，先带到香港，再带回北京。这个电饭煲折合人民币 8000 多元，当时在香港要卖到 10000 多元港币，我心里觉得"值了"，又觉得"舍不得"——剜心！

第二年回到北京，当时我离开内地有 10 年了，再逛超市时，很多国产电器已经让我眼花缭乱，款式多种多样，价格更是让我大跌眼镜。我心里说，但愿品质真的不同吧！比如日本原装的电饭煲，据说内胆是用好几层陶瓷制作的，每一粒米在锅里都能均匀受热，做出来的米饭又香又有营养。但是认识的专家告诉我："过去我们国产的家电是不行，但这些年，质量也一步步地赶上来了。"

很快我听到了一句话："让世界爱上中国造。"这句话是广东珠海格力电器的董事长董明珠女士提出来的。我当时觉得中国人敢这样说，"简直太牛啦"！中国的制造水平真的是今非昔比了？

不久，我看到一场中外专家对进口和国产电饭煲进行"盲评"的活动——把同样的米和同样的水分别放进同等价位的进口和国产的电饭煲里，再让权威专家们对做出来的米饭投票，大家事先并不知道哪碗米饭出自哪个电饭煲。那么结果呢？进口和国产的电饭煲做出来的米饭口感不分伯仲，有的"中国造"比"进口洋货"在性价比上还占有不小的优势。

曾有一则广告在中央电视台播出了很长时间，广告里的"明星"不是影星也不是歌星，而是格力电器的"销售女神"董明珠。她在广告词里说："中国人不用到国外买电饭煲了，大松 IH 电饭煲，多段 IH 关键技术，米饭非常好吃。"跟着，广告里出现了一个穿粉色衣服的小女孩儿，她手里捧着一碗冒热气的大米饭，边吃边说："米饭香喷喷的！"然后就是那句让我听了震撼心灵的广告词："格力，让世界爱上中国造。"

岁月年轮

十年"文革"几乎使国民经济到了崩溃的边缘。有学者研究，其实在 1973 年，这种完全放任经济下滑的局面已经得到了遏制，主要原因是周恩来总理主持中央日常工作期间，国民经济得以逐渐恢复。"文革"接近尾声时，"四人帮"的倒行逆施被毛泽东主席严厉批评。加上国际形势趋缓，"文革"那种"只抓革命、不顾生产""只要社会主义的草，不要资本主义的苗"的荒唐行径已经被国人"我们要吃饭、要生存"的理直气壮不攻自破——"以阶级斗争为纲"结束了，人民公社取消了，家庭联产承包责任制实行了——一切的一切都为即将崛起的中国工业制造慢慢铺平了道路。

开始，年轻人追求美好生活的目标还只是"三转一响"，即手表、自行车、缝纫机和录音机。随后，全民开始追求洗衣机、电风扇、电冰箱、黑白电视机、彩色电视机，甚至空调。大量外资涌入中国，合资企业如雨后春笋般涌现，沿海地区的"三来一补"促进了中国制造业的迅猛发展，"Made in China（中国制造）"的标签逐渐闻名于世。2001 年，中国加入WTO（世界贸易组织），从此，中国开始迅速融入全球经济：国际贸易快速发展、出口顺差持续增加、外汇储备不断增长，一批中国优秀制造厂家如联想、海尔开始走向全球，与此同时，中国机床、汽车等大型制造行业也着手进行一系列的国际并购……

1976年，上海手表厂拼命扩大生产，不管出产什么样的手表，都不愁销路。

同年，上海爱民糖果厂并入冠生园，大白兔奶糖由原来的日产1吨变成了日产4吨。这种糖果自问世以来就很受欢迎，曾被作为国礼送给来中国访问的美国总统尼克松。其间，听装大白兔奶糖还成了美国当年复活节的礼物。

"7颗大白兔奶糖能冲出一杯牛奶"，这是当时人们追求幸福生活的标志。不久，人们已不再迷信什么都得买进口的，国产的同样不差，价格低，售后服务更便捷，为什么非要迷信"洋货"呢？！

一

做梦之前，先回到现实生活！

2017年6月29日，首届世界智能大会在中国天津举行。能举办这样的大会，说明中国已经成为世界经济的弄潮儿。来自全球17个国家和地区的1200多名中外政要、著名企业家和院士专家，以"迈向大智能时代"为主题，进行了深入的对话与交流。

会上，一位中国女企业家以普通消费者的身份向专家提问："在智能社会、智能时代到来的今天，作为一个传统型制造者，应该干什么，同时能做什么？"接着，她又以珠海格力电器董事长兼总裁的身份给出了答案："那就是靠智能技术解决健康、安全、生活美好和舒适等现实问题——智能时代不是看不见、摸不着，而是解决人们的现实问题，在做梦之前，要回到现实生活中。"

"做梦之前，要回到现实生活中"——这样的说法、这样的思想，令全场震惊。

跟着，她又说道："两三年前，我还在苦恼中国的智能制造一直戴着'低质、低价'的帽子，但现在，这种局面已得到扭转，因为我们拥有核心技术，拥有它，才有能力改变世界、让世界更美好，将中国优秀的制造业品牌向世界输出，让世界爱上中国制造！"

一阵掌声响起，那是大家内心没有说出来的钦佩！

利用这个舞台，董明珠喊出了藏在她心中已久的那句话，她代表的不仅仅是格力，而是全中国，是已经拥有了与世界先进技术和产品比拼能力的中国制造业！

我在香港工作和生活了 10 年，听到董明珠这样说，钦佩的同时也持有些许怀疑。但从那时起，我就很想找机会亲自采访一下这位敢想敢说的中国女企业家。

20 多年前，珠海的格力还是一家投产不久、年产能只有 2 万台左右的国有空调厂，没有关键技术，不能自主开发，只能依靠其他的元器件厂，给人家做做空调的组装。当时的厂名叫海利，还完全没有实力打出"格力"这杆大旗。

一个国有小厂怎么能够在 20 多年后和世界叫板，为世界服务？这得益于国家的好政策，中国国有、民营企业，独资、合资企业，统统赶上了国家助力成长的一个好时代。但是格力的异军突起，比如连续多年占据中国空调行业销售量第一的江湖地位，跟董明珠个人的努力、魄力、贡献不能分割。

她是怎样的一个人？

普通人。普通到我今天要写她，都找不到太多的资料来描述她的家庭、童年和成长的特殊土壤。简单说，1954年8月，董明珠出生在江苏南京的一个普通家庭，家中有7个兄弟姐妹，她是父母最小的孩子。但是对这个"小不点"，父母并没有格外地宠爱，一大家子人，父母要为"吃穿"终日劳累。

董明珠说起自己打小的性格，腼腆、温驯，总是微笑着听别人讲话，在回答别人的问题时，她总是说"好啊""可以""没问题""没事"……难怪她1990年加盟格力时，说自己个性中既有倔强的一面，又有胆怯的一面。

20多年后，什么样胆怯的女人可以替全中国的企业家说出"让世界爱上中国造"？那需要胸怀，更需要实力。

说到实力，董明珠一直坚持实力是可以靠后天积攒，靠努力获得的，尤其不怕吃苦、不服输，是更重要的。这一点，她从小就有榜样，这个榜样是她的母亲。

有一次董明珠生病住院，母亲每天都要给她做好三餐，送到医院里来。当时刚好是江浙一带夏季最炎热的天气，母亲每次从家里送饭到医院都是汗流浃背，衣服都湿透了。但她见到董明珠说的第一句话往往是"快点快点，我来晚了，快吃饭吧！"

虽然母亲是一个家庭主妇，但在董明珠眼里，母亲非常伟大。"从小到大，我从来没有听到母亲抱怨过什么，她就是那样，一直默默地付出……"

回到2017年的首届世界智能大会，董明珠继续解释她的设想和实力：围绕生活质量来创造技术，就是贴近现实的需求，让我们更有话语权。今天，格力电器已经从智能装备进入汽车行业，在自动化过程中，我们围绕动力电池、储能电池在整个工业生产中如何实现自动化的问题积极探索，智能装备产品已经覆盖了伺服机械手、工业机器人、智能仓储设备、智能检测、换热器专用机床设备、无人自动化生产线体……

格力在智能时代的第一个表现就是把科研成果转换成生产力，比如他们生产的光伏空调就是针对传统能源，"如果源源不断地消耗能源，那有一天必然会出现能源枯竭的现象"。

人类的生存空间在哪里，制造业企业的眼睛就要早一步看到哪里。这是多么睿智的"看到"！

雾霾这样的天气，就跟传统的取暖方式有着直接的关系。而全球不断变暖，人们对空调的需求就会越来越大。这里出现了矛盾，制造业企业就要着眼研究这个矛盾，开发新的技术，跟上时代的消费需求。格力在这个时候研发的双级、三级压缩机，就是配合市场、配合时代。

我承认，如果光听口号，不看行动，我并不知道董明珠提出的"让世界爱上中国造"是不是恰逢其时，直到有一天，我看到了这样的一组数据，截至 2020 年：格力电器已经拥有 15 个研究院，126 个研究所，1045 个先进实验室，以及 1.5 万余名研发人员……

我放心了，也服气了。我曾经考察过很多外国企业、世界著名大公司，他们每年投入的研发费用占营业收入的比重很高。当问到格力电器每年的研发经费是多少，有没有百分比？董明珠说："没有，我们只有绝对值，那就是每年大约要投入 40 亿到 50 亿，而且要多少给多少，从不封顶！"

从不封顶？世界上有这样的企业吗？格力的当家人在这个问题上从来没有含糊过，而且没有丝毫的犹豫！

二

从 40 天、42 万起步

《孟子·告子下》是一篇论证严密、雄辩有力的说理散文，其中有一句话千百年来为国人传诵："故天将降大任于是人也，必先苦其心志，劳其筋骨，饿其体肤，空乏其身，行拂乱其所为，所以动心忍性，曾益其所不能。"董明珠从小就知道这句话，但是她没有料到，老天爷正是要用这样的锤打来一次次地磨炼她。

1990 年，她入职了国有海利空调厂，也就是格力的前身。领导分配给她的任务是做业务员。那时候人们已经知道业务员就是搞推销的，一般都是男人，到处跑，点头哈腰，一方面得有做"爷"的雄心，另一方面也得能当"孙子"。更重要的是，要酒量惊人，能够在酒席上把一单单的业务合同给拿下来。但董明珠是个女人，她不怕吃苦，可是她不善应付，没有一遍遍演脸谱的本事，而且她也不会喝酒，根本就是滴酒不沾。她这业务员如何开展得了业务？

面对如此富有挑战性的工作，董明珠内心不服输的那棵小苗，倒是意外地遇到了合适的土壤。她决定不跟领导说"不"，也决定给自己一个机会试试。

当时的海利是一家投产不久，年产能约 2 万台空调器、年销售额只有 2000 万到 3000 万元的国有新厂。厂里要求 20 多个业务员每人每年应完成约 100 万元的销售任务，如果任务如期完成，业务员可得 2 万元的酬劳。当然，这里面既包括工资，也包括差旅费、请客送礼等所有开销。

20 世纪 90 年代初，中国还属于风扇时代，空调的主要用户是社会集团，机关、工矿企业和第三产业占用户总量的 70% 以上，其次是医疗卫生、科教文单位。普通老百姓都把空调当成一种奢侈品。这种情况到了 1993 年以后突然得到了改变，但是在这之前的 3 年里，空调市场真的不好做。不过董明珠知道，在儿子两岁时，丈夫突然因病离世后，她一个人撑起一个家，她需要精神的支撑，但更现实的问题是："我得挣钱，得养儿子！"

回首中国几千年的就业史，20 世纪 90 年代可谓波澜壮阔，天翻地覆——据有关资料描述，1990 年这一年，中国内地中青年纷纷南下，走出传统、自主择业成为风潮。董明珠见证了历史。有一次她来到珠海，被珠海美丽的自然风光吸引，本来就有意挪动挪动的她果断地对自己说："行了，就是这了。"

入职海利后，她先跟着老业务员跑北京、跑东北。短暂的试用期结束后，厂长就决定让她独当一面。她被分配到安徽，相比北上广，这不是一个经济发达的地方，销售有多难做，可想而知。

"但是能拒绝吗？第一个任务，第一份信任。"董明珠没有跟厂长开腔。接下来，她具体要面对的是两种选择：第一，不考虑前面业务员留下的要不回的债，只完成自己新开辟的领域，这样没人指责，自己的提成也容易得到保证；第二，不考虑个人，先把安徽经销商过去欠厂里的 42 万元货款给要回来。

董明珠选择了后者。

多少年后，她自问："当初为什么会做出这样的选择？"人不能太自私，心眼儿小有小利的收获，但心眼儿大有大格局的天地。何况反正自己对销售是白手起家，通过追债，也可以评判一下自己的水平——到底适不适合做销售这份工作。但她哪里知道商海的无情、市场的诡谲，尤其是赖账人的难缠，或给脸子，或躲避，或耍滑头，或干脆耍赖，都让董明珠吃尽了苦头。

这苦头可不是简单的劳累与疲惫，比如她试用期期间跟着老业务员跑市场，别人坐火车能吃饭、能睡觉，她却觉得在火车上吃东西不好看，于是便忍着。好不容易下了车，找到一家便宜的小旅馆住下，她终于不行了，摇摇晃晃想找一个地方坐下来，结果眼前一黑，忽然失去了知觉。第二天腰腿疼得厉害，但她还是坚持："有点小伤就叫苦，那成了什么？"便一路坚持。到了第三天，她感觉疼得不对劲，到医院一拍片——骨裂！

可安徽的苦，绝不只是这样。比如有一家电子公司，董明珠找上门去要对账。她开始很礼貌地向对方提出这个要求，但对方老板却说："你给我一批货，卖完了我付你钱！再说你们海利的产品，根本就卖不动！"

董明珠的善脸对了恶面孔，但她还是忍着，和颜悦色地说："卖不动就退货吧。"

"赖主"一看董明珠好欺负，接下来就跟她玩起了"躲猫猫"——你每天来，好，我就爱搭不理，一会儿说开会，一会儿说有事，常常把董明珠晾在一边，一等一天，甚至一等三天！

性格本就腼腆胆怯的董明珠追债不成，回到酒店，关上门捂着脸大哭，但怎么哭都没用！终于有一天，她忍无可忍，性格中倔强的一面知道自己该"扛枪上战场"了。于是她改变策略，对"赖主"拉下脸来，大声呵斥："我问你，海利的空调你到底卖了没有？卖了就给我钱，没卖就还我货。不能这样拖着！我们拖不起！"

她这一怒，倒把"赖主"逼得没了退路，千推万躲，最后还是让董明珠找到了库房，看到了海利的产品。好也罢、坏也罢，董明珠叫了一辆大车，"通通都给我拉走"！

40天，42万元的欠款。当董明珠终于拉着一大车的"退货"离开

"赖主"的仓库时，她跟司机师傅说："快走，咱直奔珠海，路上一刻都不要停！"司机师傅笑了笑说："珠海离安徽1000多公里呢，不吃饭、不睡觉，你想把我累死？"

董明珠这时跟师傅点了点头，任自己的泪水夺眶而出——她终于得胜还朝了！

三

偌大的南京，竟没有一台格力空调！

因为在安徽破冰，董明珠为公司挽回了损失，也让自己吃了苦、受了历练，算是把销售这一行探了个底。海利上下，一片称赞。海利当时的厂长朱江洪慧眼识珠，从企业的战略发展布局考虑，他要点将董明珠并委以重任。

对于这位厂长，中国早一代的国企掌舵人，董明珠后来说："这是我生平最服气的上司，格力是他一手养大的'孩子'，他的朴实忠厚、敢于担当、开拓创新，是格力得天独厚的优势。"

朱总要让她像一根钢针，插进江苏市场，然后把这根钢针变成撬动江苏这个具有巨大潜力的空调市场的杠杆。

江苏立足长三角，经济基础雄厚，又得改革开放之先，那里的市场早有春兰、华宝、迎燕、宝花等老牌子，谁知道海利呢？本来，安徽是董明珠千辛万苦打下来的市场，她苦力播种，现在终于可以喘口气享受一下丰收的喜悦了。但是，真应了那句老话——只顾自己，就没有自己。朱总一遍遍叮嘱她："你要从企业的全局来考虑。"

20世纪80年代中期，尽管当时中国空调用户的基数还很小，但是随后几年，竟以每年 10% 的速度激增，到了 1991 年，全国空调年产量约 60 万台，尽管此时家庭消费只占全国消费总量的 2%，但随着国家改革开放不断深入，经济建设加快，老百姓的生活正在得到迅速改善，未来的民用市场，潜力巨大。

事实上，当时有专家预计："人均收入达到 2000 元的家庭，就可能成为空调用户。"江苏经济体量多年稳居全国前列，实体经济发达，当地老百姓成为全国最先富裕起来的人的趋势明显。

董明珠内心的激情到底被朱总点燃了，为了保险起见，也为了不砸掉之前业务员的"饭碗"，她答应先到南京试一试。

就在董明珠从安徽向江苏转战的时候，海利的老产品已经开始向格力蜕变。海利人越来越觉得一个企业、一个产品，没有自己叫得响的名字可不行，这就像战场，哪支部队没有番号？

有一天，朱总把他的两个副手叫到了办公室，把门一关，说："今天咱什么也别干，就一起想商标，想不出来，谁都别回家！"于是大家开动脑筋，想了一堆，都觉得不给力，后来他们从英文的 Glee 得到启发，这个词的本义是快乐——大热的天，吹吹空调岂不"快乐"？由此又联想到 Glee 与 Great（伟大）、Green（绿色）、Agree（同意）发音相近，这几个单词都是好词、好意，于是"格力"的祥云飘到了眼前，大家心动——至于中文的联想，有"格外有力""人格魅力"等等，越想越觉得意味深长。

"好，就是它了！"

就这样，海利终于有了自己的名号，这一支队伍，举起了自己的旗帜。

这些，对即将出征的董明珠，都是重大利好。但是，她想撬开南京原有的市场，谈何容易？1991 年，格力在安徽一年的销售额达 1200

多万元，但整个江苏才 300 多万元，江苏的市场潜力应该巨大。接下来，她把主攻方向定在了南京最繁华的街区——新街口的一个大商场。董明珠雄心勃勃地走进去，找到了商场负责人，介绍了格力产品的优势，那位负责人却睁大了眼睛，夸张地问："格力？哪个'格'？哪个'力'？听都没有听说过！"

这对董明珠刺激不小，然后她走遍了市场，不得不对自己说："还真是，偌大的南京城，竟然找不出一台格力空调。"

怎么办？如果格力还有机会，那么它藏在哪儿？董明珠一向不服输，加上在安徽的实践，她知道人一旦遇到逆境，哭泣、苦恼都没有用，只有冷静地研判形势，然后找到突破点，精准发力。

1992 年的春天，春兰空调商在扬州举办了一个声势浩大的订货会。董明珠经朋友引荐，也来到了会场。她此行的目的就是要打开眼界，好好学习。在这里，她竟然发现了商机，一座金矿悠悠地出现在她的眼前。会议期间，吃饭都是自助，一些相识的人自然聚在一起，边吃边交流。董明珠看到有一个女人没有人陪，多少显得有点孤单，就主动走了过去。这个陌生的女人是江苏五交化的业务员，他们公司能销售空调机。董明珠一听，当然不会放过这个意外的机会。她嘴上说"知道、知道，你们公司资金很雄厚，批发的网络也十分健全"，但心里却不允许自己那么势利，见了肥肉就只顾往上扑，而是要虚心地向对方请教。

两个女人在一起唠家常，分析空调市场，然后自然说到格力的情况。董明珠告诉她，1991 年，格力就搞出了大圆弧流线型结构的窗机，这个新产品最大的特点就是运行噪声低，只有 48 分贝。

饭后，对方主动拿出了名片跟董明珠交换，然后说："欢迎你有空过来商谈。"董明珠接过名片一看，原来是江苏五交化公司的业务经理。她后来回忆起这一段时说："那也算是天赐良机吧。"后来，董明珠在她的自传《棋行天下》里这样形容："好好好，我一声声应承着，高兴得心都差点蹦出来了。"

一个真正优秀的推销员，不仅要推销自己的产品，还要跟自己的经销商精诚合作，考虑对方的利益，用现在的话说，叫"双赢"。

董明珠很快从五交化拿到了200万元的订单。这件事一如头年她从安徽催回来了42万元的货款一样，立刻在公司上下引起了波澜。当时，董明珠并没有因为已经拿到订单就撒手不管，而是帮助五交化分析市场，帮助他们拿出具体的销售策略，大家一起把空调卖出去。

那时候谁也不知道，再过一年，也就是1993年，中国空调市场由于竞争激烈，即将引发一场空调大战——当时，全国空调器生产流水线已多达150条，年产能在500万台以上，加上进口的数量，整个中国将有700万台空调涌入1994年度的市场。

不用放眼全国，就是走在南京的街上，到处都能看到横幅、巨大的广告牌上五花八门的让利5%、10%，商家在卖空调的时候甚至搭彩电、搭冰箱，更邪乎的还有拿出桑塔纳、奥迪小轿车做引诱……八仙过海，各显神通。

但对销售来说，除了要有优秀的推销员，产品质量也一定要过硬。

众多品牌之中，最给力的是格力的产品，质量是让董明珠放心的。他们的总经理朱江洪对质量要求十分严格，不仅在公司设置了技术部、质检部、企管办，还与总装分厂联合进行质量承包。举个例子，他让人在分厂的厂部放了一把大铁锤，如果哪个产品达不到质量要求，就由部门负责人当众用大锤将其砸碎。在这样的严管之下，1992年，格力空调的开箱合格率几乎达到了100%，也就是说质量真的没问题。

格力优质的产品质量给五交化吃了一颗定心丸。董明珠不把自己当外人，还参与了五交化的具体销售环节。当时五交化的批发公司和江苏省商业厅同在一个院子办公，大家吃饭的时候时常可以在食堂碰到。有一次，董明珠见到商业厅厅长，心里闪出了这样一个念头："能不能让厅长买一台格力空调，那榜样的力量和影响……"于是她真的向厅长开口，介绍了格力空调的很多优点。最后，她竟然说服了厅长，厅长真的买了一台。

后来，董明珠遇到五交化的老总，老总说："小董啊，你真行！你拼命地帮我们推销产品，是'格力'的业务员，还是已经成了我们五交化的职工啦？哈哈哈……"

由于将心比心，真诚合作，五交化很快提出：江苏全省的格力空调以后都由他们做总代理，年销售额保证不低于1000万元！

好家伙，董明珠接手南京市场之前，整个江苏省的格力销售额才300万元，这一下子，猛增到了1000万元！她激动得不知道说什么好，只有暗暗下决心，一定要再努力，不辜负格力，也不辜负经销商。

随后，严酷的市场竞争愈演愈烈。但1993年，仅在南京，董明珠完成的销售额就达到了3650万元，整个江苏市场的销售额接近5000万元——这匹朱总看中的黑马，再次爆冷，夺得格力销售第一名。"销售女神"的帽子就是从这以后戴上的。

2020年，新冠疫情肆虐，多少企业因为市场灰暗、产品滞销，不得不减薪裁员，但是董明珠向媒体表示，她绝不减员。当记者问她："你为什么能连续创造出那么好的个人业绩、企业业绩？"董明珠的回答体现了这三层意思：第一真诚，第二勤奋，第三细心。

格力从20世纪90年代初的年产能2万台，到30年后的4000多万台；年销售额从当初的2000多万元，到后来的2000多亿元，这样一路打下来靠的是什么？不是运气，不是一个拼命三郎一样的董明珠，而是公司上下实打实地苦干，不断创新产品，掌握核心技术，让企业勇立潮头，拥有在市场上的权威竞争力。

四
"'地震'后，你为何留下？"

晒出董明珠的简历：先后毕业于安徽省芜湖职业技术学院、中南财经政法大学 EMBA、中国社科院经济学系研究生班、中欧国际工商学院 EMBA……

有人说，是她选择了格力；也有人说，是格力选择了她。但不管谁选择了谁，董明珠助力格力、成就格力，同时也成就了自己，这一点不是靠学历，而是靠她自己的选择与坚持。

从安徽的绝地反击首战告捷，到南京的智勇双全大显身手，董明珠成了公司上上下下的焦点人物，总经理朱江洪不仅亲自考察了安徽、江苏这两个"战场"，而且认真总结了董明珠为什么能够一个人先是斩获公司 1/8、后来又是 1/6 的全年销售额。朱总发现她善良、勤劳、笃定，还有智慧，因此把她从一个个体业务员，提拔为整个公司的经营部部长。

面对又一次的知遇之恩，董明珠内心并不是没有权衡：她想到自己作为一个业务员，几经磕绊，已经摸着了市场的脾气，也知道究竟应该怎样和人、和市场打交道，自己只要不放松努力，一年拿他个几十万、上百万的提成，根本没有问题，这样对她和家人都是一个很好的回报；如果要去经营部做部长，一年的工资、奖金都加上，最多也就是几万块。

面对取舍，前者为己，后者为公。董明珠再一次选择了后者。

其实我们每个人的青春，都有可能面对理想与现实、事业与实惠、大胸怀与小目标的不同选择，命运都是自己最后坚持的结果。有些人对该坚持的很明确，有些人却随波逐流，并不知没选择也是一种选择，是被动地选择。

1994年，格力公司发生了一件大事，多名主力业务员突然集体辞职，他们被一家私营企业的同行挖走了，这对正在图谋发展的格力来说，不啻一场地震。

二十几个业务员一下子走了九个，还带走了两名财务人员，他们可都是格力的业务骨干。为什么呢？离职的原因是对方开出的高薪。

1991年，海利的年销售额仅为6000万元，1993年增长到了3亿元。公司领导认为这成绩是公司上下各个部门密切配合，整体努力的结果，一个没有竞争力的"坏"产品，无论销售人员怎样努力，都不可能拥有实质的市场，科研人员为了产品升级，废寝忘食，也出了很大的力气。因此，公司要对销售人员的提成比例进行调整，具体说，就是由过去的2%下调到0.28%至0.38%，如此大力度的改革自然会引发业务人员的不满。加上同行私企以年销售额如果超过3亿元，最多可以给业务员3%的业务费，外加2%的广告费相诱惑，且广告做不做由业务员自己决定，如果不做，那2%就自留，两项加在一起，就有5%。

20世纪70年代末，国家改革开放，推进经济建设，引领全体人民走向富裕的好生活，因此挣钱已经不需要遮遮掩掩。过去那种"谁没钱谁英雄，谁有钱谁狗熊"的精神压力已荡然无存。因此，虽说巨大的利益诱惑引发了人心大乱，却不能简单地用道德来谴责。

"地震"发生的具体时间是在1994年11月17日，格力1995年的订货会刚刚在珠海开完。第二天，还是在同一个地方，那家同行的私企也召开了同样的年度订货会。会上，集体辞职的9名格力员工悉数到场，这些业务骨干因常年做市场销售，每个人手里都有一大批铁杆客户。这些客户头一天刚刚出现在格力的订货会上，第二天，就再次现身那家私企的订货会——这样的动作对格力的伤害可想而知——面子上让格力不好看事小，但下一年的销售……

很多记者，也包括我，见到董明珠都想问："您怎么不走？当年那么多人突然辞职，您不知道？您为什么没走？"董明珠说她当时是"销售女神"，业绩在全公司排名第一，那家私企早早地就开始拉她。除了那一家，还有其他的，他们对董明珠开出的条件都比格力丰厚得多，实惠得多！但董明珠没有被诱惑，她选择留下。"第一是为了公司，我是格力的人，就得从企业的角度来考虑问题；第二是我不能短视，凡事都要从长远的境况计划。"

虽然不打算走，但出于礼貌，董明珠还是同意找时间去那家私企看看。她先后去了两次，发现那家企业既没有长远的蓝图，也没有短期的规划，目前的好势头只是仿照进口产品得来的。这样的企业，手上没有自己的东西，不可能有后劲。

除了产品问题，在那个年代，大部分私企还有很多其他的毛病，比如财务制度的自由度很大，管理混乱，老板一人说了算，情绪化管理，不科学。再加上，如果老板任人唯亲而不是任人唯贤，业务员即使干得再好，也永远是在给老板打工，不可能进入高管阶层。而老板的亲属，哪怕能力平平、业绩平平，也可以享受"高官厚禄"。"世袭"如游戏规则的底色，永远都改变不了——这些都让董明珠看不起。

国企的确是有国企的问题，尤其是在体制上、机制上。但在国企的大船上，领导人是逐级筛选出来的，一般都有较高的素质，更有国家的支持，因此通过深化改革，总会扬长避短、扬帆远航。比如，董明珠在格力收获的就不仅仅是提成和奖金，还有做人的价值、自尊。格力是一个大舞台，有施展个人才华的更大机会。

因此，董明珠不仅自己没有走，还极力说服大家：今天可能老板给你的很多，但企业如果没什么前途，明天给你的，是否还一如既往？如果有一天企业垮了，你还有什么？况且人啊，总不能只为了钱……

但是要走的人还是要走，有些人的想法很简单也很固执：先把能抓住的钱挣到手，至于企业倒闭，以后再说。虽说格力是国企，但谁又能保证它不会在这一两年之内……当时，人们都为格力的境况感到担忧，这种情绪不能说完全没有道理。其实董明珠自己也有所体会，企业内部管理上暴露出的问题并不算少，尤其是销售与经营，比如一些经销商出了钱却拿不到货；一些经销商根本不打款，却把格力的空调一车一车地往外拉。这就明显地出现了不公和制度缺陷。凡此种种，水深且浑。

过去，领导把更多的精力放在了产品研发和质量保障上，对经营无暇顾及。集体辞职的"地震"引发了格力人深刻反思：不稳定队伍、不确立制度，那格力随时可能面临生死存亡，更不要说现代化的企业管理了。

好在"地震"发生之前，总经理朱江洪已经决定提拔董明珠为公司经营部部长。这真是有先见之明，朱总并非不知道格力的销售经营已经是个烂摊子。但董明珠没有后退，她心里装着企业，装着国企的这条大船，这让朱总很高兴。

"地震"过后，如何"抗震救灾"？如何发现深层次的问题并下决心——铲除病患？董明珠要发力了！

五

"三把火，我要烧透头顶的天！"

知道经营部的水深且浑，但不做主管，董明珠怎么也不会想到问题竟然那么多，而且严重到致命。

第一个大问题，董明珠事先已经知道，那就是公司经常发生的经销商打款提不到货，或者货发出去了找不到单的乱象，这使得在外的业务人员和在公司的内勤人员不得不结成一种"特殊的"关系：发货不考虑市场，而是要靠走后门。这就导致有时经销商凭一张白条，就可以把货拉走，账面上的应收账款有几百万、几千万，但从来也收不回。

董明珠敏锐地意识到，不管当时国内市场拖欠货款如何乱象成风，其根源不在经销商，而在企业内部的管理上。比如格力把货运出去了，但经销商却说没收到，格力当然据理力争，但经销商更有理：口说无凭，你们的发货单呢？运货单呢？没有，都没有，确实是没有！

因为没有制度的藩篱，董明珠在查账过程中发现，很多业务员手中的发货量和库存量怎么都对不上。不仅如此，货发出去了，经销商还拒不承认收到。还有一些营业员为了赚钱，大胆地兼营格力竞争对手的产品，甚至私设账号，把公家卖空调的钱直接打到了个人的账户上。

董明珠真是忍无可忍。她抡起了第一把板斧或者说是烧起了第一把大火。她面向产品、管理、人员素质，接连发出了一系列的"规定""强调""不允许"，宗旨就是如果员工只把公司当成捞钱的地方，那必然会给公司招致大祸。具体来说："规定"是严格规定财务人员不许无款提货，业务人员也无权调拨产品，更严禁超额发货，对内则实行账务、财务分离。"强调"是要整顿私人空间，推行"定时复命制"，外派的业务员每两个月必须回珠海做一次工作汇报，外出期间必须与公司始终保持联系，如果发现其办公室无人，或打电话没人接，被抽查者又确实不在工作，那对不起——罚款5000元，情节严重的，罚款1万元。"不允许"是不允许经销商到了年底以任何理由向公司退货。这里暗藏的猫腻，过往销售人员从来都是睁一只眼闭一只眼的。因为空调的销售有淡季、旺季之分，到了旺季，经销商往往希望业务员能帮自己拼命拿货，拿的货越多，挣到的钱就会越多。卖得掉当然好，如果卖不掉，经销商就会在年底以"次品"为由一退了之——跟格力玩只赚不赔的游戏。

1994年年底，因为各种退货，格力损失了一个多亿。

第二把火是董明珠向公司领导提出的"废除年底退货制"。对凡不退货的经销商，给以其销售额0.2%的奖金。这样，对一个销售额1000万元的经销商来说，退还一台分体空调机可以免除损失5000元，但如果一台不退，则可以得到奖金2万元。这一招使很多经销商即便真的遇到了产品质量问题，也愿意自己花上几百块钱修理好了继续销售，而不再选择退货。同时，董明珠要求公司员工收到任何来自经销商的礼品、现金，都必须上交，有一分钱不上交的，就以受贿论处，一律开除。这样两头一紧，格力年终退货的现象就再也没有发生。

建立了制度，堵住了漏洞，格力的销售、财务和内勤人员工作上突然变得更累，收益却更少，大家感到很不适应。尤其是董明珠大喊大叫地批评人、惩罚人，也真的开除人，对此，大家纷纷在私底下议论。但董明珠不怕得罪人，她就是要用"霹雳手段"告诉员工：格力是国企，有底线。同时，她还要求销售人员必须做到"三勤""五员"。"三勤"即勤跑、勤说、勤思考，"五员"则为技术员、协调员、调查员、销售员、宣传员——员工要一专多能。

董明珠哪来的这般杀伐决断，不留情面？她坚信：该坚持的一定要坚持——改革改的是制度，求变变的是人心。

很快，第三把火也烧起来了。依着自己要做就一定要把事情做好的原则，强势的董明珠最后竟打破了业务员长期以来按销售额拿提成的制度，一律改为年薪28万元，而且实行封顶倒扣制度。也就是说，业务员的某项工作如果没有完成好，要被扣分减薪。不仅如此，她还给业务员加任务：第二年的销售任务要在前一年的基础上加30%的份额。这是因为当时市场好，中国人的生活越来越富裕，空调消费与日俱增。因此，30%的上浮合情合理。不这样，就不能制止有的人一年到头几乎天天躺在自家床上，只靠动动嘴、打打电话，就可以把空调卖出去，然后坐享提成。

铁饭碗还是让你端着，只是变小了。但按董明珠的逻辑："小，但它也是铁饭碗。"

当时，她的朋友都在提醒她："你不担心如此绝情，有一天会被人赶下台，或者把人都吓跑？"董明珠说她不怕，她坚信：土壤更清廉、制度更清晰，才能让一切显得更有序。员工最后总能从这种安全的大环境中受益，企业也才能长治久安。当时，尽管格力的前身"海利"已经与同为总公司旗下的"冠雄"合并，实行了股份制，表面上每个员工都是企业的主人，但股份制其外，大锅饭其内，一些人还是觉得能捞就赶快捞上一把，不想与企业同呼吸、共命运。

董明珠的大力改革，得到了公司领导尤其是总经理朱江洪的大力支持。不管她改到哪一步，都可以用上那个最好的"说服"理由："企业没有了，我们还有什么？多少名噪一时、产值几十亿的大企业，说垮就垮，消失得连个影儿都没有。因此现在，我们必须与企业同甘共苦！"

董明珠的"三把火"烧得旺，烧透了天。

改革结果直接体现在1995年。这一年，全国空调市场依然竞争残酷，过去连名都没有的格力，当年竟首次和行业老大春兰发生了碰撞。自此，格力电器站到了中国最大空调柜机生产厂家的行列。

无私便无畏，没有私心，就怎么都能把工作做好。董明珠的改革虽然在一开始让大家痛过，但最后，却收获了大家的欣赏和称赞。

经过她没日没夜的全情投入，公司出现了新气象，但她自己却因为劳心劳累，摔伤骨折，高烧不退，最后不得不住进了医院。

六
"格力是国企，您何至于如此拼命？"

董明珠当上格力经营部部长以后，烧了"三把火"：内勤、清账、整人。但奇怪的是，不管她怎么严厉，怎么坚持"一个企业的成功，不是光靠业务员，如果业务员不能起到一个好的桥梁作用，那么这样的人走了也不可惜"，但离开格力的业务员并不多。

为什么？因为人们看到了她的一心为公。比如为了公司的利益，"她的手伸得过长"。第一次"伸手"是跟领导要财权，把销售环节中的"人""职能""收款"统一监管起来，让计划受财务监督，让财务受开票员监督，让开票员受电脑统管监督，让电脑统管受公司计划监督——这是一张网，任何人都不得以任何理由破坏以上机制，这样才能形成财务收到钱才能发货，发货后由开票员记账，再把票单输入电脑，每天一结，不结清不下班的机制。这样，打款、出货就可以时时体现在账上，作为负责人的董明珠每天就能看到账上有多少钱，发出去了多少货，随时掌握销售的情况，也以此来杜绝任何业务员、经销商想讨巧、钻空子的行为。

有人议论,董明珠既管销售,又把手伸到了财务,这样下去,如何对她进行监督?董明珠回答:她的权力早被"网"在制度当中,个人不能滥权,也无法乱来。听到她这样说,人们渐渐把心放下了。

第二次"伸手"是建议公司改变产品战略。格力过去主打的窗机前景不如柜机,一台窗机只能赚两三百块钱,但柜机就不同了。董明珠建议公司放手让经营部拿出主推 5P、3P 柜机等系列产品的促销方案。经营部为此还专门设置了 8 万元的奖金,又让所有的业务人员返回总部接受培训,学习介绍柜机的性能,以及如何让商家盈利的办法。这个做法显然又超出了经营部的工作范围,但董明珠的建议使整个公司都受益。随后,公司的利润每年大增。大家明白,即使董明珠的手"伸"得再长,也是为了企业、为了大家。

记得有一年,《杨澜访谈录》专访董明珠。杨澜问董明珠:"格力又不是你家的私企,你何至于为它如此拼命?"

我认真研究了董明珠的回答,她认为:无论国企、私企,到最后都是社会的。人努力一生,高处不胜寒,高处没有多大的空间。言外之意:"想自己,那也显得太小气了吧?"

从 1994 年开始,董明珠历任珠海格力电器股份有限公司经营部部长、副总经理、副董事长,并于 2012 年 5 月被任命为格力集团董事长。她所做的每一件事都是从公司的利益出发。后来连任了第十届、第十一届、第十二届、第十三届全国人大代表,担任了民建中央常委、广东省女企业家协会副会长、珠海市红十字会荣誉会长等社会职务。她没有一天为自己的私利奔走。

由于格力负责内勤的大都是女同胞,董明珠看不惯办公室一人一杯茶、一张报纸,聊天闲谈的风气。从她成为经营部部长的第一天开始,就一周开一次会,她用半天的时间来讲纪律,对女同事的服装、头发,甚至走路姿势都有要求：最好剪成短发，长发要盘起来，工作嘛，就要有个利落劲儿，不允许戴一堆叮叮当当的首饰来公司，喜欢打扮，等下了班再说！

她还严令上班时间一律不许吃东西，道理嘛，大家都可以理解：当客户走进经营部，看到一群女人不是吃吃喝喝，就是嘻嘻哈哈，人家还会对我们的企业有信心吗？还会把几百万、上千万的货款交给我们吗？因此谁上班吃东西，就罚谁！

董明珠被人称为"女魔王"，对此，她并不介意。而且她常说"既然要干事，就不应该曲意迎合"。"人情"是小恩小惠的代名词，她不能靠无原则的和稀泥、当滥好人来管理，而是应该拥有一腔博大的情怀。道理讲透了，爱她的人，她心存谢意；恨她的人，她也不会耿耿于怀。在董明珠看来，爱与恨都是生命的赐予，它们的较量使她更懂得该怎样做人。

1995 年，格力的年营业额从上一年的 8 亿元，上升到 28 亿元，总计卖出空调 70 万台，业绩仅次于行业老大春兰。经营部的 12 个内勤人员管理着全国 100 多个销售服务网点，无论货款，还是仓库的货物，账目都是一日一结，清清楚楚。

这一切是怎么取得的？每个人心里都有一杆秤。

七
中国人，别辜负了我们的好时代！

"模仿对手，永远都不能超越对手。"这是董明珠清醒的认识。在她的心里，追求的目标并不是格力在国内稳获产销量、销售收入、市场占有率等全国第一，她志在国际。因此1996年10月8日，占地20万平方米、年产能250万台的格力新空调城在珠海建成，硬件规模堪称世界第一。总经理朱江洪宣布，格力的目标是产能的三分之二为内销，三分之一为出口。3年后，格力在巴西设立了分厂，这不仅使格力从国内知名品牌向"世界的格力"迈进了，而且当时，格力的很多产品，如"空调王"等，已经在世界市场拥有了自己的地位和良好口碑。

那句广告词"好空调 格力造"就是格力对自己提出的品质要求。永远把自己当成最大的竞争对手，这才是企业的制胜法宝。

为此，格力手中一直挥舞着创新的大旗，每一年都有新产品上市，总是追求产品质量更好、品种更多、噪声更低：分体式、柜式、吸顶式、移动式、落地式，150多种；规格从0.5HP到5HP形成了系列。国内很少有厂家知道，早在1979年联合国就已经将噪声列为人类不可容忍的灾难之一，由噪声引发的疾病到目前为止都无药可治。因此国际上曾经有规定，城市室内允许的噪声标准为45分贝。但格力于1995年推出的"冷静王"系列已经将运行噪声降至34.2分贝。这个指标已超过了世界王牌企业的同类产品，获得消费者的高度认可。

为什么"让世界爱上中国造"这句口号首先让董明珠给提了出来？还有什么不服的声音吗？

2004年，董明珠当选人民日报《中国经济周刊》评选的2003—2004年度"中国十大女性经济人物"，同年被评为"受MBA尊敬的十大创新企业家""2004年度中国十大营销人物"。2017年，荣获"2016中国十大经济年度人物"。2018年，获得"国家知识产权战略实施工作先进个人"。2019年，入选"2019福布斯中国企业跨国经营杰出领导人榜单"，同年又获首届"杰出社会企业家"奖，并入选2019年度全球最具影响力女性榜，排名第44位……

数不清多少桂冠戴在她的头上，她高兴，但在她看来，没有一项比为中国人发声、让中国企业挺进世界名牌之林更有意义。

2016 年年底，一则《关于董明珠同志免职的通知》在网上流传：免去董明珠同志珠海格力集团有限公司董事长、董事、法定代表人职务。珠海市国资委确认了上述消息，称董明珠已不再在格力集团任职，今后仅为格力电器的董事长兼总裁和法定代表人。此事曾引发好一阵社会热议。当记者采访她时，她只是一笑了之，在哪个位置上并不重要，重要的是格力，还有所有在改革开放之后艰难成长起来的中国企业越来越好——"中国制造"能打好中国民族工业的基础，中国的产品能走向世界，要"让世界爱上中国造"——这才是最重要的。

对天、对地、对良心，董明珠没有对之不起。她唯一亏欠的就是家人，特别是儿子和母亲。

有一年，董明珠在央视《开讲啦》节目做主讲嘉宾，她的演讲题目是：对自己狠一点！

主持人问："怎么狠？"

她举了一个例子：有一年空调热销，经销商找到了她的哥哥，说要来拿货，有 2% 的提成。哥哥就找到她，但董明珠坚决不给货。她自己长年跟歪风邪气做斗争，怎么能对自己的亲属网开一面？后来那个经销商的年销售额做到了 7000 多万，如果按 2% 的提成，哥哥能……董明珠的"六亲不认"是她的亲属必须接受的。

1995 年，董明珠因车祸住院，连做了两次 CT。作为一个女人，一个单亲妈妈，她心里开始有点慌了。就是在那一瞬间，她想到自己万一走了，儿子将来怎么办？她忍不住失声痛哭。后来只有 12 岁的儿子坐飞机赶到武汉来看妈妈，儿子静静地抓着她的手，什么也没说，就陪在她的身边。

2007 年 1 月，董明珠荣获央视"2006 CCTV 中国经济年度人物"。当收到儿子的祝贺短信时，她忍不住泪流满面。

如今，儿子已经大了，但从没得到过妈妈的特别关照。儿子开的是十几万的车，工作从基层做起，吃穿用度非常节俭，行为举止也很低调。董明珠每次提起儿子，都十分高兴，十分自豪，因为儿子没有成为"富二代"的指望，更没有依赖他人的打算。

回过头来说，她大刀阔斧的改革，毕竟伤了人。一路下来，不知究竟是爱她的人多，还是恨她的人多？尽管董明珠没时间去做调研，但是她从不担心。因为"但凡正常的人，有理性有头脑的人，都不会误解一个为了公众和集体努力工作的人——事实上，在我生病住院的时候，同事们轮番前来帮我烧水、做饭，陪伴我、照顾我，这就够了，已经够了"。

第七章

"不是李大钊的孙子，我也会这样"

——百姓心里的好官李宏塔

2021 年 4 月 2 日，李宏塔从合肥来北京参加缅怀先烈暨"百年先锋"移动听发布会活动，并于 4 月 4 日来到位于万安公墓的李大钊烈士陵园，进行清明祭扫。4 月 3 日，李宏塔特意安排出时间与我在北京苏州桥的艾丽华酒店见面谈一谈。当天约定的时间是上午 10 点，我提前 40 分钟就到了，本不好意思给他发微信，但又舍不得浪费这点时间，我犹豫再三，最后还是硬着头皮给他拨通了电话。刚一振铃，李宏塔就接了电话，听明白后，说："好好，我马上下来。"我们在三楼咖啡厅找了一个角落坐了下来。

李宏塔作为先烈李大钊的孙子，没见面之前，我总觉得他距离我应该很远、很远，但是当他穿过还有人在用早餐的餐厅向我走来，我一眼便认出他来，伸出手说："您好，您就是李主席吧？"他立刻说："对对。"我们的手握在一起，感觉平常得不能再平常，那一刻，所有"远的距离"一下子全没了，就像人们说的"他很平易近人，很儒雅友爱"。

我对他的采访，是从 114 查号台开始的。我先找到安徽省民政厅，然后是办公室、机要室、离退休办，几拨电话转来转去，最后找到省政协，才知道李宏塔是在安徽省政协副主席的位置上退下了。他的秘书王守权接了电话，很和善，答应帮我联系，但又说"主席不一定会接受您的采访，他这个人很低调"。我说"至少让我跟他通一次话吧，相信我有理由说服他"。不过，真到王秘书给了我联系方式——这个电话怎么打，我还是犯了难。

李宏塔会拒绝吗？如果他拒绝了，我该怎样打动他？

我一遍遍打着腹稿，在一百个理由当中来回排着第一、第二。但是，等我真的把电话打过去，李宏塔并没有让我更多地解释，只听到我说："即使不是李大钊的孙子，您也会做个老百姓心里的好官，对不对？"他当即就说："是的，你这话算说到了点子上！"于是他同意了，并让王秘书先给我一些材料，然后我们找个机会谈一谈。

话说到这，我已经大喜过望，但李主席并没有放下电话，他在电话那头，一口气从电视剧《觉醒年代》，谈到如何看待中国共产党的建党百年；从"南陈北李"，谈到《新青年》，谈到北大红楼。他对爷爷的印象，对爸爸李葆华，还有妈妈、奶奶，特别是姑姑李星华写了一本《回忆我的父亲李大钊》，都有很多话要说——我俩就这样隔空聊了好久。

伟人没有架子。作为伟人之后，如果李宏塔继承了先辈伟大的精神，就一定会知道什么事对国家、对人民有益，什么事值得做，便不会"故作姿态"。

李宏塔的思维很敏捷，语速很快。后来面对面，我使劲地在本子上记着、记着，都无法记下他跟我说的所有故事，尤其谈到他对民政工作的理解——上为党和国家解忧，下为困难群众解难，最是滔滔不绝，仿佛不是已经退休，而是还在做着安徽省民政厅的厅长，依然在淮河大水后的救灾现场，在五保户的家里，掀开锅盖，摸摸被褥，看看存折，唠唠家常……

岁月年轮

纵观世界和人类社会的发展史，成立且执政时间较长的政党，除了中国共产党外，还有三个：利比里亚的真正独立党，执政时间 110 年；蒙古国的人民革命党，执政时间 76 年；（原）苏联的共产党，执政时间 74 年。中国共产党成立于 1921 年，建立新中国并执政了 70 余年，若论全民的接受与拥戴，有口皆碑，世人瞩目。

一个政党靠什么获得民心，让江山永固？你得让国家安安全全，让老百姓丰衣足食，但同时，要体现公正与公平。

"朱门酒肉臭，路有冻死骨"，那是社会最大的两极分化，为此，共产党团结劳苦大众，推翻了剥削阶级的反动统治。"保江山"当然也不能容忍新的特权，不能容忍贪污与腐败。

1952 年 2 月 10 日，河北省人民政府公审了刚刚解放进城的大贪污犯刘青山和张子善，到会者 21800 多人。这两个人在治理潮白河、海河、永定河、大清河等工程中，利用职权之便，不顾国法党纪，不管人民疾苦，在短短一年的时间里，就以盗窃机场建筑款、救灾粮、治河专款、干部家属救济粮、地方粮及克扣民工粮、骗取国家银行贷款等方式，窃取国家财产总计达 171 亿 6272 万元（旧币）——相当于今天的 171 万余元人民币，被处以枪决。

共产党要杀一儆百，对自己的高级干部壮士断腕了？他们当年可是冒着枪林弹雨，为了新中国不怕流血牺牲。但，桥归桥、路归路，共产党就是与腐败水火不容。尽管 20 多年后，改革开放，国门打开，国家经济活动沸腾汹涌，党政干部以权谋私、权钱交易的行为又开始抬头，胆大妄为者甚至动辄贪污几百万、几千万，但共产党从来没有放弃过手中的大棒。2018 年，党的十九大闭幕后的 90 天里，中纪委光打落的中管"大老虎"就有 7 人。改革开放以来，邓小平看到反腐败的形势十分严峻，曾说："在整个改革开放过程中都要反对腐败。"

"反腐永远在路上"——执政党要把百姓赋予的权力牢牢地关在制度的笼子里，历代国家领导人都口径一致，对腐败不分级别，无论门路，严厉打击，杀伐决断，直打得你"不敢贪、不能贪，贪不了"——毫不留情，绝不手软！

一

清查查出来的好官

曾经，一篇媒体的报道让我疑窦丛生：2005 年 6 月之前，中纪委不断接到举报信，检举揭发正担任着安徽省民政厅厅长的李宏塔利用职务之便，倚仗其祖父是中国共产党创始人之一李大钊，其父是安徽省原第一书记、中国人民银行原行长李葆华，涉嫌贪污受贿、巨额财产来源不明，有一系列的重大经济问题。

"怎么会呢？"我心说。

李家信奉"革命传统代代传，坚持宗旨为人民"。李宏塔 2008 年从安徽省民政厅厅长的位置上提任安徽省政协副主席，如果"有问题"，在反腐败的"高压态势"下，怎么会"带病提拔"？

因此 2021 年我和李主席坐下一开谈，头一个问题就是这件疑事。

李主席拧开了不锈钢的保温杯喝了一口水，嘴角一笑跟我说："举报并不是'空穴来风'。2004 年左右，我们单位确实有个别的干部在福利彩票的问题上搞了钱权交易。国家明令'福彩'不能由私人承销，只准由国家来操办，但个别人还是和私人老板签了合同，而且一签就是 10 年。工作还是由我们来做,私企凭空获利极大。这中间的经办人,你想,能从中得到多大的'好处'便自不待言,因此有人就顺水怀疑:'下面的人敢这样干,那厅长……'"

"拉出去正法,统统枪毙有冤枉,隔一个枪毙有漏网!"我一下子想起多年前中国社会曾经对有权有钱者腐败的这种调侃。

"李宏塔的案子"听说还惊动了时任中共中央总书记胡锦涛,因为同做共青团的工作(李宏塔调任安徽省民政厅厅长之前,曾为共青团安徽省委书记),胡锦涛总书记与李宏塔相识,印象很好,不相信"老李会变成这个样子",但发下话来:"不管是什么人,级别再高,有问题,都要处理!"

李宏塔一开始并不知道有举报信的事情,还该干什么就干什么呢。忽然有一天,他收到一封来自北京的信,莫名其妙地打开一看,大意为"现在有人反映你在 ×× 方面有 ×× 问题,请你接信后立刻按规定的时间回电",那里面留下的电话字头是 010,说明真是来自北京,另外信封上还有 ××× 的编号。

李宏塔认为事情一定是搞错了,他心里坦荡,谁查也不怕。但出于服从命令的本能,当然也为了能查清事情原委,他还是按照来信中给的电话号码,把电话给拨了过去。

一接电话,对方的态度很不好。"你是谁啊?谁?别说名字,报编号!"

嚯,好凶!

李宏塔报了编号,对方又是一通:"哦,是你啊,你的问题很严重!"

"什么问题'很严重'?"李宏塔质疑。

对方已经显得很不耐烦:"那得你自己说啊!你的问题必须自己老

老实实地交代！"

这时，一向谦恭儒雅的李宏塔可来气了，不管对方是不是义正词严、对腐败分子深恶痛绝，他"啪"的一下把电话挂了。

此后，李宏塔依然带人下乡、走灾区、察民情，不再去想这个冤枉。

我揪心："这么大的一件事，您怎么也不讨个说法？心里就没有压力？"

李宏塔说："我心里没事，压个什么力？再说气消了，对国家坚决反腐，我也是一百个同意和赞成的！"

又过了一段时间，他没有见到纪检监察部门专门为他成立什么专案组或怎么查他，倒是 2005 年 7 月的一天，省纪委派人来到民政厅，找到他，说："李厅长，我们好高兴，中纪委机关报《中国纪检监察报》2005 年 7 月 3 日用了一个整版刊登了一篇关于你的通讯，题目是《在李大钊革命家风沐浴下》。"

李宏塔这才想起那个电话，微微抱怨："不是说我要被审查了吗？"

省纪委派来的人说："你以为没查？有关部门还真是查了你很多方面、很多事，但不查还好，一查，不仅没有查出你是一个'贪官'，倒为我们省查出来了一个大大的'好官'，大家都正为此高兴呢！"

这篇《在李大钊革命家风沐浴下》，李宏塔后来还给我看过，果然差不多是一个整版，内容也正像后来很多记者报道的那样："文章以大量的事例和感人至深的故事展现了李宏塔作为李大钊第三代传人的光辉业绩。"

我说："如果没有这一场误会，是不是还没有那么多的人知道您李宏塔？"

李宏塔说："是啊，我们一家，兄弟姐妹四人，大家都默默无闻，几十年也没有太多的人知道我们是李大钊的孙子、李葆华的孩子。这下可好,倒开始了。"

1927 年 4 月 6 日,这一天是清明节,李大钊的儿子李葆华当时就读于北京孔德中学(后来的北京 27 中),学校照例放假,他与周作人的儿子周丰一正好外出,当晚在清华大学会朋友,没有回城。但也就是在这一天,李大钊及家人被捕,李葆华不在,幸运躲过。4 月 7 日,李大钊被捕的消息见报。第一个看到消息的是沈尹默,他读报后大惊,急忙打电话给自己的哥哥沈士远,要求他"保护好李大钊的儿子李葆华,叫他千万不要进城"。

几天后,沈尹默又将李葆华转移到燕京大学马鉴教授家,还不放心,又请周作人负责藏匿。周作人乘在燕京大学上课后回城的机会,将李葆华藏在车中,悄悄带入,安置在自己位于西城八道湾 11 号家中的最后一进东厢房里。这样,李葆华在周家躲藏了一个多月,大家再纷纷相助设法将他送去了日本。此后,李葆华开始在日本留学,并化名"杨震"。

正是因为李葆华幸免于难,之后才有了他的四个孩子,李宏塔排行老三,上面有一个哥哥和一个姐姐,下面还有一个弟弟,李家的这一支血脉成长在新中国,他们受到党和国家的悉心照顾,但同时也有家风的一脉相传,那就是李大钊一生所追求的舍生取义,"义"是国家民族的生存,是让中国最底层的劳苦大众过上好日子。

"人民在我心中",这不是一句口号,李大钊活着的时候就这样要求李葆华,李葆华活着的时候也是这样叮嘱他的孩子们的,以至于李宏塔跟我讲"后来父亲调到北京,做了中国人民银行的行长,我还在安徽省民政厅,每次来京开会,到家里去看他,他一不问我的生活,二不着急看孙子的照片,倒是不断地叮咛:'为人民,你去基层了吗?不能真正地沉下去，你就没法知道民众的疾苦。所以要经常下去，一年有几次？有几个月的时间真正花在贫困户上？'就这样一直问、一直问，一直问到 2005 年他老人家去世。"

二
"爷爷、爸爸和我，长得一样？"

李宏塔又高又瘦，疾步前行的身影，酷似他的祖父。

我问："您长得跟爷爷、爸爸一样？"

他说："这我可不知道。我出生时爷爷已经牺牲，我也没有见过他。关于他的事儿，还是长大了以后看历史记载和报道才知道的，连奶奶、爸爸跟我说的都不多。"

因为建党百年，央视刚刚播完了电视剧《觉醒年代》。我是看到电视剧里的李大钊布衣长衫，行色匆匆，在北京长辛店，在北大图书馆，去南方深入工矿、农村，脚踏实地地走近中国最底层的工人、农民——现在看李宏塔的样子，尤其步态，跟他的祖父感觉很像。

李宏塔听后笑笑："样子像不像并不重要，关键是李家怎么能让一脉红线把全心全意为人民服务的精神串起来、传下去。"

他说得很真挚、很诚恳，就是想探索一件事情应该怎么办，除此之外，没有一点造作。

关于李大钊，因为年代久了，现代人，尤其是一般的年轻人，知道"故事原委"的已经不多。

1889 年 10 月 29 日，李大钊（字守常）出生在河北乐亭的一个叫大黑坨的村子。李大钊的爷爷生了三个女儿，没有儿子，就从自己的兄弟那里过继了一个孩子——李任荣，这就是李大钊的父亲。

爷爷之所以看重李任荣，是因为他是村里数一数二的年轻学生，人厚道，书更是念得好。光绪十四年五月初四，乐亭县发生了一场大地震，足足震了四五天，开始震的那天夜里，李任荣正在酣睡，忽然听到有人喊"快起来吧，地动了"！他一骨碌爬起来，想起自己的生母，急忙下炕，在天摇地动中跑到了村东头，从屋里抱出了自己的母亲，又跑回过继的父亲家门口的老母庙前，放下母亲，他自己就累得吐了一口鲜血，从此身体就一直不好。第二年春天，只有23岁的他，意外地抛下了刚刚怀有两个月身孕的妻子，撒手人寰。

"遗腹子"李大钊后来是由爷爷一手带大的。爸爸走后，妈妈生下他不满一年，也因悲伤过度，生病故去。

爷爷带着不满一岁的孙子，一口干、一口稀，一把屎、一把尿，多苦多累都不在乎，后半生的唯一愿望就是让憨坨（李大钊的乳名）识文断字，三四岁开始自己教，七八岁让他上私塾，13岁便送到朋友家开的"专馆"。16岁时，李大钊考入了天津北洋法政专门学校。

爷爷给李大钊注入的都是正能量。临终前，他对李大钊说的最后一句话是："我死了，千万不要发丧，人死了就什么都没有了，气是清风、肉是泥，埋了拉倒，把省下的钱留着给你念书……"

青年李大钊抹了最难过的一把泪，也记住了爷爷给他种下的最珍贵的一颗种子——学习、强大、走正道——知识不仅能自救、救人、救家，往大里说，还能救民族、救国家。

1913年冬天，李大钊怀着满腔忧国忧民之情怀，东渡日本，考入东京早稻田大学的政治本科。一年多后，1915年1月18日，日本帝国主义向袁世凯提出灭亡中国的"二十一条"，激起了全体留日学生的爱国热情，李大钊积极投身留日学生的抗议斗争，起草了《警告全国父老书》，通电全国。

1916 年，已经成为举国闻名的爱国志士的李大钊回国，并积极参与正在兴起的新文化运动。1917 年，俄国十月社会主义革命的胜利，使他受到极大的鼓舞和启发，先后发表了《法俄革命之比较观》《庶民的胜利》《布尔什维主义的胜利》，并大声预言："试看将来的环球，必是赤旗的世界！"

1919 年，李大钊再次发表了《新纪元》《我的马克思主义观》《再论问题与主义》等几十篇宣传马克思主义的文章。此时，他已然成了一名忠实的马克思主义者，心中认准"只有社会主义能够救中国"。于是，1920 年 3 月，李大钊在北京大学发起组织马克思学说研究会，同年 10 月，发起组建了北京共产主义小组。更重要的是，他接下来与陈独秀等人倡议并建立起一个"为劳苦大众打天下、寻求中国救亡图存之路"的政党——中国共产党。

1926 年 3 月，李大钊领导并参加了北京人民反对日、英帝国主义及军阀张作霖、吴佩孚的斗争。3 月 18 日，在天安门广场集会时，遭到了北洋军阀段祺瑞执政府的镇压——"三一八"惨案，北京陷入一片白色恐怖之中。

李大钊在极端危险和困难的情况下，没有撤离，继续领导党的北方组织，坚持革命斗争。1927 年 4 月 6 日，奉系军阀张作霖勾结帝国主义，闯进苏联大使馆驻地，逮捕了李大钊等 80 余人。李大钊备受酷刑，在监狱里，在法庭上，他大义凛然，坚贞不屈。4 月 28 日，奉系军阀不顾广大人民群众和社会舆论的强烈反对和谴责，悍然将李大钊等 20 位革命者绞杀在西交民巷京师看守所内——李大钊第一个走上绞架，从容就义，时年 38 岁。

每每提及这些往事，李宏塔没有眼泪，他说有泪也早就咽到肚子里去了。他和他的父亲李葆华知道："每年哭一场"并不是对祖父、父亲的最好缅怀，真正能告慰李大钊等革命先烈的就是继承他们的遗志，在自己的工作岗位上继续为人民、为党、为国家、为民族做好手头的每一件事。

因此，一代人学一代人。日本悍然发动侵华战争以后，正在日本留学的李葆华毅然回国参加抗日战争。新中国成立后，李葆华任水利部副部长、党组书记，水利电力部副部长、党组书记。1956年，当选为中央委员，后任安徽省委第一书记，贵州省委第二书记。1977年，再次当选为中央委员。1978年，任中国人民银行行长、党组书记。1982年卸任，同年被选为中共中央顾问委员会委员。

1951年暮春三月，天气乍暖还寒，为了根治淮河水患，水利部部长傅作义和副部长李葆华亲自到深山大河实地考察。那时新中国刚成立不久，别说没有畅行无阻的高速公路，就是能通车的公路也少得可怜。两位部长进山就从山民家租借几头毛驴，驮着行李、书籍和用具；"涉水"就雇上一叶私人的木舟，边视察、边记录。有时遇上下雨，二人就撑起一把油纸伞，继续催舟东渡。

就是这样的亲临前线，亲眼所见，自拿主意，才有了之后翔实的调查报告。这份报告先是被送到政务院，经周恩来总理满意签阅后，又急送给毛泽东主席。从此，"蓄泄兼筹"的治淮原则被确定，中国历史上最大的治淮工程紧锣密鼓地开工了！

有段故事李宏塔兄弟姐妹四个都听父亲讲过：一次，已经成为部长的李葆华陪同淮委主任谭震林副总理前往佛子岭水库视察指导，工地附近没有招待所，两人有时就直接睡在潮湿的工棚里。有一天偏巧下大雨，工棚没有防雨措施，雨水哗啦啦地如注而下，根本无法入睡。李葆华就说好在他们都是从炮火连天的战争环境中走过来的，这种情况对他们不足为奇，也算不上什么艰难困苦。

后来李宏塔相继结束了共青团合肥市委书记、共青团安徽省委副书记的任职，组织部门征求他的意见："下一步去哪儿？"他放弃了可以担任要职的政法、宣传、组织、大学等重要部门或单位的职位，主动选择到安徽省民政厅工作。每次下乡，他都是一头扎进村里，推开困难群众的家门，坐在五保户大爷大娘家里。

当我问道："为什么一定要选择安徽省民政厅？"他告诉我："这个差事最好、最实际，也最能踏踏实实地为基层服务，可以实现'上为党和政府分忧，下为基层群众解困'——是我最想做、最想干的。"

三

"自行车厅长"名不虚传

关于李宏塔作为 20 多年的厅级干部，一直坚持骑车上下班的事情，每一篇关于他的媒体报道都不会不提。"自行车厅长"，最早我也是被这个"雅号"给吸引了。

2021 年清明在北京见面时，我问他相关的细节。他说："大部分报道说得对，但也有'不实'的地方，比如有的文章说我在北京上小学的时候就骑车，那不对，我是 1961 年随父亲调任中共中央华东局第三书记的时候，在上海开始骑车上学的。"

"后来呢？就一路骑下去？"

李宏塔："1962 年父亲调到合肥任安徽省委第一书记，我们家搬到了省委大院，那里离我就读的合肥一中只有 4 站地，所以骑车很方便，我还是骑车上学。"

再往后，李宏塔当了兵，有 4 年时间在部队。1969 年李宏塔从部队复员，被分配到合肥化工厂成了一名普通工人。1973 年被厂里推荐，去了合肥工业大学读书。1978 年任共青团合肥市委副书记，1983 年任共青团安徽省委副书记，1987 年任安徽省民政厅副厅长，1998 年任安徽省民政厅厅长——都是一路骑车上班。

"自行车厅长"看来名不虚传。

"年轻时骑车，路近，图方便，这好理解，但您做了省民政厅的厅长，有专车接送，为什么还……"我把心里的疑问提了出来。这个疑问是因为对于"厅长骑车"不是没有人"另有看法"："您这样，让同级别的其他领导、副职怎么办？"

李宏塔面对这样的质疑，甚至"故意""作秀"等说法，都有一个轻松的回答："这就是个人爱好，我家离单位近，骑骑车，也锻炼锻炼身体，有什么不好？公车是合理的，有条件的都可以坐，谁家离单位远，或者不习惯骑自行车，他坐就好了——这本不应该成为一件值得讨论的事！"

如果没有见到李宏塔，没有跟他做了一天的深谈，对他的解释我或许会保留些许疑问。但是见了李宏塔，亲眼看到他对自己、家庭，工作、事业，使命、责任的那种坦荡、自然，我已经有理由相信这位年逾古稀的老人所言不虚。

从 1961 年到 2003 年，李宏塔骑车上学上班有 40 多年，因为这个"爱好和习惯"，让他的身体状态至今都保持得很好，腰直腿健，走起路来踏实有力，说起话来底气十足。

骑车上班有什么不好呢？为什么一个人一旦做了领导干部，普通人的爱好和习惯就不能再继续保持了？

这是关于他骑车的事。除了车，还有房。我也进一步开始"核实"。

"听说多年福利分房，您还是主管分房的，却没有给自己留一套。"

"这是事实——我主管分房，所以我更不能要。"

"那是为什么呢？您也要生活，大家都按政策来呗。"

李宏塔解释："我并不是没有房子住，过去住母亲的，她是正厅级干部，政府分了4间平房，差不多有80平方米。后来平房被扒掉，盖了楼房，我们回迁时最大的套房面积只有55平方米，这就是为什么所有的媒体都说我李宏塔做了厅级干部，还一直住在55平方米的老房子里，那是没办法，因为当时没有80平方米的单元楼房。"

有人去过那间55平方米的老房子。去过的人这样描述李宏塔的家："他的家，没有时髦的家具，没有现代化的电器设备。一张旧三人沙发，木质的，一半放衣服，一半放书。8平方米的过道，既是客厅又是餐厅，放一张老式的大方桌，需要时支起来，就连走路都得侧着身。"

"您这样简朴，不是有点故意吧？"我又问。

李宏塔："没有故意。我在生活上没有什么要求，并不觉得自己的住房、条件啊必须得咋样，这是真的。后来领导按照厅级干部住房的标准，又分给了我们家一个小套间，儿子搬到小套间去住了，我们老两口住55平方米，已经够了。"

1989年和1994年，李宏塔两次直接负责民政厅机关的建房和分房工作。无论凭哪一条，他都有理由给自己分一套大的或新的，但是他没有。不是为了追求什么高风亮节，而是因为看到还有不少人"老少三代"挤在一处，或有的人身体不好，或有的人快退休了……总之，每一次他都把自己的名字从分房名单中画掉了。

到了1998年，那是安徽省民政厅最后一次福利分房了。李宏塔已经是厅长，人人都觉得"厅长这次，可别……"，但李宏塔又一次退让了。

"您不知道这是末班车吗？"我问。我都跟着着急。

李宏塔说："知道，我知道是末班车，但我身边总有比我困难的人。"

"总有比我困难的人，所以自己就不能挤。"这是李宏塔的理由，对爱人、孩子，他也是这句话。

不光在省民政厅，早在李宏塔做团市委书记的时候，那时他还是中共合肥市委常委，按级别，他有机会分一套大单元，但是当时单位里有几个年轻人结了婚却还没有房子住，还得夫妻分居在各自原来的家里。李宏塔就向分房的部门特别申请，用一个"大套"换了三个"小套"，一下子解决了三个小家的住房问题，他觉得这样做挺值的。

李宏塔的爱人是他在工厂做工人时的师妹，跟着李宏塔过清苦的日子，常年没有怨言，而且知道"即使抱怨也没用"。几十年来，丈夫骑坏的自行车有4辆、穿坏的雨衣有5件、穿烂的胶鞋有7双。随着年龄慢慢增长，一直到2003年，他才将自行车换成了电动自行车，还笑着说自己是与时俱进。

"没有骑坏，不是骑坏！"李宏塔听我说到这件事立刻解释："好几辆自行车不是坏了，是丢了，被偷了。我骑的自行车不是'飞鸽'就是'永久'，不爱坏，但丢了，就得再买一辆新的。"说完还哈哈哈地笑。

想想李宏塔的祖父，1916年从日本回国后，任北京大学图书馆主任兼经济学教授，他当时的收入是每月120块大洋，如果自己花，一家人的日子会过得很好。但他差不多每个月都要拿出80块大洋做"革命的经费"。如此一来，家里的生活便很艰难，儿女上学有时都不能按时交学费，冬天买不起煤球，家中冷得像冰窖。李大钊自己也是衣食节俭，经常一张大饼、一根大葱就对付上一顿，除此以外，他还经常接济贫困的学生和长辛店的工人兄弟，因此总是入不敷出。为此，校长蔡元培不得不叮嘱财务："每月必须先为守常先生扣下 30 块大洋，直接派人交给李师母——赵纫兰！"

李大钊的节俭是甘愿用自己一家的清苦来换取革命事业的成功。到了儿子李葆华，这种认知依然被深深认同。

2005 年 2 月李葆华去世，人们发现他家中的简朴和他副国级的身份差距大得简直令人难以置信。房子是 20 世纪 70 年代的老建筑，室内的家具依然还是三合板的老材质，一个老旧的布面沙发一坐一个坑，那是因为弹簧坏了，已经没有弹力了……2000 年时，中央有关部门要为他调房，李葆华说："不用了，我住惯了，再说年纪大了，不用调了。"并多次谢绝了组织上给他安排的装修。

李家令人钦佩的家风，让李宏塔在房子、车子，甚至票子、官职等问题上，根本就不会要求。简朴的态度自然而然，没有作秀，只有真实——那些高级别的待遇，他根本就不需要！

四
走过逆境不蹉跎

如果按正常人的想象，李宏塔作为李大钊的孙子、李葆华的儿子，天生的根红苗正，在生活里可以甘于清贫，甚至自找苦吃，但在精神上，是"贵族"，是鹤立鸡群的。

但是，非也。"文革"前后，他和他家里的处境是两重天。

李宏塔的姑姑李星华在《回忆我的父亲李大钊》一书里曾经讲过，父亲是第一个走上绞架的，他从容镇静，面不改色，临刑前面对反动法官、刽子手还大义凛然，最后一次慷慨陈词："不能因为你们今天绞死了我，就绞死了伟大的共产主义！我们已经培养了很多同志，如同红花的种子，撒遍各地！我们深信，共产主义在世界、在中国，必然要得到光荣的胜利！"

但是李大钊这位中国最早的马克思主义者和共产主义者，中国共产党的主要创始人之一，在砸烂了一切的"文化大革命"时期，多少人还会记得？还会尊重？他的后代不仅没有"幸免冲击"，现实情况恰恰相反。作为李大钊的长子，李葆华在调任安徽省委第一书记后，实事求是，大力为遭迫害人士平反，坚持发展工农业，为提高人民群众的生活水平日夜操劳，被人们誉为"李青天"。可"文革"后期，他却以"莫须有"的罪名被打倒、被批判，他的4个孩子也都成了"黑帮子弟"，不同程度地受到了打压和歧视。

1965年，初中毕业的李宏塔被选招入部队的机要学校，本来是要穿上军装进军校的，但他连军校的校门都没进，就被送进了一家军队农场，去种了4年的地。

"当时部队有人知道您的'身份来历'吗？"我问。

李宏塔："干部们都知道。"

几千亩地的部队农场，水面荡漾着微波，战友们戏称那是"装甲部队"，其实是"庄稼部队"。李宏塔在那里，农忙时挖河泥、施肥，种双季水稻；农闲时打靶、训练。那时候一个战士每月只有45斤粮，根本不够吃。生活之苦、训练之苦都还好说，但连队也有很"左"的领导，不断地提醒战士们："我们也有走资派的子弟啊，大家要时时刻刻擦亮双眼！"

"那时您感到压抑吗？"我想听听他的心里话。

"嗨，我知道父亲是啥人，心底无私，也不去多想。"

就这样，李宏塔无论是干农活，还是打靶训练，都处处勤力，还处处拔尖。尤其是枪打得特别准，白天、夜间的射击比武，他都是"优秀"。连长喜欢他，不管他的出身，还让他做了新兵的教员。

不过，尽管如此，"有问题的子弟，还是不能留在部队的"。4 年以后，李宏塔还是复员，回到地方，进了化工厂，当了工人。

是金子，到哪里都能发光！

到了化工厂后，他被分配在最累、有毒的氯化车间，生产的产品是"666"，也就是六氯环己烷，俗称林丹。这是一种广谱性的杀虫剂，专门用来防治果蔬、水稻等经济作物的多种虫害——有毒、致畸、易残留。

"您当时……明白这……用意？"

"可教育好子女嘛——明白！"

但是"没关系"。李宏塔知道只要做好保护，就伤不到自己。去化工厂报到的第一天，车间主任说："大李，你刚从部队回来，还是先回家好好休息几天吧。"李宏塔说："不用。"他没休，当天夜里就跟着师傅去值夜班。

车间里有两个大瓶子，一个是管蒸馏的，一个是负责合成的。李宏塔弄明白了基本的操作，见负责带他的小师傅已经在打瞌睡了，就说"我来弄"——从此"一夜出徒"。别人要培训 3 个月的时间才能上岗，他很快上手，而且搬运、配料、检测、维修，一样样认认真真地跟师傅学。在化工厂的 9 年，有 3 年时间被送到工农兵大学去学习，拿了文凭，还回到厂里，直到 1978 年合肥市从基层选拔有学历的青年干部，李宏塔被选到市团委，然后开启了"团干部"的职业生涯。他同样也是一路苦干，风生水起，处处优秀！

苦难中的选择，是抱怨颓废，还是于逆境中咬牙历练？青春的自主意识决定着每个人未来的前途。对这一点，李宏塔是冥冥中有一种自觉，还是家传基因指挥他顽强拼搏？

他说："都有。"

我们的采访就这样很自然地进入这样一个问题："您作为李大钊的孙子、李葆华的儿子，是觉得自己必须很努力地处处表现，还是对一顶红色的帽子，始终感到有一种压力？"

这个问题我反复思考，机会合适了，我是要问的。

李宏塔告诉我："也没有那么复杂。但是无论如何，我不能给李大钊丢脸。要说压力，也可能有。"

永远都是朴实的回答。我心里对他非常敬佩。

李宏塔的祖父李大钊，勇于担当、敢为人先，在后代的身心，一直留有基因。李大钊曾写下"铁肩担道义，妙手著文章"，这不仅是他自己光辉一生的真实写照，也是留给后人的精神遗产——俄国十月革命胜利后，李大钊看到马克思主义所代表的"真理的力量"，敢为人先地承担起在中国传播马克思主义的重任，为把革命的力量组织起来，他自觉挑起了创建中国共产党的重任并大声疾呼，"民族兴亡，匹夫有责""无论多么困难，也只能为这一理想而奋斗"。面对全国的有志青年，李大钊更呼吁"以青春中华之创造为唯一之使命""不要回顾，不要踌躇，一往直前"。

这些对李宏塔都有着烙印一般的直接影响。

做学生、做军人、做农民、做工人，李宏塔无论走在青春的哪一个阶段，都没有放松过对自己的要求、对理想的追求。他的刻苦努力不是谁要求他一定要这样做，也不是他自己为了出人头地想要表现得"优秀"，他的为国为民、勤力自勉是一种本能，认为自己就应该这样做，比起他的祖父、父亲——还差得远呢！

小时候，父亲对李宏塔等几个子女说教并不多，家人也没有经常把

"李大钊"挂在嘴边，父亲对他们的教育更多的是"身教重于言传"。

我想请他给我举一些例子，李宏塔说："那太多了，有很多故事。比如父亲努力工作，从不搞拉拉扯扯，也不收礼——谁都知道给李葆华送礼，那结果就是收获尴尬。比如媒体曾经报道过有一次我们家来了一位新疆客人，为了感谢我父亲，临走留下了几包新疆特产葡萄干。我们那时候小，又觉得新疆的食品很新奇，几个孩子就悄悄地打开了一包，只吃了一小把。父亲回来了，问怎么回事。他知道情况后立刻就翻了脸，叫人把没拆包的赶快送回去，至于已经拆了包的，还跑到市场上去问最贵的葡萄干是什么价，然后按最贵的价钱给对方赔了现金……"

这件事让李葆华的4个孩子一下子懂得了国家干部只有好好工作的份，至于为人民服务就能"心安理得"地接受他人的感激，那是绝对不可以的！

类似的事情媒体不知道的其实更多。"再比如，我父亲在贵州做第二书记的时候，贵州的茅台酒不是很有名吗，当地人就经常拎了来送礼。有一回，秘书替父亲接了两瓶，这让父亲看到了，执意要退回。当时的茅台酒是3块多人民币一瓶，秘书觉得这怎么退呀。父亲说不退就折价，一共6块多。结果还是退了回去！"

几件事下来，李家的门槛就谢绝了所有的送礼人。

"革命传统代代传，坚持宗旨为人民。"这是李宏塔自撰的一副对联，是他的座右铭，更是他上对祖父、父亲的告慰，下对儿孙辈的交代。

到2018年李宏塔从安徽省政协副主席的岗位上退下来的时候，他的存折上都没有超过1万块钱。这让我想到1927年李大钊遇害，家里的遗产只有1块大洋，没有钱安葬，只好举行公葬，也就是向公众募集安葬的款项。

不过再怎样，到李宏塔退休时，他的父母已不在世，儿子也长大了，他怎么也不至于"没有什么积蓄"。面对这样的质疑，熟悉他的同事都知道：每年民政厅"送温暖""献爱心"，李宏塔都是最积极的，捐款名单如果按数额大小分先后，李厅长的名字总是排在第一名。另外，李宏塔常年体察民情，进农村看望五保户，进福利院看望孤寡老人，走进低保户看优抚对象的粮缸，遇见房子漏雨了、被子单薄了、谁家过年包饺子的面还没买，李宏塔总是自掏腰包，金额虽不多，但常年不断。

他身为安徽省民政厅的领导，尽管知道靠一己之力解决不了大问题，但往往遇到了紧急情况，办起手续来太耗时、太费事，他还是会自己掏钱。

五
"我'下去'，就不能看'盆景儿'！"

安徽省地处南北气候的过渡带，洪灾、旱灾几乎年年都有发生。灾大，救灾任务就重，民政工作任务艰巨且复杂。

在安徽省民政厅，一年里有很多时间，人们在办公室找不到厅长是常事。下基层、察实情，这不仅是李宏塔的工作常态，而且他下去，总是强调：咱可不能只看"盆景儿"——民政的服务面越到基层越广大、问题越突出，"盆景儿"说明不了问题。如此作为，可不光是因为每年去北京开会时老父亲总会追问："这一阵子都去了哪儿？有没有一头扎到底？"而是为了掌握第一手材料，制定政策、分配补助要心里有依据。

说到依据，李宏塔脑袋里有一本"大账"。这本"大账"对应着全省的民政任务，像一张图，更像一个战地沙盘——整个安徽省，优抚对象有 170 万人、退役士兵 64 万人、离退休军队干部 3400 名、红军失散人员 6031 名、城市"三无"对象 5000 多人、残疾残障人士 500 万人、低保户 90 万户、流浪乞讨救助对象 15000 余人，此外，农村的五保户不少于 48 万！

2005 年纪检监察部门接到举报后，对李宏塔专门展开调查。在调查材料中，有这样一页来自 2003 年安徽省民政厅的《救灾工作档案》的工作记录：

7 月 3 日凌晨 1 时，蒙洼蓄洪区王家坝水位达到 29.39 米，根据国家防总命令，开闸蓄洪。李宏塔厅长飞往北京，到民政部汇报完救灾方案，立刻回返。20:40 下了飞机，在办公室吃了一碗方便面，便冒雨奔赴重灾区阜南县蒙洼蓄洪区指挥转移灾民。

4 日中午，李宏塔赶赴姜家湖蓄洪区指挥转移灾民。

5 日，陪同回良玉副总理在阜阳市视察灾情。

6 日，到淮南市大通区、凤台县灾区布置救灾工作。

7 日，到滁州市来安县、明光市布置救灾工作。

8 日，到蚌埠市布置救灾工作。

9 日，到亳州市利辛县、蒙城县布置救灾工作。

10 日、11 日，陪同温家宝总理视察蚌埠、阜阳两市灾区。

…………

直到 7 月 22 日，李宏塔没有一天停下过脚步，没有睡过一夜整觉……民政工作是辛苦的，他抬起手指挥着千军万马，心里一直叮嘱着自己："我们多一点辛苦，群众就会减少几分痛苦。"

"很多时候，厅长累得支撑不住了，随便往哪儿一靠，就打起了呼噜。"驾驶员陈荣友每每看到，都心疼不已。

有一次在省里开会，省长悄悄问李宏塔："唉，老李，很多时候我也想悄悄地进村，看看老百姓生活的实情，但咱安徽农村狗多，见了生人就叫成一片，地方就被惊动了。我听说你有高招，你每次都是怎么摸到村里去的？"

李宏塔谦虚地笑笑，知道省长这是知道了他的"反向工作法"，就是想去什么地方，第一，从不自上而下地打电话；第二，离开公路，直接进村；第三，想要了解全地区的情况，先在路边的小饭店里吃饱了饭再去见当地的官员。如此"三招"是李宏塔工作的原则，至于怎么对付村里的狗，李宏塔告诉省长，凭他的经验，先把车子开到村里道路不通的地方，停下车，看好了哪户人家就赶快进去，讲明情况，请村里人带路。这样，一来找人方便，二来村里的狗看到"生人"是跟"熟人"在一起的，就不叫了，一村子的狗顿时都会变得很温驯。

"哦。"省长连连点头。

在李宏塔的认知里，真正想为老百姓做事的官员，都想亲眼看一看基层的情况。李宏塔说他熟门熟路，根本不要人陪。如果走到哪儿都是"前呼后拥"，那谁都很难沉下去，更不要说像李宏塔这样直接走进贫困户家里，掀开锅盖，瞅瞅米缸，摸摸被褥，还要看看存折。

曾经有一年大灾之后，灾民们收到了救济粮，但是李宏塔不放心，执意要下去看看。结果进了防灾的帐篷，问老乡吃饭了没有。有个人就抓起一把米，给"省里来的人"看。那米是陈化的，不用闻，从表面看就已经又灰又绿。老乡说："您看这样的粮食，说老实话，连牲口都……"

李宏塔心里顿时怒火万丈，再细问："是不是因为天气热，在棚子里捂坏了？"

老乡说："不可能，这些粮都是前天刚发下来的。"

经过核查，救济粮是陈化米的情况属实。那就什么也别说了！

李宏塔立刻装上一小袋救济粮，驱车直奔省城。到了省长办公会上，他把米直接往大会议室的桌子上一放——请大家看看！

一般情况下，李宏塔的脾气是很好的，这一点历来都有公论，对上、对下他从不红脸。但这一次，他忍无可忍。他不怕丢官，不怕议论，他就是要让省里的领导都"见识见识"。尽管这次的陈化米很可能是因为粗心、误会造成的，但共产党的名声经不住这样折腾，何况灾民还在等米下锅呢。

2001年，安徽省被国家定为全国农村税费改革试点的重点省份，探讨开展"三取消""两调整""一改革"的具体落实方案。对涉及五保户助养这一块，方案规定的是"由群众筹助供养"。李宏塔一看就急了——这怎么行？说难听点是"画饼充饥"，说严重了"这要出事"。后来在具体讨论每个五保户到底每年应该拿到多少救济款时，有人说200元，因为通常五保户都是老人，估计他们一年也吃不了多少。但这动了李宏塔的"蛋糕"，他说一人一年才200元，那怎么能活人？这点钱刚刚超过当地农民年人均收入的五分之一。

这一次，他直接找到时任安徽省省长的许仲林。他给省长举了个例子：安庆市郊区宣店村有位双目失明的五保户，每年由"群众筹助"得到的粮食柴草价值只有350元，老人要生活、要看病……真的不够啊！

省长知道，李宏塔厅长的陈词是根据民政厅派出的6个调查组搜集来的第一手材料总结出来的。农村税费改革方案的"大盘子"一旦定下来了，就是既成事实，想改很难。省长知道省财政分钱的压力大，各个方面需要支持的地方很多，但无论如何也得想办法——全省有48万五保户呢，出了事、死了人，去上访，怎么得了？！

许省长耐心听完李宏塔的汇报，自然被这位谙熟基层情况的"老民政"深深感动。他叫李宏塔赶快写一份书面报告，一定要在省里开会、集体"定盘子"之前交到他的手里。

李宏塔不分昼夜，写出了《关于农村五保户生活问题的紧急请示》，呼吁五保户要由国家管起来，不能只靠"群众筹助"，而且具体提出"每人每年不能低于800元"。

李宏塔的"蛋糕"，就是全省48万五保户的生死利益。

后来此事得到了合理的解决。不久，时任国务院副总理温家宝专门对安徽省的做法签发了意见，要求民政部将安徽省最后形成的做法批转全国。李宏塔说："为个人，我一辈子都不会求人，但为了这么多基层的老百姓，我必须去'磕头'，让各级的领导都知道！"

六

默默无闻地传承

采访结束，告别了李宏塔。我知道，第二天他还要参加在北京万安公墓李大钊烈士陵园举行的清明祭扫。分手前，我随口一问："主席，明天您怎么去？建党百年，今年的活动一定会更丰富、更隆重。"

没想到李主席随口答我："坐地铁。"这让我觉得意外。

"您，没有叫车？"

李主席还是笑笑："他们要安排，我没要。今天早上我已经查好了，从我住的酒店，步行十几分钟就有地铁，可以直接坐到公墓。"

"下了地铁，还有很远的路要走呢，您这是去参加……您怎么能……"我的嗓子眼儿都发紧了，知道自己得赶快走，不然我会忍不住……

李宏塔的脸上还是那种波澜不惊，他一边执意要送我到电梯口，一边安慰我："你放心，走走路很正常，早点走，时间耽误不了。"

想当年李宏塔的父亲李葆华还在中国人民银行行长的任上，李宏塔和同事从安徽来北京开会。那位同事认为"我这一次可以跟你沾光了，你的老爹在京城里做大官，我也可以蹭一下车"。李宏塔却说："对不起，这个光，你还真借不上。每次我来京都是坐公交。"

李葆华的 4 个孩子，每一个都事业有成，为国为民做出了贡献。

说到整个李家，李大钊共有 7 个孩子，小女儿李钟华因肺炎没有得到及时救治，夭折了。其他的后代，每一家、每一位，都老老实实地做人，兢兢业业地工作，基本上都默默无闻。

1995 年，李宏塔的大哥李青已经是浙江省政协副主席。李青来北京到中央党校学习，周末常回家看望父母。"大哥那时已经是 50 多岁的人了，每次回家都是骑自行车，路上要一个多小时。父亲当然知道儿子累，也不容易，但规矩就是规矩，他老人家一次也没有让司机接过、送过。"

2021 年时值建党一百周年，人们从各种影视作品、展览活动上重新见到了李大钊，重温了守常先生如何为革命奉献了自己短暂的一生，但没有多少人知道李大钊的后人，尤其是孙辈。李宏塔如果不是因为十几年前曾经被告、被查，外界对他也了解甚少。

至今，有些媒体还经常把李宏塔当作李葆华的长子，但其实长子并不是他，而是李青。李青每每看到这样的"误会"也会摇头，他也很无奈，但从不去解释。

还是那句话："我们问心无愧——能把祖辈、父辈的理想、胸怀、操守继承下来，再传下去，就行了，没有什么比这更重要的了。"

电梯的门关闭，我终于可以不用忍着，就让感动的泪水肆意流淌……

第八章

给"北斗"导航卫星装上"中国心"
——中国星载铷钟研制专家贺玉玲

如果不是音乐家、美术家，外行对作曲、绘画，简直隔行如隔山。

同样的道理，科学家，尤其是那些担纲国家重大科研项目的科学家，普通人也不能理解他们是一些什么样的人，有着怎样的大脑及深藏内心的不竭创造力。

2020 年仲夏时分，我和我的摄制小组为制作电视专题节目《北斗"解密"》来到了陕西西安，在中国航天科技集团五院下属的西安分院准备采访"北斗"导航卫星的心脏——"铷原子钟"的研制者、我国星载铷钟研制专家贺玉玲。当时我的脑袋里就充满了这样一种拿捏不好"如何走近她"的感觉。后来的一件小事，让我心眼豁亮。

有一天中午吃饭的时候，我们每个人手里都拿着一张羊肉泡馍的小木牌儿，等着叫号。我说："大家都知道原子钟对导航卫星非常重要，尤其是中国的铷原子钟，精度已经达到了每 300 万年才误差 1 秒，但原子钟在天上的准确和地面上位置的精确，有啥关系？"

"这……"

看得出来，贺玉玲好像从来没有想过这个问题。对科学家来说，太简单了，就像人要走路，迈开腿走就好了——这还用问？但对于我，一个纯粹的"小白"，我真的充满了好奇与疑惑。

正式坐下来面对面采访的时候，我没好意思问，现在一起吃便饭了，我就想请教一下。

贺玉玲皱了皱眉，说："是啊，我怎么才能通俗地给您解释清楚呢。"

我急忙改口,意识到给她添麻烦了,就说:"哦,那没事没事,这问题对您太小儿科了,别放在心上,别放在心上……"

但是第二天,我真是想不到——贺玉玲给了我交代,她真的给了我一个回答,而且那回答不是一句话,而是一段长长的文字和两张示意图。通过微信文字和图片,她想尽量给我讲清楚。

我立刻反应:"你,一夜没睡?"

她轻描淡写:"也不是整宿都没睡,但这个问题……我真是想了好久。"

贺玉玲熬夜给我这个门外汉解难题,人家是我国星载铷钟研制的专家——这让我感激、敬佩得不知该说什么好。

"长江老师您给的任务,我拿不出个'说法',也睡不着啊。"她笑着说。

我可笑不出了。

忽然,我明白了什么是科学家。普通人要怎么看待科学家的与众不同?是不是科学家都有一种按捺不住的对真理的追求?解不开难题,就不睡觉?那是一种精神,还是一种习惯?贺玉玲会告诉我什么呢?

岁月年轮

中华人民共和国的崛起,尤其是始于二十世纪七八十年代的改革开放,国家经济腾飞,国力强盛是有目共睹的。这"后发优势"有借助外力,引进、消化、吸收之后的创新;也有技术上一路被封锁、受制约的反抗。

多少科学家一提起"卡脖子"就气恼异常,全球从"高端核心技术"到"低端加工制造",分为三大产业链。中国尽管得益于低廉的劳动力以及人口红利获取了难得的历史发展之机,但很长时间以来,一直都站在"低端加工制造"的行列。直至2010年中国GDP首次超过日本,令世人惊讶地成为"世界第二大经济体",我们才开始逐步从紧跟到并跑,再到超越"前人"。如此一来,发达国家感到"核心利益"被触碰,开始对中国变得警惕、担忧,甚至打压、遏制。

2019年5月15日,美国总统特朗普签署了一项名为《确保信息通信技术与服务供应链安全》的行政令,禁止美国企业交易、使用可能对美国国家安全、外交政策和经济构成特殊威胁的外国信息技术和服务。同时美国商务部表示,已将中国华为及其70家子公司列入其所谓的实体名单中,剥夺其在美国的贸易机会,并禁止其在未经美国政府批准的情况下从美国公司购买与自己的产品相关的任何零部件……

不仅华为、中兴这两家公司,中国面临严峻挑战的科技前沿产业还包括新一代人工智能、集成电路、量子信息、基因与生物技术、临床医学与健康、脑科学与类脑研究、深空深地深海以及极地探测等很多领域。

几十年来,中国从国外购买整机、零部件,"技术转让"从来都是奢望,"高端"与"核心"卖方永远都不会给你,即使是"可以提供的",产品也要严格符合他们的型号、尺寸,"后续的配套"也永远都要进口。那种中国人花了大价钱,对方不按时供货,产品出了问题也不按时查找原因、补货的情况更是家常便饭——没人顾及你的需求、你的计划时间表……

不过,历史曾无数次地证明:中国人不怕封锁、不怕打压,中国人有一种越压越壮、越挫越勇的基因——"巨人"不让你站到他们的肩头，唯一的办法就是自己成为"巨人"！尽管做到这一点道路崎岖、征程漫漫，但中国人害怕过吗？何曾怕过！

一

"三步走"战略，步步艰辛

2020年8月3日上午，中国卫星导航系统管理办公室主任、北斗卫星导航系统新闻发言人冉承其，"北斗"系统工程副总设计师、"北斗三号"工程卫星系统总师谢军，"北斗三号"工程卫星系统总师林宝军，"北斗三号"工程运控系统总师陈金平在国新办新闻局举行的新闻发布会上向前来采访的媒体记者发布了一条振奋人心的好消息：7月31日，习近平总书记向世界宣布"北斗三号"全球卫星导航系统正式开通，标志着北斗卫星导航系统"三步走"发展战略圆满完成，迈进全球服务新时代。

这个消息让参与"北斗"卫星研发、测试、生产、发射的科技人员无不感到欢欣鼓舞。"北斗三号"自2009年11月启动建设，十余年来，工程建设历经关键技术攻关、试验卫星工程、最简系统、基本系统、完整系统五个阶段，400多家单位、30余万科技人员集智攻关，这支雄伟浩荡的队伍攻克了包括星间链路、高精度铷原子钟等关键核心技术160余项，突破500余种器部件国产化研制，实现"北斗三号"卫星核心器部件国产化率100%。自2017年11月起，两年半时间高密度发射18箭30星，建成40余个地面站，快速形成星地一体化运行能力。其中，几多汗水，几多心酸……

在中国航天科技集团五院西安分院，我们参观了科学家模拟太空环境的一个巨大展室,在了解铷钟之前,先听西安分院卫星导航与星间链路技术研究所的所长蒙艳松先生给我们讲解了什么是混合星座、星间链路。这些都是中国"北斗"最基础的布局。

混合星座是指在地球静止轨道、中圆地球轨道、倾斜地球同步轨道都发射了卫星;星间链路是因为卫星运行到我们国家的境外,我们看不到卫星,但又不可能跑到别的国家去建地面基站,那出现了"不可见弧段"怎么办?中国就首创了依靠天上有限的卫星,让星与星之间建立起网状的链路。这样,"北斗三号"就可以只利用自己的基站把全球每一颗自己的卫星管理起来,从而实现"组网运行"。

看完展览,我的心就已经被震撼了。中国的北斗卫星导航系统是目前世界上三大成熟的卫星导航系统之一。我们这一次不仅实现了全球组网,实现了与全球目前正在运行着的美国 GPS、俄罗斯格洛纳斯(GLONASS)兼容互操作,而且高精度、高可靠、高保险,同时还有自己的很多"绝活",包括实时导航、快速定位、精确授时、位置报告和短报文通信,其中定位精度达 2.5~5 米,测速精度达 0.2 米 / 秒,授时精度达 20 纳秒,每一条短信允许的字数也由过去的 120 字增加到现在的 1000 字。

不过,卫星再好,功能再多,起决定作用的还是高精度的原子钟,也就是卫星的"心脏"。这颗"心脏",如果有 1 秒钟的误差,卫星定位就会偏离 30 万公里。所以有没有"心脏",或者说"心脏"好不好,是至关重要的。

回到 2005 年中国刚刚启动"北斗二号"的前夜,那时候中国还没有原子钟,用"北斗一号"总指挥李祖洪先生的话说:"起步阶段,我们受过太多的刺激。比如我们向某国购买产品,钱都付了,对方却突然说不卖了。1990 年,我带了几个人去国外考察,想再试着购买某国的产品，当时连我们上厕所都有人跟着——那真是严防死守。当时我就特别特别难受——中国人即使是照顾国外的生意，国外也像防贼一样地防着我们。还有一年，我们向另外一个国家购买"北斗"卫星的核心产品，对方表面上说可以，但在签合同的时候一定要加上'如遇不可抗力，我们不负责任'，这也就是说，对方可以随时找各种各样的理由'翻脸'，随时'终止合作'——这些都深深地刺激了中国科学家的自尊心，逼得我们不得不下决心搞国产化、中国造！"

中国是在 1994 年开始探索适合中国国情的卫星导航系统的，开始囿于经费和技术，我们只能依靠"双星战略"，也就是先用两颗星来实现局部的导航。之后，随着国力的增强和国防的需要，中国又提出了"三步走"战略，即第一步，到 2000 年，建成北斗卫星导航的试验系统；第二步，到 2012 年，形成区域性的即亚太区域的覆盖；第三步，到 2020 年，从"北斗一号""北斗二号"到完成"北斗三号"，实现全球组网，向全世界提供"中国北斗"的服务。

"三步走"战略千难万险，最核心的还在于原子钟。贺玉玲所代表的新一代接棒人，此时要出场了——

2020 年仲夏，我们《北斗"解密"》摄制组在西安分院开始正式面对面采访贺玉玲。

贺玉玲首先很感慨地跟我说："咱们中国的'北斗'，之所以敢拍着胸脯说我们后来居上，那是因为我们有了一颗'好心脏'，使得我们提供的地面精度缩小到 1~3 米，而美国的 GPS，其民用精度还是 1~10 米。"贺玉玲所说的"心脏"就是星载原子钟。铷钟是星载原子钟的一种，它的家族成员还有铯原子钟、氢原子钟等。原子钟作为一种精准度很高的计时装置，在 20 世纪 50 年代就已经诞生并逐渐在地面上得到了应用。不过导航卫星使用原子钟，不是在地面，而是在天上，这就陡增了巨大的难度——地球和太空完全是"两个世界"。中国选择了铷原子钟,一方面是因为它简便、紧凑、体积小;另一方面是因为铷钟的性能相对稳定,只要突破了"星载",中国的自主卫星就有了实现的可能。

一场科研大战至少始于 20 年前,真正进入实验、攻关阶段,就是 21 世纪头几年的事情了。

"如你们所说,原子钟不是一个科学的新技术,那为什么我们国家几十年来一直没有突破国产化?"我的问题很不专业,而且还有点"尖锐",这大约是我做了 20 多年《新闻调查》养成的职业习惯,又一次让贺玉玲感到"很不好回答"。不过她停顿了几秒钟,然后很客观地告诉我:"铷钟如果不急需上天,也不会做星载工程化技术攻关。从某种意义上说,我是赶上了好时候,我学的是这个,国家又正好需要。当然,能让铷钟在天上像在地面一样稳定地工作需要克服解决许多难题,这项科研不是只靠我一个人,而是很多人几十年的努力,是'星'火相传。"

曾经有媒体制作过一个名为《一颗"中国心"三代"铷钟人"》的短视频,贺玉玲对此特别认同。

2006 年,中国在发射"实践八号"育种卫星时,首次把国产铷钟送上了太空,首发首成。那个首创的成果,是贺玉玲的师父雷文琦,贺玉玲和她的同事,还有国内兄弟单位共同努力的结果,后来又有她的学生杨涛等"第三代人"加入。三段年龄组合,能明显看出国家科研人员的接力。

其实早在二十世纪六七十年代,中国就已经开始了对铷钟的研究。那个时候科研条件更简陋,科研设备少之又少。贺玉玲的师父和他的团队面对国外的技术封锁,只能全面攻关、反复试验——毕竟从"理论"到"可以上天的产品",这中间有着巨大的鸿沟。

第一台星载铷钟上天后，贺玉玲还没来得及和她的团队好好地庆祝一番，"北斗二号"的研制任务就下达了，而且是首发星。过去的"北斗"，中国基本都是靠买钟、买"心脏"，"北斗二号"要开始大踏步地启动国产化了，这是一场和时间赛跑的"大考"，时间成了制约贺玉玲的"紧箍咒"。

中国的"北斗"和欧洲的"伽利略"，属于同步开展的建设，根据国际电联的规定，太空要有秩序，全世界用于卫星导航的"频率资源"需要提出申请，原则是"先到先得"。这个规定时限是 7 年，就是说任何一个国家向国际电联提出申请后，7 年之内如果不能完成卫星的发射并证明其已经在太空开始正常工作，那已申请到的"频率资源"就会逾期作废。

"当时留给你们的时间还有多久？"我问。

"1 年，可能还不到 1 年。"

贺玉玲这样跟我回忆："那段日子我们整个团队都不得不泡在实验室，没白天，没黑夜，实验室 24 小时灯火通明——尤其那时候我师父雷文琦已经退休，当然他也经常跑来和我们一起战斗。当时大家就只认一个字：'拼'——不管遇到什么困难，都要完成铷钟的测试、调试、改进、试验。直到把国产铷钟研发出来，按时、保质地放在了'北斗二号'的首发星上……"

"占频保轨"的战斗不堪回首，特别是在开始阶段，实验并不顺利，或者说很不顺利。贺玉玲对实现铷原子钟国产化的心气是很高的，也相信自己能行，只是时间，就是时间！一把达摩克利斯之剑随时可能落下，贺玉玲不能让它落下，那就得用自己的肩膀好好地扛起来！

二
"信念，让我一生仰望星空。"

天上的北斗星由天枢、天璇、天玑、天权、玉衡、开阳、瑶光七星组成。在中国古代，人们认为北斗七星很像舀酒的斗，其中天枢星、天璇星、天玑星、天权星组成斗身，玉衡星、开阳星、瑶光星组成斗柄。从天璇星通过天枢星向外延伸一条直线，大约延长5倍多，就可以见到北极星。因此中国古人是根据北斗七星在不同的季节出现在天空不同的方位来判断时间，同时也会根据斗柄所指的方向来判断季节，如斗柄东指，天下皆春；斗柄南指，天下皆夏；斗柄西指，天下皆秋；斗柄北指，天下皆冬。

无穷的天体奥秘是什么时候吸引了贺玉玲？她怎么会与航天结缘？上一次为制作电视节目采访时我没有机会问，这一次要写书了，这个有关"青春的选择"的提问就变得不可忽视。

但是因为新冠肺炎疫情，中央电视台管得严——"非必要不外出"，我没有条件去西安。可巧，2020年2月初，她来北京公干，我就约她在北京见面。这一次不是在她的研究所、实验室，我把她请到了自己的家。

脱去"战袍"，远离了杀伐决断、掷地有声的指挥现场的贺玉玲，身着家常素雅的女儿装，她给我的感觉就是一个可爱的女人。

我问："你是不是南方人？看你的长相，应该会讲一口吴侬软语。"

她说："不，我不是南方人，是山西人、内蒙古人，或者说是北京人。"

"怎么又山西，又内蒙古，又北京的？"我不解。

贺玉玲解释："说'山西'，是因为少年时我生活在母亲的老家大同；说'内蒙古'，是因为1976年我出生在内蒙古大草原；为什么又说'北京'，那是因为我的籍贯是北京。"

贺玉玲的爸爸是北京人，从小到大都生活在北京。贺玉玲又说："我爸爸是个孤儿，爷爷奶奶生病死得早。爸爸、大姑、小姑都是在孤儿院长大的，后来我爸爸上山下乡，到了内蒙古生产建设兵团，姑姑被人领养，现在还生活在北京昌平。"

"那你从小就经常听父亲给你讲北京的往事吧？他小时候生活过的孤儿院在哪儿？"我十分好奇。

"我爸爸其实很少给我讲他的家庭、身世，他不怎么爱说话。孤儿院在朝阳区，他在那里一直待到中学毕业，算是老三届吧。后来赶上'文革'，除了插队，几乎没有别的出路。我小时候记忆最深的就是经常看到爸爸妈妈骑着高头大马在大草原上跑来跑去，他们也放牧、种地。"

1982年，贺玉玲6岁，地方通知她爸爸插队的知青可以返城了，原则上"哪儿来哪儿去"。可是爸爸在北京的"家"是孤儿院，没有人接收，户口也没地方落。但他生怕回城的机会"明天就会消失"，于是就跟妻子回到了大同，被分配在城市边上的一个驻林管理站，算是有了工作，也有了"城里人"比较安定的归宿。

"但是你父亲一直都想念北京？"我猜。

贺玉玲说："是的，尽管他从来不多说，但他从小就让我好好地念书，不然也不会在我6岁的时候，把我送到大同市里的姥姥家，那里的学校条件好，尽管生活很艰苦，可是我有机会能上一个比较好的学校。"

我诧异"文革"结束那一年才出生的贺玉玲从小也曾吃过苦。

她告诉我："苦并不是说我们吃不上饭、穿不上衣，而是住房太挤。姥姥、姥爷有4个孩子，我妈妈出嫁了，下面还有大舅、小舅和小姨。

家里就两间屋，分里外间，大舅、大舅妈那时刚结婚，住里间，我和姥姥、姥爷、小舅、小姨住外间。"

山西人喜欢把饭桌放到炕上，一家人吃饭、喝茶都用它。每天晚上吃完饭，就得把小桌收起来，这样才能上炕睡觉。因此，贺玉玲没有固定的写作业的地方，经常把作业本摊在柜子上，站着写完作业。

即便是这样，她内心却有一颗顽强的种子在扎根、发芽。

那是什么？就是少言寡语的父亲希望女儿有一天能考回北京，在北京上大学。这是一个遥不可及的梦，但梦会长翅膀，带着小玉玲每天上学放学、读书写字。她说："没有梦可追的孩子，总是会随波逐流，不像我这样有学习的动力。"

在大同姥姥家生活的 12 年，贺玉玲从来不用别人催，哪怕是站着写作业，她也不叫苦，从来不会因为贪玩儿而不认真写作业或者晚交作业。

"可是你不想家吗？当时那么小，不想爸爸妈妈？"我还是担心。

贺玉玲说："不是我不想爸爸妈妈，而是我们的小家离大同市很远，要倒两趟车，坐一个多小时的公交。那时候没有双休日，一般不是寒暑假，我就不回去。倒是妈妈每周都会辛苦地跑一趟，帮姥姥收拾收拾家，也帮我洗洗衣服。"

"妈妈舍不得你对吧？"我理解。

贺玉玲："说起我妈，她一辈子总是忙里忙外，任劳任怨。虽然她很想我，但她更愿意我好好学习。因为她在家里排行老大，从小很爱读书却没有条件，刚刚拿起书想看两眼，姥姥就喊她去帮着带弟弟妹妹，全家人，除了小舅读到了中专，我们家就没有什么'高学历'。当然，我猜想，姥姥、姥爷可能还是有些重男轻女，觉得女孩子读书也没用，因此不觉得让妈妈读书有多么重要……"

一个时代有一个时代的印痕，一个人之于一个时代，也显得过于渺小。不过一般而言，上代人对于实现不了的梦想，他们往往会指望着下一代。

贺玉玲的妈妈就是这样，她每到周末来市里看女儿，经常会发现女儿因为一点小事而大哭，她知道这是小玉玲想家了、想爸爸妈妈了，女儿不愿意跟父母长期地分开，但是没办法啊，要想让女儿有出息，就得教育和鼓励她从小吃苦，学习！

每天天刚亮，小玉玲就爬起来，简单地吃过早饭，就去上学了。她说她的成绩不总是一路拔尖，但是属于那种慢热型的，又比较能坚持，如果是"龟兔赛跑"，她可能是那只永远都不会停歇的小乌龟。

家里没人能辅导贺玉玲的功课和课外学习，但全家都不让她干这干那，都会给贺玉玲创造出尽可能多的学习时间。每次考完试，小舅就会问她："这次考的甚？咋样？得了多少分？"分高了，全家人就都高兴。这也成了贺玉玲小时候最开心的事情和时刻。

"所以说，并不是条件越好越能出人才。"

贺玉玲在全家默默的支持下渐渐长大，她心里那颗盼着有一天"能去北京上大学"的种子发芽之后，逐渐开始生枝展叶——终于，1995年，贺玉玲考上了山西大学。开学时，姥爷拎着一个大箱子送外孙女去火车站。尽管山西大学不是北京大学，但老人家也很骄傲，因为在他们家，12年才培养出了一个大学生，这可是祖祖辈辈多少代人从来没有过的金榜题名！

"但是，你不是很想回北京吗？怎么去读了山西大学？"

贺玉玲说她是想回北京，为此妈妈还常年给她积攒着粮票，先攒够了山西省的地方粮票，又去换成了全国粮票。20世纪90年代以前，中国还实行粮食配给，光有钱没有票，也买不到粮食和糕点。直到1993

年，上海率先根据 2 月 15 日《国务院关于加快粮食流通体制改革的通知》，积极稳妥地放开了粮食价格和经营。5 月 10 日，北京也让粮票、油票等票证正式退出了历史舞台。

贺玉玲高三那年，山西大学来到她就读的大同二中宣讲，说他们正在搞一种教育体制改革，马上会组建一个理科基础科学研究和教学人才培养基地（简称基地班），目的就是要强化基础研究。基地班对分数的要求并不低，不过学习好的学生可以被保送。

保送？免高考？应该说，这对每一个应届高中毕业生都有着巨大的诱惑。

贺玉玲当时的学习成绩已是班级前三名，大同二中是仅次于大同一中的一所很好的学校。因此按照正常的情况，贺玉玲考一所北京的大学，问题应该也不大。但是保送的机会太诱惑人了，而且还是她喜欢的专业。

于是，1995 年，贺玉玲真的被保送进了山西大学物理系。她就读的基地班因为是首届，学校特别重视，要求也非常严格。班里 27 名学生，女生只有 7 名。那时贺玉玲往往是寝室里熄灯最晚的，到了学校规定必须关灯的时候，她也常常会拿着应急灯一遍遍地背单词……

当然，"回北京"这个念头贺玉玲从来也没有放弃过。

在山西大学读书的四年，贺玉玲的成绩始终是班里的前三名。临毕业，以她的条件，学校可以保送她留在本校直接读研，或推荐她去北京、合肥、上海等地读研。但是贺玉玲此时心里的主意已越来越正，她就想考北京大学，去北京读研究生。

人生的第一个拐点出现了：如果继续被保送，后面的就业、工作就"甚事都不用急"；如果一定要去北京，一定要考北京大学，就存在风险，万一考不上呢？

"当时班里一半多的学生已经保送读研,已经没有什么学习气氛了。只有我,每天从早到晚,还在图书馆里拼命地学、复习——我就是要赌一把,让自己杀进北京!"

贺玉玲经过了小学、初中、高中、大学16年的学习与培养,伴随着她内心"去北京"的种子发芽、成长,她的性格越发坚韧顽强,不管结果如何,她都咬定青山不放松。这一点,对于她未来的科研,也在无形中打下了特殊的基础。

那"赌"的结果又如何呢?

贺玉玲说:"复习的时候我根本就不敢想,决定考北大的那一刻就没有退路了,就是低头忙着准备。"

信念对一个人太重要了,它让年轻人不管不顾、执着赶路。后来的结果证明:当没有退路时,勇往直前就成了贺玉玲"唯一的选择"。

1999年,贺玉玲被北京大学电子系录取,后经人推荐,又读了董太乾老师的博士生。董老师是中国最早研究原子钟的学者,他把"另一颗种子"种到了贺玉玲的心里。导师的言传身教给了学生一片新的天空,让贺玉玲抬头仰望,生出了更大的梦想。

三

"我要让'梦'落到实处!"

接下来,是时候要解释一下作为"北斗"卫星的"心脏"——铷原子钟,为什么它每一次跳动,都直接决定着"北斗"卫星的定位、导航和授时功能的精度?这是我在西安分院曾经向贺玉玲提出的那个"很幼稚"的问题——原子钟的"准确"和地面位置的"精确"到底有啥关系？

贺玉玲回给我的长长的微信是：导航定位，现在看起来是一个十分简单的问题，但在历史上是一个无比纠结的问题，人们使用了各种方法，以至贯穿了上千年的科技史。经过漫长的历史演进，从"大航海"时代开始，时间和空间的测量就都是耦合在一起的。人们为了准确地知道船只航行的位置，就得通过精确的时间测量来实现，然后根据时间差、出发地的经度，以及地球自转的速度，来计算出船只当前的位置。

说老实话，她这样讲，我还是不懂。

于是贺玉玲又用数学的方法，试图让我获得理解：那我们就把导航卫星想象成一个个太空中的"灯塔"，它持续不断地向我们发射出导航信号。我们需要测出导航信号从卫星到地面用户（比如说我们手机）的传播时延，这就需要知道导航信号从每颗卫星发出那一刻的准确时间，接着用"时间乘以光速"，就得出了距离。通过测量多颗导航卫星的信号，就能获得用户的准确位置。数学上就是要求解一个方程组，其中X、Y、Z代表卫星的位置，T代表卫星时间——只不过我们一般老百姓，只要明白导航卫星上的原子钟是准的，手机信号接收这个在准确时间点上发出导航信号，计算出来的位置，也就能很准。

唉，似懂非懂。我不能让她再更多地费心，我放弃了。

我换了一个话题："原子钟、进口、国产化，你是怎么跟铷钟结缘的？"

说起这件事，贺玉玲很兴奋。她说："那我就得把您再拉回我在北大读博的时候……"

贺玉玲在北大读博时师从董太乾教授。董太乾从二十世纪六七十年代开始，就在为我们国家研究铷钟，是这方面前沿的学科教授。尽管那时候国家还没有上马导航卫星，但董教授希望尽早地实现技术突破，让这样高精尖的时频产品能掌握在自己手里,那样就可以让电子工厂把铷钟先生产出来,将来国家一旦需要了,我们手里就有东西。

"还记得第一次去董老师的实验室,那时候他的实验室还在物理楼,条件非常简陋。铷钟的测试是会发热的,大夏天,屋子里没有空调,董老师一个大男人、大教授,就穿着一件跨栏背心,还满头大汗。我当时看到铷钟里有个小小的灯,装在电路上就一直发光,灯光是玫瑰色的,很漂亮、很神奇,让我很神往……"

"神奇"+"神往"="结缘"?

不,还有更重要的——"使命"!"那为什么我们国内的实验室还大量进口原子钟?"贺玉玲问董老师。

董老师告诉她:"从铷钟、氢钟,到铯钟,理论上其实并不新鲜,我们国家要做也不是做不出来,但要把它们做好,做出高指标,需要大量经费,需要元器件、材料、工艺共同进行技术攻关,需要国家重大任务牵引……"

哦,现在"顾不上"并不等于以后"不需要"——贺玉玲一下子明白了导师心里一直深埋着的那个"为国储备"的大任,她深深地被感染了。贺玉玲对老师说:"那我以后跟您一起来做吧!什么时候国家需要了,就像您说的——咱们手里就能拿得出来!"

所以要说"结缘",贺玉玲从此开始,就已经走近又走进了原子钟的世界。只是让她没想到的是,慢慢地,自己的青春,甚至可能是一生,都会和铷钟绑在一起。

毕业的时候,贺玉玲因为学习成绩优秀,可以留校,永远地成为一个"北京人"。那不仅能实现父亲的夙愿,而且等时机合适了,还可以把父母都接来,让他们在北京安度晚年。

但是,种在贺玉玲心里的那颗叫作"使命"的"新种子"已经扎根。当时她听说董老师马上要和中国航天科技集团五院 504 所（西安分院前身）合作，要真正地开始研制星载铷钟了，她想都没想，立刻就决定去西安。那个从小到大做了很长时间的"北京梦"突然被自己打住，说放弃就放弃了。"这不可惜吗？"贺玉玲说到这，我忍不住插嘴。

可她说："那也没什么。没来北京之前，想的不行，来了，在天安门前留个影，知道是怎么回事了，也就行了。董老师他们坚持了几十年的研究现在终于迎来了国家的需要，我刚好有幸参与，这是多么好的机会。当'个人的命运'和'国家的命运'有机会融为一体，那才是一个更大的机会，是'大幸运'啊！"

贺玉玲选择了西安，一点都没有犹豫地选择了"铷钟"。她详细地跟我解释："西安有我的舞台，后来细细地想，我的'北京梦'是人生追求高远宏大的一个方向，但'梦'总要落到实处，那就是一个人长大了，一定要为国家做点什么，这样才能让自己这辈子不白活。"

"旧梦"与"新梦"，两颗种子在国家需要的面前很好地嫁接了。

这才有了贺玉玲后来直接拜师雷文琦，和大家一起奋斗，为国家拿出国产铷钟，并让它在天上好好地飞！

"师父在带我这个徒弟的时候，说得最多的就是：'搞铷钟，我们不想受制于人。'但真正研制起来，师父又给了我最大的影响——严慎细实！"最开始，贺玉玲对何为"受制于人"还没有"最切身的感受"，尽管她也听说过 1993 年中国的一艘货轮在霍尔木兹海峡突然失去了方向，后来得知，那是美国为了登船检查，故意关闭了 GPS 导航。此事在当时引起了国际社会的极大关注和谴责，但我们自己不是没有导航卫星嘛，那随时随地不仅受人制约，关键时刻还会受人钳制。这关乎国计民生，更关乎国家的安全。

之后，贺玉玲在工作中多次参与了"引进铷钟"的有关工作。中国的铷钟，曾经有过"三加一""二加二"方案，即引进和自主开发并行的一个阶段。一颗卫星上的铷钟，有国产的，也有进口的，这是确保整星可靠性的考虑，也有时间上和产能上的问题。

贺玉玲开始直接参与跟外国公司打交道的工作了。作为一个懂铷钟的科学家，贺玉玲慢慢发现："中国从国外引进的产品，其实也并非那么理想。进度不符合我们的要求，还常常出毛病。一旦出现问题，你找对方协商时，对方态度很傲慢，不管是不是已经延误了合同，会不会因局部问题而拖累整个项目……"

有一次，我们国家向国外订购了13台铷钟。对方是一家瑞士公司，每台铷钟要价350万元人民币。合同签了后，进度却一拖再拖。贺玉玲说："不管你怎么打电话、怎么发邮件过去问，对方都会找出很多理由。有一次某个电容出现问题，因为对方那边几个部门要协调失效分析的费用谁来出，耽误了好几个月。主管人员时不时地休假也让人很无奈。唉，我们那时手脚被捆，真是处处窝囊，所以国产铷钟必须尽快搞出来。我们自己做，可以加班加点，时间自己说了算，质量也自己说了算。"然而，接下来的国产化，可并非靠一腔爱国情怀就能搞得出来。

2020年8月，我和我的摄制小组首次来到西安，在西安分院实验室，我第一次见到了铷钟。那铷钟根本就不像一座"钟"，而是一个长方形的、大小如同一台老式收音机的金属砖块。

我问："就这个东西？"贺玉玲笑笑，说："就是。按国家的布局，最早研发铷钟的，有三支队伍，大家团结协作，互有竞争，又目标一致。结果肯定是谁做得好，谁就先上。"

"你一开始搞铷钟，干的是什么活儿？"因为不懂业务，我小心翼翼地提问。

贺玉玲回忆："一开始，我就是跟着师父调电路，整整调了三个月。"

"调电路？"这我懂。可一个北大的博士生，每天跟着师父调电路？"是呀。虽然我是博士，可是我不知道航天产品怎么做，要注意些什么，就是一个新兵。这些东西并不是师父告诉你就行了，非得自己在实践中历练才能体会到，才能真正掌握产品。"

原子钟是利用原子的外层电子在不同能级间跃迁时吸收或释放能量时发出电磁波来计时的，由于各个能级非常稳定，再加上利用一系列精密的仪器进行控制，原子钟计时就非常准确，要不怎么可能每 300 万年才误差 1 秒！关于它的构成，从技术上说，涉及量子力学、电子学、光学、自动控制、热学、力学等多个学科。国际上第一台星载铷钟是美国在 1974 年发射成功的。我们国家在"北斗二号"立项时，还没有星载铷钟，和国外有整整 30 年的差距。

铷钟在研制阶段，或者说在整个航天科研领域，都有一个"后墙不倒"的说法，也就是一种人人面前都平等的"倒逼命令"。

什么意思？

就是开弓没有回头箭，你身后总有整体的"进度"在逼着你向前推进，没有退路，容不得解释或任何理由。2007 年，一场"占频保轨"的战斗打得不见硝烟，却你死我活。

中国是在 2000 年向国际电联提交的申请，但是工程涉及方方面面，30 万人的大军，从各种各样的元器件、原材料攻关，一直到产品和最后的整星，哪个环节都不是一件容易的事。最后到铷钟进入研制阶段，时间就只剩下 8 个月。

历史应该记住 2007 年 4 月 14 日这一天：中国在国际电联 7 年时限的最后 4 个小时，终于落实了自己的申请。这是一颗"北斗二号"首发星，上面装载了贺玉玲团队研制出来的铷原子钟。当贺玉玲在西安测控中心看到由自己的团队参研参试的中国卫星真的把导航信号从茫茫太空发射下来时，那份成功之后的激动，至今都无法用语言来表达。

不过这都是后话了，在"北斗二号"首发星之前，他们的科研一度走进死胡同，虽有过成功的曙光，更多的是陷入漫漫长夜般的瓶颈……

一个身体纤弱但性格顽强的女科学家，内心有着怎样强大的定力？

贺玉玲是怎么一次次跟时间、跟成败打赌的？她靠的是什么？

说起具体的攻关，我看到贺玉玲的眼眶微微泛潮了。

四
"要让自己成为巨人！"

从艰难追赶到昂首超越，中国人一遍遍跟自己说"我们能行"！这种执着与坚定不只属于一个人，而属于整体科学家队伍。

中国航天科技的老前辈孙家栋院士曾经对导航卫星的国产化提出过四条要求：一、指标不能降；二、可靠性不能降；三、元器件要尽量做到国产化；四、要申请专利。贺玉玲团队研制的铷钟本着这样的原则，在没有一条经验可以借鉴的情况下，团队通过慢慢摸索，反复实验，一步步接近成功。国外完成一台铷原子钟的生产和测试往往需要 18 个月，可贺玉玲他们最后只用了 8 个月。

在星载铷钟研制线上挂着这样几个大字：更准、更稳、更可靠。这是对这支队伍的工作要求，性能要更好更准，工作过程中要更加稳定，质量可靠性那更是必须保证的。

国产星载铷钟既要在地面大气环境系统联试过程中稳定工作，要经受卫星发射过程，又要在发射后在太空的环境下稳定运行，要解决很多困难。困难之一是火箭发射过程中，铷钟要承受巨大的震动冲击，铷钟内部结构复杂，里面的铷泡是由很薄的玻璃制成的，要采取很多加固措施，确保能经受得住；困难之二是在太空中到达了预定的位置后，铷钟还要忍受空间高能粒子对它的撞击和影响。同时，铷钟长期在真空工作，不能更换，也不能维修，那真是"可去不可回"，一锤子买卖啊！

"解决这些困难，你从何入手？"

"星载应用，第一就是要解决真空的问题。"

"那你们的实验首先得有一个跟太空一模一样的真空环境？"我终于觉得自己的问题提得"有点靠谱"了。

贺玉玲说："对，北京五院和我们西安分院都非常重视，特别给我们投资了真空罐，我们就把做好的铷钟一一放进模拟卫星环境中，连续测试，看它的指标和稳定性。但是最开始，我们的铷钟一放进去，马上就出现异常，性能指标恶化得一塌糊涂。"

"什么叫恶化得一塌糊涂？又是为什么呢？"我不由得也眉头紧锁。铷钟里面有铷灯，过去只在地面环境工作，空气对流可以帮助铷灯把里面的热量散发出去。一旦到了天上，太空中是真空环境了，没有大气对流，只能靠传导、靠辐射来缓慢散热，一下子散发不出去，铷灯就过热了。

"您看，这还只是第一步，其他的还有很多……总之，如果铷钟不能适应真空环境，就无法正常地工作。为了克服这个难题，我们就得不断地改进设计、改进产品结构，还有传导过程的优化设计，从电设计、结构，包括用到的胶，来协助它散热，这就不得不做一系列的大量的实验……"

"您不是一直都想知道为什么铷钟从表面上看很像一块'大金砖'

吗？那是表面镀金，为的是便于钟进行热交换。"

科学有时是明明有路，但你没有找到，那就像钻不进横在你面前的一座大山。

有两个概念，贺玉玲过去在学校的时候并没有切身的体会：一个是"后墙不倒"，还有一个是"归零"。

"后墙不倒"她已经告诉我了，就是不管哪个团队，不管科研遇到了多大的困难，在规定的时间内，都必须把合格的产品交出来。对这一点，所有的航天人都烂熟于心。

那什么是"归零"呢？"归零"就是在出现问题的时候，必须回溯查找，找到问题发生的最本质的原因，回归本源。

每一个问题，还不仅仅是指最开始的"性能指标恶化得一塌糊涂"，就是一点点微弱的波动和变化，所有环节都必须条分缕析地把原因一个个找出来，这个过程不仅耗时、耗精力，还不能放过任何的蛛丝马迹。

"像公安查案一样？"

"对，就是。"贺玉玲说。

还有另一个问题：不能"带伤上天"，不能"暗藏隐患"。

2008 年，贺玉玲被提拔为西安分院时频室的副主任。"北斗二号"要求国产铷钟必须实现"小型化"，很多诸如外形、接口、原位替换等问题都是第一次尝试，她必须带领一队人马独当一面。小小的铷钟，内部有上千个元器件。贺玉玲说："我们的计划只能倒排，每一天要做的都必须'日清'，无论多晚都当天完成。"

不让铷钟"带伤上天"这还好说，但不让铷钟"暗藏隐患"可就难了！

"我们得做到铷钟在天上 10 年甚至更长的时间不老化，工作不受各种震动和环境的打击和影响。铷钟不会说话，一旦'说话'，就是失常，就说明有问题了。所以你必须搞清楚它里面的每一个细节，它的工作原理、工作模式、退化机制，等把所有问题都研究透了，才能确保铷钟长期为卫星工作，让卫星长期在轨道上稳定地运行。"

我想起"北斗二号"首发星发射成功的时候，贺玉玲在西安测控中心，她和雷文琦一起共同等待着铷钟发回信号，后来也共同见证了卫星一切正常，遥测数据一帧一帧地传递下来……

"当时你把成功的消息第一个告诉了谁？是家人，还是导师？"我问。

贺玉玲说："是我的导师——董太乾。"

我猜想的也是。老一辈学者、科学家用双手托起了年轻的一代，这两只手用贺玉玲的话来解释，就是一只叫"奉献"，另一只叫"严慎细实"。

"奉献"表现在抛家舍业、加班加点，但绝不仅仅是这些，还要甘当人梯、不计回报——"我的老师、师父都是这样的！"

"严慎细实"也不仅仅是一种单纯的工作规范，而是科研人员要逼自己的一把尺子，成与败、良与莠，有时就看谁的设计更好，不放过任何蛛丝马迹，同时检测得更精准。

后来，"北斗人"有一句话："二十世纪六七十年代，中国要有自己的原子弹，如今，我们要有自己的原子钟！"

采访结束，我们摄制组的编导还要录一些贺玉玲的工作画面和人物出场镜头。编导问她哪些地方可以选。贺玉玲说："我工作的镜头你们可以拍，但有一个地方，我希望你们也一定要去。"

哪里？

在西安分院的一处花园，绿树与青草呼应的小山前，有一座雕像，那是陈芳允——中国科学院学部委员，长期从事无线电电子学及电子和空间系统工程的科学研究与开发工作，为国家导航卫星倾注了毕生心血。是他提出了"北斗"卫星首先要实现"从无到有"的"双星战略"，那是万里长征迈出的第一步。

然而，2000年，陈院士去世了，他没有见到"北斗三号"，也没有看到今天我们中国不仅在很多领域不再依赖外国的产品、技术，相反，在很多领域，我们还成了卖方，我们的技术、材料性能已经领先于世界……

北京时间1999年5月8日，中国驻南斯拉夫大使馆遭到北约飞机的精准轰炸，炸弹从窗户直接穿入。尽管美国随后对中国做出了"公开道歉"，但"误炸"的敷衍令人气愤又有苦难言。

2008年汶川大地震，中国建设的地面基站和几千台"北斗一号"用户机已经发挥了特殊作用，对灾区定位、即时通信、有效救援都发挥了作用。

2014年11月23日，国际海事组织海上安全委员会审议通过了对北斗卫星导航系统认可的航行安全通函，这标志"北斗"正式成为全球无线电导航系统的组成部分，取得了面向海事应用的国际合法地位。

北京时间2020年5月27日，世界最高峰珠穆朗玛峰重新进行高程测量，吸引了全球的关注。在这项工作中，15年前，我们主要依赖GPS，但此次，国外的导航系统只是被作为参考，中国人自己的"北斗"已经成为测量数据的主要依靠！让"北斗"卫星用上"中国心"——贺玉玲说每当想到这一点，她就觉得所有的付出都值得了。

星载铷钟如今已在中国批量生产。"中国的'北斗'、世界的'北斗'、一流的'北斗'"更成为中国人新的目标追求。

"我们要努力，还要努力，将来在天空、大地、海洋、地层，这些地方都要有中国的贡献、中国的脚印、中国的话语权。我们能做到，我们一定要做到！"

正是因为有了贺玉玲这样一代又一代的科研人员拼搏奋斗、砥砺前行，我们的科技强国之梦方能实现。

第九章

"Ti62A"，终于找到了你

——"奋斗者号"载人球舱守护神杨锐

2020 年，当国人刚刚庆祝完中华人民共和国成立 70 周年，为我们国家取得改革开放、经济建设辉煌成就而骄傲、自豪时，又一个振奋人心的好消息出人意料地传来，中国海洋载人深潜超万米，首战告捷！

很多人，包括我，都是第一次听说什么是深潜，什么是国家的海洋战略，它跟航天、宇宙飞船、太空行走、登月、土星探测、国际空间站等有着同样的不同凡响？ "战略"的意义是什么？

杨锐——中国科学院金属研究所钛合金研究部主任，作为"奋斗者号"载人球舱的研发领头人，他明白自己和团队正承受着一场"世界大考"，他的内心既激昂又平静，激昂是因为"国之重器"终于得以与时代见面，而平静是多少年来历经鏖战，成竹在胸、胜券稳操的一种自信。

杨锐和他的团队研制成功的"Ti62A"，是一种抗压性能优良的新型钛合金材料，国家就是用这种合金材料做成了万米深潜的载人球舱，使潜航员能够在马里亚纳海沟连续 12 个小时下潜、坐底、观测、布放、取样、返回——中国人实现了自己的追求，也为世界做出了突破性的贡献！

汗水和泪水，最后都成了对种子充满期待的浇灌，收成是手拿把掐了，所有的付出，辛苦、煎熬，甚至是无望、绝望，都变成了身后一条坎坷泥泞的来路。"奋斗者号"总设计师、万米海试总指挥叶聪被记者问"那天直播，您站在指挥母船的什么位置"时回答："我一个人回船舱了，关于深潜，该做的我们大家都做到了，并不担心，我回房间一个人去看电视了……"

11 月 10 日，北京时间凌晨 4 时 52 分，搭载着 3 名潜航员的"奋斗者号"顺利入水，蛙人解开总缆，潜水器脱离母船，开始下潜……

那一刻，杨锐不觉得自己非要出现在"探索一号"母船上，他在沈阳家中，看看电视，密切关注着，就行了……

岁月年轮

无论是从 1921 年中国共产党成立到 2021 年建党 100 周年，还是从 1949 年中华人民共和国成立到 2019 年 70 周年大庆，中间有一段时间——1966 年至 1976 年，十年"文革"，不可能被抹去痕迹。

1978 年 5 月 11 日、12 日，《光明日报》《人民日报》《解放军报》转载了当时由胡耀邦同志审定的一篇名为《实践是检验真理的唯一标准》的文章，从此不仅开始了国人对"十年浩劫"的声讨、谴责，更有了伤痕文学、反思文学，解放思想，拨乱反正。

1981 年 6 月，中共十一届六中全会通过了《关于建国以来党的若干历史问题的决议》，对建国 32 年来党的重大历史事件特别是"文化大革命"作出了正确的总结。

1978 年 12 月，邓小平同志在中央工作会议闭幕会上发表了题为《解放思想，实事求是，团结一致向前看》的重要讲话，提出了"只有解放思想，坚持实事求是，一切从实际出发，理论联系实际，我们的社会主义现代化建设才能顺利进行，我们党的马列主义、毛泽东思想的理论也才能顺利发展"。

随后党的十一届三中全会更果断地提出了"改革开放"，实现"四个现代化"，从此，中国开始变"以阶级斗争为纲"为"以经济建设为中心"、从僵化半僵化到全面改革、从封闭半封闭到对外开放的历史性大转变。

中国人痛定思痛。这才有了全体中国人从此认准了一条正确的道路——专心致志搞建设、一心一意求发展！

科学的春天到来了。无数知识分子重新昂起头，抖擞精神。

国家经济、国防、民生、科技，甚至着眼于未来的前沿科学也逐渐兴起。

一

科研和中国传统文化相关？

在无锡采访叶聪并被告知"直播那天我一个人回船舱了"的记者就是我。当时我和我的摄制组刚完成《北斗"解密"》录制，又开始做另一期节目——《万米深潜之路》。我对国家为什么要用十几年的时间先打造深潜 7000 米的"蛟龙号"，然后又是深潜 4500 米的"深海勇士号"，接着还有深潜 10000 米的"奋斗者号"十分不理解，意欲何为呢？

国家真需要那么着急地去探索海洋，发展海洋战略？

见到杨锐，是在 2020 年年底，沈阳的中科院金属研究所，他告诉我：21 世纪，人类其实已经进入大规模海洋开发利用的时期，只是老百姓没有意识到。中国是一个海陆兼备的发展中大国，海洋战略一方面关乎国家主权、安全、发展利益，关乎国与国政治、军事、科技的竞争；另一方面对经济、民生，有不可估量的影响。

不过"万米深潜"目标大，危险系数不亚于航天，尤其海水的压力是与深潜相伴的"敌人"。

"那万米海底，压力究竟有多大？"我问。

杨锐回答："超过 100 兆帕。"

"那你们载人球舱的抗压性恐怕还要大于……"

杨锐又解释："对，那肯定不止，至少是 1.2 倍，也就是要做到 120、130 兆帕，甚至后来我们做到了 140 兆帕，而且要考虑不是一次下去，球舱要反复下潜，还要耐疲劳，长期稳定地载人，所以对材料的要求非常非常高。"

中国的"奋斗者号"作为人类历史上第 4 艘全海深载人潜水器，载人球舱就是使用杨锐团队研发出的"Ti62A"。此前近 30 年，世界发达国家，比如美国、法国、日本等，使用的也是钛合金，是钛 64，这个材料中国有，国内标号为 TC4，但钛 64 的强度根本不够用，也达不到"奋斗者号"要搭载 3 名潜航员同时下潜的要求。

需要研发一种更高强度的新型钛合金的任务摆在中科院金属研究所、摆在了课题研发负责人杨锐的面前。

国家为什么会把这个任务交给中科院金属研究所？

2014 年，就在"奋斗者号"立项的前两年，中科院已经开始实施了"战略先导科技专项"，杨锐所在的中科院金属研究所已经对新材料开始了调研论证和预先研究。

在杨锐的办公室，编导安排了一小段特殊的纪实拍摄，就是我站在杨锐的身后，听他指着电脑给我具体解释："料要成材，材要成器。你们看一个'器'字，很有讲究——四个口，中间一条狗，一个犬字嘛，对吧？我们科学家就是狗——就是专门啃别人啃不动的硬骨头。"

杨锐的"狗说"让我们的采访气氛一下子大变。

后来，不同场地的采访，他或者跟我坐在中科院金属研究所很大的展陈室里谈"Ti62A"，或者在电脑前介绍PPT的饼状图、柱状图、结构图。对科研遇到的困难，他总是引经据典，仿佛指导他攻关的路径和方法，多数来自中国传统儒学、古人的智慧，甚至是毛泽东的思想。他作为科学家，对中国古典文化的研究之深、之透，越往后给我们的惊喜越大。

这就让我诧异了："你这搞科研的，和中国传统文化有什么关系？"

杨锐说："那关系可大了！我们中国传统文化博大精深，它能解释万物万象。比如'世界是物质的'，这是唯物主义。但物质是什么？物质就是看得见、摸得着的东西。但是'物质'跟'材料'有什么关系？'材料'是可以被人类利用的'物质'，'物质'是暂时还没有发现它们的用途的存在——比如山川树木，尽管很美，可你取一堆石头有啥用呢？有一天人们把它变成对人类有用的东西，比如做成建筑材料，或者石雕、石刻——'物质'就从'无用之物'变成了'有用之材'。这是我们对世界、对科学的基本认识。当然，有效地开发和利用'物质的世界'，这中间要走的路很长，不同的科学家会在不同的路段站岗、守望……"

"科学家是狗，专门啃别人啃不动的硬骨头！"大家又会意地想到了他的"狗说"。

"那你们搞出了'Ti62A'，这种'新材料'过去是没有的，你们怎么把金属从'物质'变成了'材料'？"我顺着他的思路往下问。

杨锐说："创新！要知道，马里亚纳海沟被称为'地球第四极'。它的最深处接近11000米，相当于在珠穆朗玛峰上叠一座西岳华山，然后整体倒过来。中国的'奋斗者号'要深潜至此，'抗压材料'只能靠我们自己发明。"

"能不能再说得具体一点，我们的材料跟国外……"我提醒道。

"哦。"杨锐说："过去发达国家已有的材料不是叫钛64嘛，这种合金如果做成搭载3个人的球舱，只能承压80兆帕到85兆帕的水压，而我们的要求是承压140兆帕。"

"难在什么地方？"终于，我们要靠近实质问题了。

杨锐说："一是韧性，二是强度。这两件事本是相互矛盾的，是辩证法，对不对？任何东西越强，就越脆，比如陶瓷，一碰就碎、一摔就碎；而像塑料，很软、很有韧性，但是强度不够。"

"那当时面对这两大难题，都是从无到有，你是否有信心？"

"可以说实话吗？"杨锐反问我。

我说："当然。"

他说："没有，当时真的没有。当时世界上最先进的全海深潜水器是美国2019年5月完成万米下潜的'极限因子'，虽然也下到了水下万米，但它的载人舱只可搭载两个人。"

"两个人和三个人，要求完全不同？"

"差太多了，球体大小、工作区的面积、瞭望窗口——不可同日而语。"

中国"奋斗者号"的科研人员要解决的不仅仅是载人球舱所使用材料的强度和韧性，还有一个难题，就是焊接。

一个直径2米的巨大钛合金球，壁厚将近10厘米，怎么制造完成呢？只能分体制造，就是把两个大碗一样的半球体扣在一起，然后焊接起来。因此，焊接性也是绕不开的拦路虎。

那怎么办呢？强度要提高，韧性和焊接性还要有保障。对杨锐他们来说，这三个条件去掉任何一个，都可以实现。但三个条件同时都要达标——可就是世界难题了。

别自讨苦吃了，干脆放弃吧——那绝不可能！几年前，国家让中科院金属研究所拿出方案，杨锐当时就直挠头。但拿不出方案，载人球舱的抗压问题就解决不了，没有载人球舱，万米载人潜水器就无从说起。真是被逼无奈啊！

杨锐深谙中国传统文化，他想到了中庸——有一天，他真的想到要用中国的中庸之道来造出一种新合金。方向是什么？不是铁、不是钢，还是钛合金！

因为钛的密度是 $4.506g/cm^3$，而钢的密度几乎是钛的两倍，用钢的话，球舱的重量要加重一倍，因此不能选用。此外，载人球舱深入海底万米，它不仅要耐压，还要抗腐蚀。钛合金恰恰拥有抗腐蚀的性能，是从"物质"世界优选的"成材之料"。

就这样，科研方向确定了下来。接着，合金里有铜、钛、铝、钒等多种金属元素，如何挑出编队？如何像中药配伍一样得到最佳配方？

杨锐又举重若轻："方向确定之后，干部就是决定的因素，这是毛主席说的，'调动一切积极因素'。"

我不懂金属元素，不懂众多金属元素当中的"积极因素"是什么。但我很快明白杨锐和他的团队为了国家的深海探索、海洋战略，最终"中庸"出了一件大事——他们从无到有，或者说从无用到有用地找出来了一种金属新材料。这个新材料后来被命名为"Ti62A"，其中的 A，是英文 Advanced（先进）的首字母，象征着扬起的是中国的旗帜。为了找到它，用杨锐的话形容："我们不是只读《庄子》《道德经》《论语》《尚书》，我们这一次是奔着科举去的，而且不当榜眼、不当探花，一定要中状元，要夺冠！"

他们做到了。

二

"碰巧"尝到了更多的苦

1965 年，正好是"文革"开始的前一年，杨锐出生。原本他的童年应是另一个样子，但赶上十年浩劫，命运便让他吃了更多的苦。

杨锐百天时，父母把他抱到照相馆，给他照了出生以后的第一张照片。

"照片上我独自坐在儿童椅上，歪着个脑袋，笑眯眯地盯着镜头，两眼放光。后来母亲告诉我，当时摄影师拿着一个飞机模型围着镜头绕圈儿，吸引我的注意力。木质的飞机被涂得五颜六色，深深地引发了我的好奇心，这是我第一次对航空表现出浓厚的兴趣。"杨锐说。

杨锐家在湖北，生活在南漳县的县城。南漳本在汉水以南，荆山山脉的东麓，从地图上看，南漳和武当山、神农架正好形成一个等边三角形。一条蛮河从城南流过，对岸有座玉溪山，山下有个白马洞。相传，白马洞因精通道学、奇门、兵法、经学的东汉隐士、先贤司马徽长期隐居于此而知名。正是在这里，司马徽向刘备推荐了诸葛亮。

本来，生在县城的杨锐跟农村没有什么联系。若论他的家庭，世世代代均为士绅，家史上记载就出现过 16 位举人。杨锐的祖父杨安寿，字松乔，毕业于武昌高等小学，该校是由张之洞创办的两湖书院附属学校，后来改为两湖总师范学堂附中。"戊戌六君子"之一的杨锐曾在这里讲学，祖父对这位舍身救国的仁人志士极为敬服，便经常跟自己的儿子提起，令其印象深刻，因此杨锐的名字便由此而来。

抗日战争爆发后，日军对南漳进行了野蛮轰炸。杨锐的父亲和很多青年人一起参加抗日，去了重庆。1948 年，杨锐的祖父病逝，杨锐的父亲回乡奔丧，并在守孝期间开始担任父亲生前任教的当地一所学校的校长。后来多所学校合并，南漳县成立了第一中学。此后，杨锐的父亲就一直在那里任教。

祖父病逝后，将他用平生积蓄买下的 54 亩田地作为遗产留给了儿子。此事本是上一代人对子孙的惯常安排，但没想到，这 54 亩田地后来却招来祸殃。杨锐的父亲因此被划成地主，并在"文革"期间因为"成分问题"给自己和家庭带来了命运的改变。

1969 年，父亲下放，到农村改造，所去之地距南漳县的第二大镇武安镇有 15 里地之遥，因此得名十五里店。

搬家的那天，杨锐和奶奶坐着借来的一驾牛车，翻山越岭地走了几乎一天，终于到了他们的"新家"，当地生产队临时给他们腾出了住处——两间牛棚。夏天遇上暴雨，牛棚哗哗漏水；秋冬风寒，冻得老人和孩子坐在床上裹着被子还浑身打颤。

本来，母亲的出身没有问题，也没必要跟着父亲一起下放，但为了照顾父亲，也不拆散一个家，她宁愿放弃城镇户口，跟着父亲一起落户农村，开始干农活，有时还要眼睁睁着丈夫被批斗。这种情况持续了两三年，后来贫下中农觉得老杨这个"大地主"人还是很善的，批斗会才慢慢地变成了走过场。

从县城到农村，从"城里人"变成了"农村娃"，没有上学之前，小杨锐时常会忘了父母的苦楚，在农村的广阔天地里疯玩野跑，任大自然的辽阔撑满幼小顽童的胸襟。

1972 年，父亲恢复了工作，被安排到当地的公社中学教书。这一年的春季，杨锐也开始到生产队的小学去上学。野惯了的他一开始并不习惯，但书本里的世界很快吸引了他，他血液里"诗书传家"的基因很快被激发，渐渐喜欢上了上学，成绩在班里也是顶呱呱。小学二年级的时候，小杨锐担任了副班长，但当他到了三年级，社会上突然开始"批林批孔"，杨家的"成分问题"又被提起，小杨锐先是从副班长降为了学习委员，后来又换成了劳动委员。

"劳动委员？这……"我有点不解。

杨锐答："我出生时父母的年龄已经很大，我体质偏弱，小时候经常生病，这种情况下，让我担任劳动委员，不是故意的吗，故意要给我这个'地主小崽子'一点颜色看看。"

农村艰苦的生活，以及刚刚懂事后在精神上忽然遭受的打击，使杨锐从小就与众不同。他品尝孤苦的滋味要比其他孩子早，这为他长大以后性格的形成提供了特殊的条件和土壤。

"那时候我们在农村的精神生活是很单调的，家里的书要么被销毁了，要么搬家前当废纸给卖了。父亲恢复工作后住在学校，只有周末能从学校图书室有限的藏书中借到一两本带回家。"就是这些书籍，让杨锐孤苦的心田依靠读书渐渐得到滋养。他背靠知识的大树，如饥似渴，读书不仅使他开阔了眼界，增长了知识，更帮助他在学习方面有所提升，从小学，到初中、高中，再到大学，杨锐的学习成绩始终一路领先，无数个"第一"让他拿到手软并习以为常。高考时，他考出了416分的好成绩，是当年南漳县的高考状元。

公元前279年，秦将白起率兵攻楚，荣获战功，被秦王封为武安君。武安君的封地就是杨锐全家被下放的南漳县武安镇。白起在这里开凿了一条百里长渠，是中国历史上很有名的白起渠，又名长渠。此渠开凿的时间比都江堰早23年，因此又称"华夏第一渠"。这个始于2000多年前战国时期的水利工程，至今仍灌溉着宜城地区的30多万亩良田。2018年，在加拿大召开的国际灌排委员会第69届国际执行理事会上，长渠（白起渠）被列入世界灌溉工程遗产名录。

南漳还有一位家喻户晓的历史名人——卞和。

春秋时期楚国人卞和曾于南漳县西边的荆山里发现了著名的和氏璧，最初想献予楚厉王，但楚厉王身边的玉匠说"这不过就是一块普通的石头"。厉王因此大怒，砍去了卞和的左脚。武王即位后，卞和又把和氏璧献给武王，新的玉匠还是说"这是一块普通的石头"，卞和因此被砍去了右脚。待文王即位的消息传来，已失去了双脚的卞和，在荆山脚下大哭了三天三夜。文王听闻非常诧异："此人为何大哭？"遂差人调查，卞和泣诉："我不是因自己失去了双脚而哭，而是哭世人不识宝玉，忠贞臣民被误作欺君之徒！"

这一次，这个玉匠终于没有一上来就信口开河，而是被卞和的坚持与牺牲感动，同意至少剖开石头先看一看。果然，石破玉出——新王一见，稀世之宝啊！从此命名为和氏璧。后因楚国向赵国求婚，和氏璧来到赵国。再后来，秦王提出用15座城池换取和氏璧，赵王便派蔺相如前去周旋，这才有了成语故事——完璧归赵。

当然，秦统一六国后得到此璧，秦始皇命人将和氏璧做成传国玉玺，此后数百年，其一直是正统皇权的象征，直到五代十国时期，和氏璧不知因何神秘失踪……

千百年来，南漳人都为有白起和卞和两位同乡而感到自豪。杨锐从小就生活在白起渠边，更熟悉卞和执意献宝的故事，他们忠贞爱国，矢志不渝，即使被误解、被迫害，也能于大悲大逆中坚韧不拔。如此得天独厚的人文滋养对杨锐后来勇于追求真理，不计个人得失，无疑都产生了刻骨铭心的影响。

三

上大学不一定非得清华、北大

1978年3月31日，时任中国科学院院长郭沫若在全国科学大会闭幕式上发表题为《科学的春天》的书面讲话。此时"文革"已经结束，全体中国人对教育、科学、文化大打翻身仗的呼声空前高涨。

此时，13岁的杨锐已显得比同龄人早熟，他已经懂得如何将自己的人生志向一点点变成可以实现的理想与追求。

在采访过程中，我想着重了解一下他的青少年时代："您的人生受到的正面影响有什么？"杨锐跟我提到郭沫若《科学的春天》的讲话，有一段他记得很清楚："我们中华民族在人类文明发展史上，曾经有过杰出的贡献。现在，在共产党的领导下，我们民族正在经历着一场伟大的复兴……科学是讲求实际的。科学是老老实实的学问，来不得半点虚假，需要付出艰巨的劳动。同时，科学也需要创造，需要幻想，有幻想才能打破传统的束缚，才能发展科学。科学工作者同志们，请你们不要把幻想让诗人独占了。嫦娥奔月，龙宫探宝，《封神演义》上的许多幻想，通过科学，今天大都变成了现实。伟大的天文学家哥白尼说：人的天职在勇于探索真理。我国人民历来是勇于探索，勇于创造，勇于革命的。我们一定要打破陈规，披荆斩棘，开拓我国科学发展的道路。既异想天开，又实事求是，这是科学工作者特有的风格，让我们在无穷的宇宙长河中去探索无穷的真理吧！"

科学需要创造，还可以有幻想？嫦娥奔月、龙宫探宝，既异想天开，又实事求是……杨锐第一次觉得自己的国家那样伟大，他自己，没什么说的，也要做一个伟大的人！这"伟大"要讲求实际，来不得半点虚假，因此他必须好好学习。以后不管多少次转学、多少次刚到一所新的学校暂时跟不上进度，但没过多久，他都会一跃而起，在班里、年级，甚至全校，保持第一名的好成绩。"杨第一"的身份仿佛已如影随形。

长大后，他有了批判思维，认识到分数并不是衡量学生素质的权威，它像鸦片一样让人又爱又恨。但当没有其他指标可以衡量学生素质时，把每一次考试都考好，就成了杨锐对自己下的死命令。他说："国之栋梁——如果将来我想成为那样的人，我得先有扎实的基础。"

随着年龄的增长，杨锐对中国传统教育的优点和缺点越来越清楚。他认为主要的问题就是学生的学习太被动。比如很多城里孩子，从小就面临着学海战术、疲劳教学，无论是在学校还是在家里，全是听讲、做题、复习、考试，连睡觉的时间都不足，更别提让大家发展个性，积极主动地思考、创造……这种教育限制了学生的好奇心。杨锐还算比较幸运，从 4 岁到 12 岁，杨锐在农村生活了 8 年。他对我说："回想那段日子，辽阔的田野，清新的空气，淳朴的民风，厚重的文化，很多正面的东西润物无声。当然生活条件很艰苦，但那也有好处，可以让人产生'想彻底改变'的愿望。"

谈到在南漳一中读书的时候，杨锐跟我说："那时全校只有一台黑白电视机，放在会议室里，每晚学校都会开放给老师们看。高考前的几个月，中央电视台正播放一部美国电视剧《大西洋底来的人》，一时引起轰动。我通过这部译制片第一次看到了海洋和潜水。因此，除了剧中的很多神秘事件、离奇阴谋深深地吸引着我，从科学的角度看，我的脑子里，也被植入了对人类探索海洋重要性和意义的初步认识。"

多年后，当杨锐承担起国家深海潜水器载人球舱的研制任务时，他回想起高考前在闷热的学校会议室里踮着脚尖从人缝中观看那部电视剧的情景，他说还时常会想起当时内心的憧憬。

1980 年夏天，高考结束，这对杨锐来说是一段难得惬意的时光。他到新华书店买了一本名为《比一千个太阳还亮》的书。这本书是讲美国"曼哈顿计划"研制原子弹过程的。读完之后，杨锐对参与国家重大工程的科学家顿生崇高的敬意。接下来要选报志愿了，杨锐的脑袋里没有清华、没有北大，没有非要去读这些名校不可的强烈愿望。他报考的学校是武汉水利电力学院。

我问他为什么会做出这样的选择？

杨锐的回答让我十分意外。他说："小时候我们家不是还在县城生活嘛，那时候习惯了灯绳一拉，屋里就灯火通明。可是后来全家被下放到十五里店，那时村里还没有通电，一到晚上，家家户户都黑灯瞎火，什么都干不了。那时我非常向往电灯的明亮。"

"哦，存在决定意识。"

当时之所以会选武汉水利电力学院，杨锐说就是因为一眼看中了这个学校有一个叫作"电厂金属"的专业。他当时并不明白这个专业的内涵，将来毕业了能干什么，但专业名称里带"电"字。杨锐想起儿时靠蜡烛照明的日子里对"电"的神往，他当即决定："行了，就是这所学校了！"

"人有时就是这样，一个好东西，你不知道便罢，知道了，但又得不到，就会时时挂念，特别想拥有。"

很久以后，杨锐说起电影《日瓦戈医生》，他看到主人公一家从莫斯科历尽艰辛迁到乌拉尔山区。那种强烈的反差总让杨锐想到他们全家到农村下放时的情景。父母生下杨锐时已是高龄，杨锐从小又矮又瘦，却成了班里的劳动委员。当时农村的医疗条件不好，杨锐经常生病，而且一病就发烧，有段时间高烧不断，昏睡中经常噩梦连连。他说："这让我小小年纪就体验了很多的'幻境'，不知这是否增强了我后来搞科研的想象力。"

奇怪的是，上了大学，杨锐就很少生病了。他认为那是乡下种种细菌、病毒，已经提前进入他的身体，通过一次次生病反倒激发了他的抵抗力——"那几年，我算是将抗体几乎收集全了，所以之后'百毒不侵'。这和我后来研究的'材料'一样。如果一种材料包含了各种杂质，它的性能还过得去，那这种材料通常就很皮实。"

丰富的联想，生性爱钻研，使得杨锐在青春期便开始寻找自己的人生道路，摸索前行。

1981 年 3 月 20 日晚，中国男排战胜韩国队，从而获得进军世界杯的资格。深夜里，中国每所大学都沸腾了，学生彻夜不眠，锣鼓喧天。杨锐告诉我："我们当时敲的当然不是锣鼓，就是用勺子敲搪瓷碗或者脸盆。"北京大学还喊出了"团结起来，振兴中华"的口号，让他觉得特别带劲！同年 11 月 16 日，中国女排战胜日本队获得世界杯赛冠军。

这些都激起全国大学生为国争光、发奋努力的积极性。当年杨锐正在读大学二年级，他回忆说："上半学期快要放假的时候，图书馆贴出有影印版《新概念英语》在出售的消息，同学们迅速排起长队，有几百人等着购买——那时候大家对知识充满了无尽的渴望。我的梦想是靠着书本垒成的台阶，一步步向上攀登，搞出成果——山高人为峰啊！"

他的目标越来越清晰了。

四

留学并不是要"留"在国外

杨锐在武汉水利电力学院就读的是机械工程系，专业是高温金属材料的可靠性使用，比如发电厂，蒸汽管道在高温运行下如何克服内部的气压，时间久了会发生蠕变、脆化，甚至引发安全事故等问题。

1984年，杨锐以优异的成绩毕业，接下来的路该如何走？马上工作，还是继续读研？

那个时候，刚刚恢复高考没几年，读研还不像现在这样普遍，有个大学学历已经是很骄傲的事了。但是杨锐心有不甘，他觉得脚下的山峰还不够高。有个上一届的校友考上了中国科学院金属研究所，读了硕士研究生。那一年暑假，那位校友正好途经武汉，在杨锐的寝室借宿，杨锐就跟他聊了一个晚上。这一聊，就聊到了高温钛合金，学长说"这种材料很快会被用在航空发动机上，是一种很有前景、对国家也会有大用处的材料"。就是这个有"大用处"，让杨锐的心里腾地燃起了火苗——父母自小就教育他长大了要报效国家，这不，"用武之地"就在眼前——他毫不犹豫，立刻决定报考研究生，而且定下了"钛合金"的研究方向。

当时杨锐所在的班级，大部分同学都在准备研究生考试，但最后成功考取的只有3人，其中就包括杨锐。其他同学面对人生忽然开启的大门，基本上都走向了工作岗位，然后恋爱、结婚，像欢腾的小河一样向前流去，杨锐又一次显得有点孤独。只不过此时他已经十分独立，他明白中国的大贤智者诸葛亮所说"非淡泊无以明志，非宁静无以致远"，也理解德国哲学家叔本华所说"没有相当程度的孤独，就不可能有内心的平和"。

后来很多年，杨锐一步步更深刻地体会到作为一个对事业有所追求的人、一个科学家，奋斗路上需要孤独，人的一生注定会经历不同的阶段，很多时候甚至要自己来制造孤独，对自己的想法加以整理，然后选择、取舍。

孤独不是孤单，不是远离集体、逃避现实，这就像科研仪器和工业设备需要定期检修，各类测量仪表也需要定期"归零"——往往，经过了这样的校准和休整，人们才会以更加饱满的精神状态去面对新的高峰、新的挑战……

杨锐是搞工科的，但他身上总有一种文人的气质，诗词歌赋无不通晓，锦绣名言脱口而出，甚至连他的科研思维，也蕴含着中国传统文化的律动。这使他站在科学家的队伍里，显得非常特别。

我问他："您这些《老子》《庄子》《春秋》《论语》，都是在什么时候学的，为什么能时时滚在嘴边，还能用来指导自己的科研？"

杨锐说："很多是在我出国的6年半时间里恶补的。"这话更让我大跌眼镜。

"出国反倒有时间？不学外语，倒在国外研究起自己国家的传统文化？"

杨锐说："这是真的。以我个人的体会，越是到了国外，中国人越爱国，越觉得自己的国家是那么的伟大。很多宏论字字珠玑，充满了引人深思的哲理和智慧，这不仅可以滋养我的心志，还对我的学习、科研很有帮助！"

推荐杨锐去英国剑桥大学读博的是我国著名的材料科学家、战略科学家，中国科学院、中国工程院资深院士师昌绪。杨锐在剑桥就读的专业是材料科学与冶金科学。

杨锐在大学期间，学校曾经给学生们"特意"放过一部埃及电影，叫《走向深渊》，讲的是第三次中东战争埃及被以色列打败，埃及人民群情激愤，积极做好反侵略的战争准备。然而，女大学生阿卜莱在法国巴黎文学院求学期间，因贪图享受，迷恋奢华的生活被以色列情报部门利用，并将在火箭基地工作的男友萨布里也拖下水，逐步走向出卖国家利益的可耻深渊。杨锐说："学校挑这部电影放给大家看，用意是警示学生将来出国要格外警惕自己的思想变化，不要为金钱利益所诱惑。对我来说，根本就不存在这个问题，因为除了中国，我不觉得哪个国家有如此灿烂的文化智慧足以令我倾倒。"

杨锐的英文一向很好，出国前曾在英语水平考试中获得过东三省的第一名。回国后，他的中英文表达能力不相上下。他告诉我之所以决定出国，就是想如何发现新材料，如何为自己的国家做好材料科学的基础性研究和应用性研究，将来满足那个在他心中已经燃起的、匹配着国家"大用处"的志向需求。这一点，把他推荐给剑桥的罗伯特·卡恩教授的师昌绪先生早就说过："作为一个中国人，就要对中国做出贡献，这是人生的第一要义。"师昌绪先生的好友，中国科学院院士，金属物理学家、材料科学家、工程物理学家陈能宽先生也说过："我们要为中华人民共和国写篇'大论文'。"陈能宽先生曾任美国约翰斯·霍普金斯大学和西屋电器公司研究员，1955年回国后，曾任中国科学院金属研究所研究员。但此后，陈能宽先生忽然"消失了"，直到1999年荣获"两弹一星"功勋奖章，杨锐才知道先生是为了国家，真的去写了一篇"大论文"！

"大论文"与"大用处"，前辈和后来者，爱国情怀一脉相承……

2020年12月，我为央视《新闻调查》栏目的《万米深潜之路》去沈阳采访；2021年3月，为本书再访杨锐，他说，留学的目的不是为了留在国外。不管有没有前辈和导师的谆谆教诲，他心里都明白留学是为了学成归来服务国家。而且研究人员选择专业，绝不能仅仅考虑个人的兴趣，而应该将国家的需要作为确定自身研究方向的重要基础……

杨锐曾坦诚地说，20 世纪 80 年代，我们国家和西方发达国家在很多方面还存在巨大差距。他举了三个例子，那也是他到了英国以后所受的三个刺激：第一，当时国产的牙膏皮是锡制的，封口、螺纹和管身是一体化的，使用前需要用菜刀或剪子把封口切开，如果切不好或者弄秃了就很难办。而英国的牙膏皮已经是软塑料材质，口盖是一体的硬塑料，很容易就能掰开，把牙膏挤出来，用完了还能合上，密封效果也很好。第二，他在北京买了一双球鞋，如果是在国内，穿一年都没问题，但是到了英国，他发现通往郊外的人行道为了防滑，路面铺了一层粗糙的红色多孔浆料，非常坚硬锐利。走在那样的路面上，他的那双鞋底有半寸厚的球鞋，不到两周就磨坏了。第三，杨锐出国前接受培训，老师专门强调到了国外要每天换衬衣，所以他带了 10 件衬衫。英国气候潮湿，宿舍楼里除了配有洗衣机还有烘干机，他就一周下来，凑够了 7 件一块去洗。但衬衫烘干后再上身，紧紧巴巴地，缩水很严重。可后来他在英国当地买的衬衫怎么洗都没有问题……

"又涉及物质、材料了吧？"我听完联想到。

"对，'材料'决定着我们的生活质量，也决定着一个国家的科研水平。"

同时还有一个关注点：材料再好，没办法加工，也是没用。

出国不为改善自己的物质生活水平，这不是因为杨锐多么高风亮节，而是他始终相信我们的国家会发展、会进步，有一天，我们不会过得比西方发达国家差！这样的自信让他身在异乡，内心强大。

在国内读硕士的时候，杨锐的研究方向是钛合金。到了英国，提供研究经费的罗罗公司对镍铝感兴趣，卡恩教授就鼓励杨锐更深一步地去探索镍铝钛三元系。杨锐对这一提议欣然接受。

按照导师的说法，研究生的学习目的，不是只看他已经取得了什么研究成果，参与了哪些项目，更重要的是训练学生的思维方式和研究方法。这些中肯的教导，让杨锐受益匪浅。20 年后，他终于有机会为国家研制出适合深海潜水器载人球舱的新材料，他前半生的苦学终于有了大用处。他知道自己的努力至关重要，但科学说到底是全人类的，如果能站到前人的肩膀上，就要学会利用；如果前人没能踩出一条现成的路，那我们就得自己继续往前找，逢山开路，遇水搭桥！

五
研制钛合金，如何走出"死亡峡谷"？

美国的"阿尔文号"曾经是世界上最有名的潜水器。1985 年 9 月 3 日，它在大西洋 3800 米的海底发现了"泰坦尼克号"。当时，"阿尔文号"用了一个比较老的钛合金，能保证潜水器深潜到 4500 米，后来一直用了 40 年。但是到了 2004 年，美国想深潜到 6500 米，经论证，要换一种新钛合金，也就是"钛 64"。这项科研工作一直持续了 10 年，到 2014 年才有新的潜水器下水。

中国的"奋斗者号"，一开始，目标深度就是 10000 米，载人球舱所需材料的强度至少要比美国的"阿尔文号"提高 20%，同时，韧性和焊接性还要达到一样的效果。如此一来，这巨人的肩膀，杨锐就没得"站"了。

后来在采访过程中，杨锐又提到"狗说"："为了啃下韧性和强度这两块硬骨头，我这条狗是天马行空，完全放飞了自己的想象。"

终于有一天，他又习惯性地向"老祖宗"讨说法了。他想起孔子说的一句话："君子和而不同。"对啊！韧性和强度就像鱼和熊掌，都是好东西，这两样我都想要。再联系到钛合金的结构，也有两个相，一软一硬，两个差别极大。杨锐要做的就是怎么让它们在一块不互相打架，还要发挥出各自的特长，这就是"君子和而不同"！

杨锐马上想到所里有个叫马英杰的年轻博士。这个小伙子2008年毕业，毕业前一年曾在《材料研究学报》上发表过一篇理论文章，就是在这方面做了基础性的研究。于是他立刻叫来马博士，经过大家一起研究，一个多级片层结构的想法到底给憋出来了。

怎么讲？

杨锐解释："通俗地讲，就是要让新的钛合金接受'分步处理'，通过阶段性地加热，使其在结构上出现'多级片层'。这样，'大片层'里会生出'小片层'，大、小片层分工明确，'大片层'负责变形保韧性，'小片层'负责把强度提上来。如此就应了老子所说的'道生一，一生二，二生三，三生万物'——原理就是这样，韧性和强度就都能得到同步提高。"

理论方向初见曙光，杨锐可算舒了一口气。

后来在采访过程中说起这个关键的"思想突破"，杨锐还难抑心头的喜悦，而且再次给我举了个例子："2020年新冠肺炎疫情期间，我们国家为什么能防控得那么好，就是因为上面有国家的统一指挥，下面有各省、自治区、直辖市的严格遵令，接下来还有市、县级政府，以及再下面的街道办事处、住宅小区物业管理处、楼长、单元负责人等每一级的各司其职……"

"就是严防死守，确保病毒不被扩散！"我也很兴奋。

他说："对，对，严防死守，我们也一样！当然，科学一定要'敢想'，但具体到'产品'，还是要严谨，同时也要有所准备——随时准备牺牲。"

"牺牲？"我一时不解。

"面对一座科研高峰，你得咬牙敢向领导表态，就像战士冲锋前跟连长大喊'保证完成任务'！说得好听，那是你敢担当；说得不好听，也是在打赌。科研的进展不是线性的，人的思维和创造力也是很自由和复杂的系统，有时会突然爆发，但有时，'一堵车'就会给你堵上两年、三年……"

2012年，好莱坞著名导演詹姆斯·卡梅隆驾驶其单人深潜器"深海挑战者号"成功下潜至马里亚纳海沟底部。卡梅隆那个载人球舱是用钢做的，直径不到1米，是单人舱。但是下潜到万米后，出了点问题，马上就上来了。可中国的"奋斗者号"不是这个目的，杨锐搞"Ti62A"也不是这个目的！

全世界搞材料科学的都知道，因为各种原因，大部分新材料最终都没能用上。有些新材料历经艰辛，开始出现时给人的希望很大，但随着研究越深入，发现应用难度很大，困难也越来越多，以至于几十年后才能见到亮光。新材料从最初开始研发到真正获得应用，堪比一场马拉松。钛铝金属间化合物就是这样的一种材料，花了40多年的时间才真正得到应用。从科普的角度上讲，钛合金大体上可以分为两个大类，即高温钛合金和结构钛合金。高温钛合金主要应用于航空发动机，钛铝金属间化合物就是耐温能力较强的一类高温钛合金。而结构钛合金可用于常温环境下，如飞机的机身、海洋工程、人骨替换修复等领域。无论国内、国外，用杨锐的话来形容，对新材料的热情和研究经费的投入都是有规律的，这表现为每当一种新材料显示出它的应用前景时，大伙就一哄而上，形成一个热潮。但过了一阵子，肉已经吃得差不多了，只剩下难啃的骨头时，科学家和商业机构的热情就会渐渐消散。那一定是因为有几个难点无法克服，也无法预测需要多长的时间能够克服。此时的研究工作一定会进入低谷，行话叫"死亡之谷"。

美国用"钛64"做载人球舱，耗10年之力才成功，中国用"Ti62A"做载人球舱，仅用了3年。谁最后能从"死亡之谷"里爬出来，谁就能获得应用材料的新突破。那才算"山高人为峰"。

"中国科学院金属研究所选择的科研方向是正确的。例如做钛铝金属间化合物的研究，当时我们下狠心也是觉得应该利用那一段低谷期努力探索，在品质方面赶上，甚至超过世界先进水平。当然，这样做的风险也很大。我们经常从战争片中看到，一支小分队正朝着和撤退的大部队相反的方向逆袭，这支小分队之所以显得悲壮，是因为不知道还能不能回得来……"

在金属研究所，除了科研大楼，还有一个试制新材料的工厂车间。有一天我提出想去现场看看，也想见见杨锐团队的雷家峰、马英杰等其他逆袭者。杨锐说："好，没问题。"

我站在装满钛合金碎料的几只大铁桶前请教："这些手指甲盖儿大小的金属块，就是你们研制出来的钛合金？"

马英杰说："对，我们叫海绵钛。这些海绵钛和其他金属物质，比如铝、钒等混合在一起，我们先通过压力装置把它们压成一根根的棒料，然后再放到熔炼炉里去真空熔炼，炼成之后就是您看到的钛合金大铸锭，之后再经过锻造，轧制成床板一样的板材，然后才能冲压成半只球壳，再焊接成一个潜水器载人球舱的整体。"

顺着马英杰手指的方向，我看到车间一头有一座高大的真空熔炼炉正在熔炼，上面的红灯一闪一闪，表示它正在工作。

2016年，经过反复地设计、实验、攻关，杨锐带领他的团队，终于找到了"Ti62A"，其强度、韧性都能满足万米深潜载人球舱的要求，抗压性不是 100 兆帕，而是达到了 140 兆帕。

强度和韧性解决了，接下来，那么巨大的一个球体，钛合金的板材又那么厚，如何焊接？有没有困难？

杨锐说："你把那个问号去掉吧，对我们来说，那就是一场'生死考验'！"

六
"赤道缝儿"——最后的焊接难关

2020 年年底，"奋斗者号"万米载人深潜在完成所有规定动作后，按时回到位于海南三亚的中国科学院深海科学与工程研究所。我们的摄制组随后也飞了过来。

眼前是一座巨大的厂房，"奋斗者号"静静地在里面休息。从它身上看不到"披挂出征"之后的任何疲惫，它浑身还是那样鲜鲜亮亮地好看。工作人员正手拿一种特殊的仪器在潜水器的里里外外进行测试、检查。摄制组编导冯健便问"奋斗者号"载人潜水器的副总设计师李艳青，这些工作人员正在做什么。

李艳青马上给冯健介绍了身旁的江苏省特检院无锡分院"奋斗者号"检测项目组负责人费宏伟。我和冯健会意，立刻把话筒转向了费宏伟，请他接受采访。

费宏伟说："你们现在看到的是我们的检验师，他们手里拿的是超声波检测仪，正在给'奋斗者号'做体检。"

"主要检测什么？"不只是我，大家都很好奇。

费宏伟接着说："主要是检测载人球舱赤道缝儿的焊接质量。看经过万米深海的实战，焊接有没有缺陷，现在的状态是不是能够满足我们船级社的验收标准。"

事情到了这一步我才清楚，"奋斗者号"此次在马里亚纳海沟的万米载人深潜，说到底还是一次"海试"，回来以后还要接受中国船级社的权威检测，合格了，国家才能给你发证书。这就像汽车，造好了，没有拿到签发的合格证，也不能满大街地驾驶。

第一次如此近距离地观察"奋斗者号"，我发现载人球舱真是圆圆的，浑身银亮闪光，由两个半球焊接而成。科研人员所说的"赤道缝儿"，就是球舱的中央很像地球赤道的焊缝，只不过它不是水平的，因为那两个半球是斜扣着的，大约呈钟表4点45分的方向。"就是这道缝儿，一道缝儿难倒英雄汉！"

想起那次在沈阳中国科学院金属研究所，我在展陈室提出要看一看"奋斗者号"的"球壳"，最好能亲眼看看什么是"Ti62A"。杨锐答应得很轻松，说："可以呀，咱们身边就有，这块就是。"

当时在他身后，真有一块大铁疙瘩，有脸盆大小，是一块曾经做实验的万米深潜载人球舱的球壳残皮。他起身把大铁疙瘩搬了过来，等我接过手，天呀，好沉！我根本就端不住。

杨锐说："所以您看，载人球舱的球壳这么厚，焊接很难。万一开裂，可不得了。"

所以第三大难题——可焊接性，也是最难啃的骨头。

杨锐说："我们原计划是要做三个球的，实验嘛，多一种焊接方法就多一些参数。但2016年6月，有关部门给我打电话，说：'经费要砍掉近一半，你还能不能干？'我一听，差点把电话给摔了。"

"冲动"过后，杨锐控制住了情绪的"魔鬼"，因为他知道国家的科研经费始终很紧张，也是没办法的事。

钛合金材料存在固有的"尺寸效应"，尺寸和厚度越大，均匀性和力学性能的稳定就越难保证。为解决大尺寸超厚钛合金材料成形的均匀性和力学性能的稳定难题，科研团队通过设计材料微观组织及其获取工艺，并联合宝鸡钛业股份有限公司，成功地克服了"尺寸效应"。接下来，载人球舱要由 2 个半球焊接而成，3 个瞭望窗口也必须通过焊接跟母体相连，如何保证焊缝位置的韧性，从而实现"超大尺寸与厚度"材料的"全电子束一次性焊接成功"。杨锐他们面临着焊接技术的世界性难题。对此，科研团队提出了新思路，并联合洛阳船舶材料研究所，在艰难的探索和实验中终于突破了一系列焊接成形的技术难关。

但是眼前，因为经费紧张，要把 3 个球改为 2 个球，实验备胎不多啊。最后，所里决定还是要熔炼出至少 5 块大板材，用其中的 4 块去做了两对半球，多出来的一块准备继续实验。

至此，一个致命的问题出现了。我希望杨锐能明确地告诉我："新材料对载人万米深潜是否绝对可靠，谁说了算？"

杨锐很明确地说："靠压力罐的打压结果，同时，还有顶级专家的认可。"

"两个球最后的实验结果怎么样？"

"第一个失败了。"

真是怕什么来什么！

杨锐第一次皱眉："可焊还是不可焊，是一个问题；能不能焊好，是另外一个难题。你知道，有的材料永远都不可焊，怎么焊都不行。"

到了两个半球真要"全电子束一次性焊接"的时候，"不可焊"的问题已经不存在了。但是焊过之后，为什么第一个球失败了，是开裂了吗？

"是开裂。"

后来我采访中科院金属所钛合金研究部的副主任雷家峰，焊接第一个球时他在现场。雷家峰回忆："2018 年 12 月，第一个球焊接之后，电视台都报道了，都说已经取得了'首试成功'。但几天后，第一个球开裂了。一开始是裂了一条小缝儿，但后来裂口慢慢加大，越裂越大。"

"这个球就废了？"

"废了。"

"那只剩下最后一个，当时的压力……"

"可想而知，没有备胎，也没有时间了。"

2019 年 1 月，在无锡中国船舶科学研究中心——"奋斗者号"研制、海试的总指挥机构，在项目进度协调会上，大家焦急万分：这可咋办？接着焊？那一天，无锡的天雾蒙蒙的，和杨锐当时的心情一样。

开弓没有回头箭，科学有时不就是得敢于担当和冒险吗？怕失败，或许就永远没有成功的可能。

为了确保成功，杨锐团队在正式焊接前，做了一个缩比球，直径有半米，各项性能指标都合格，打压时一直打到了 180 兆帕，都没有问题。

第二个球开始焊接了。按计划，那天上午 10 点应该会出结果。但到了 10 点钟，没有人来报信儿。又等了 40 分钟，依然没有人来报信儿……杨锐的心悬着，可没有开口询问。

等到 10 点 45 分，焊接现场终于传来"这一次成功了"的声音。

众人纷纷问："为啥你们用了这么久的时间？"师傅说："刚准备焊，突然机器出了点毛病，外边的一个东西没弄好，就先修了半个小时……"

还好，第二个球焊接得很完美。

杨锐的故事、他和他团队的故事、"Ti62A"的故事，到此都和盘托出，很多具体的攻关、瓶颈，因涉密不能说。但最后一个问题，我还是想问："奋斗者号"的载人球舱为什么要那么大？为什么一定要载三个人？这个问题可以再说说吗？

杨锐笑笑："这个没问题。截至目前，全世界载人万米深潜，载人球舱都是只允许一个人或两个人搭载，我们中国创造了三个人搭载，为什么？你没发现'奋斗者号'载人球舱有三个瞭望窗口吗？中间的窗口归主驾，是让他向前看。如果按一人设计，工作受限；按两人设计，两个瞭望窗又势必一左一右，那样就像小轿车没有前挡风玻璃，无论是向左还是向右，司机都得侧身开，那多别扭，不就成了螃蟹……哈哈哈。"

舒心的笑容从杨锐的脸上溢出。

万米深潜的载人球舱安全了，"奋斗者号"深潜 10909 米也成功了。杨锐说："接下来，你们就该去找张敬杰了。下面的任务，该着急的就是她了。"

"张敬杰是谁？"

杨锐说："从整体上说，'奋斗者号'有两大难关、两大突破——中国得让载人潜水器下得到万米，还得让它浮得上来，那也是一块难啃的骨头，一只拦路的'大老虎'……"

第十章

必须让潜水器浮上来

——载人深潜浮力材料攻关者张敬杰

2020 年，随着中国"奋斗者号"万米载人深潜的海试成功，国人不仅知道了国家建设海洋强国的战略意义，也知道人类征服深海，不仅是按照老观念从海洋获取鱼类食物，利用海洋作为贸易往来的通道，除此以外，海洋气象、海底蕴藏的矿物资源与人类的关联极大。

张敬杰，中国科学院理化技术研究所油气开发及节能环保新材料研发中心主任，"奋斗者号"浮力材料项目攻关组的负责人。2020 年 11 月 10 日一大早，尽管这不是"奋斗者号"载人潜水器在马里亚纳海沟的第一次万米下潜了，但对张敬杰来说，紧张的心情并未消减。

"奋斗者号"在 10909 米成功坐底以后，如何保证 3 名潜航员在完成各项任务后顺利返航？这样的任务不许失败，失败就是以 3 位潜航员的生命作代价。因此，巨大的压力压在设计者、实验者、决策者的肩头。

张敬杰守在电视机旁，两只眼紧紧盯着电视台的现场直播。因为是直播，前一分和后一分、前一秒与后一秒，都有可能出现令人意想不到的情况。

第一次面对面地坐下来采访张敬杰，是在北京，中国科学院理化技术研究所的大实验室。我问："'奋斗者号'下潜后别人都在一阵阵地欢呼，您那一刻在做什么？"

张敬杰说："没干什么，忘了干什么，虽然对自己的产品有信心，但还是紧张。"

当时钟的指针指向 8 时 12 分，"奋斗者号"荷载的电子记录仪已经将下潜数字不断下翻到 10909 米——定格不动了，这样的"深度"创造了中国"载人深潜"的伟大纪录——国人热血沸腾，忍不住击掌叫好。但张敬杰依然没出声。她为什么那么沉得住气？不，不是这样。她是在等。等什么？等潜水器的上浮，等 3 名潜航员安全地回到水面。

张敬杰的眉头紧锁着，心里反反复复默念着：必须，必须让潜水器浮上来！

岁月年轮

2021 年，为了纪念中国共产党成立 100 周年，中央电视台推出了一档特别节目《那时他们正年轻》。节目系统地介绍了包括毛泽东、周恩来、瞿秋白、卢德铭、黄继光、向警予、夏明翰、狼牙山五壮士等众多先烈年轻时如何投身革命，为旧中国寻求一条"光明的出路"而流血牺牲的壮丽青春故事。先烈们创造了辉煌的历史，历史也会牢牢铭记这些英灵。

今天，经过 70 多年的发展，我们国家已经进入少有的太平盛世，国防强大、建设有序、物质丰盈、人民富裕。试问，今天的中国跟艰苦奋斗、勇于牺牲还有没有关系？大树之下，甘井之旁，未必所有人都会思考、扪心自问。

但是，平静的河面看不出急流险滩，今天，中国的建设者们依然会面临考验，只不过他们的战场不是枪林弹雨、炮火连天——

2001 年 4 月 1 日 8 时 55 分，美国海军一架 EP-3 型侦察机无理闯入中国海南岛东南 70 海里的中国专属经济区上空，一位 1968 年出生的浙江籍战士王伟，立刻领命驾驶歼-8II战斗机升空拦截。他捍卫了共和国的国土安全，自己却光荣牺牲——时年33岁。

多少人付出了青春热血却没有得到回报，也未必能收获桂冠，尽管如此，新时代战斗者们的血液里依然奔涌着祖辈、父辈的激情，依然荡漾着浓烈的家国情怀，无私而壮烈。

每一个时代有每一个时代的英雄，他们有警察、消防员，有医生、护士，有法官、检察官，有公务员、教师。此外，还有众多的科学家，他们面对外国的封锁，默默深耕，执着努力，前人倒下，后来者再上，守护着国家的利益，发展着国防科技。他们怀志报国，兢兢业业，让中国这艘古老的大船行稳致远，从昨天走过今天，更满载辉煌地向明天进发。

在建设国家的伟大征程中，很多人的故事不为人知，很多人在没有看到胜利的礼花之前就病故或出现了意外。他们都是谁？他们都在哪儿？他们就在你我身边，就在我们希望的田野上……

一

没有金刚钻，敢揽瓷器活？

2020年11月10日，"奋斗者号"按计划在马里亚纳海沟下潜，完成了一系列深海探测的科学考察，取样并带回了不少矿物、深海生物、深海水样等珍贵的海底样品。此次下潜总时长为6个小时，时间很长，很熬人。

尽管张敬杰知道此次任务应该没有问题，她和她的团队历时多年研制的潜水器上浮材料历经千锤百炼，到什么时候也不会"掉链子"。但

"不怕一万，就怕万一"啊！

通常的深海潜水，下沉是要靠"无动力"的，潜水器会自带好几块很重的压舱铁，水箱也会事先被注满了水，此时潜水器在水中的浮力为负浮力，这就是为什么我们从电视上看到"奋斗者号"的后背上有一个巨大的吊钩，指挥母船"探索一号"巨大的塔吊一松手，"奋斗者号"就会溜落水中，自然下潜。同样的道理，潜水器的上浮，也要靠"无动力"，就是抛下所有的压舱铁，同时排走水箱里的压重海水，然后以一种"无动力"的状态自然上浮。

为什么不用机器驱动？现代科技这么发达，可以用电！一般人都会这样想。我也发出了这样的疑问。

张敬杰却说："用电？用驱动器上浮？第一，能源消耗太大；第二，那会缩短潜水器在海底停留的时间；第三，如果潜水器活动半径减小，以后常态作业时会降低工效。因为我们的万米载人深潜不是一次性的探险，我们的任务是科考，是要长期、常年在海底频繁工作，用电力驱动肯定不行，采用浮力自然上浮才是靠谱的办法。"

世界发达国家，从几千米到上万米，绝大多数采取的都是这种思路。中国在"奋斗者号"之前，其实已经取得了"蛟龙号""深海勇士号"自然上浮的成功。"无动力"上浮跟载人球舱依靠"Ti62A"新材料下潜一样，也要依靠一种特殊的材料，就是一堆空心玻璃微球。球的直径很小，比头发丝的直径还小，肉眼根本就看不见，但潜水器却可以借助它的浮力上浮。因为球是空心的，通过胶质物将其凝结、定型，然后再做成各种各样的块状物，严丝合缝地安装到潜水器身上。当上浮力超过潜水器下沉的力后，这些空心玻璃微球就像一支特种部队，会带着潜水器自动出水，完美浮出海面。

无论是看资料还是听张敬杰讲解，潜水器自然上浮的原理似乎都很简单，但这种神秘材料在哪里？这支特种部队该如何组建？上浮材料可以胜任 3000 米、5000 米下潜，但对于 10000 米的深海下潜，技术要求也是一样吗？我有一堆的问题，坐在张敬杰的面前，不知先问哪个好。

"技术要求当然不一样，而且不可相提并论！"

这是张老师的回答。我明白她是在说海水的压力，海下 3000 米、5000 米与 10000 米的压力当然不同。

"既然大家都想走'无动力'上浮的路子，玻璃微球在国外有吗？"我问。

张敬杰说："国外有，只有极少极少的国家能生产出这种材料，但是人家根本就不会把技术转让给你。我们可以花钱让他们给我们做，但价格贵不说，人家什么时候不想卖了，你一点辙都没有。"

哦，明白了。所以攻克玻璃微球，也像拿下"Ti62A"一样，中国人只能靠自己来攻关。只不过后者根本没有路；而前者，别人虽然踩出了路，但不让你走，一样等于没有路。

复制或者说重新摸索可不像兑制可乐，我们买一罐现成的，然后无数次地去修改配方，终于有一天能调出差不多的口味。单纯地模仿，根本不是办法，也不是中国人的胸襟。更重要的是，可乐的味道差一点还可以凑合着喝，但潜水器载人下潜到万米，一旦"差一点劲儿"浮不上来，那可不是闹着玩的。因此，选择什么样的方法研制，走哪条路，用什么样的开山板斧，一切都得从头设计。张敬杰手头根本没有任何可以借鉴的东西。

再重温一下中国载人潜水器发展的历程：

1986 年，中国第一艘载人潜水器"7103 救生艇"研制成功，虽然当时它只能下潜到 300 米，航速只有四节（船速节是每小时 1852 米），但已经是那个年代中国最先进的救援型载人潜水器了。

　　2010 年，中国第一台自主设计和集成研制的载人潜水器"蛟龙号"诞生，下潜深度达到了 3759 米，中国是继美、法、俄、日之后，成为世界上第五个掌握了 3500 米"大深度"载人深潜技术的国家。

　　2016 年，"蛟龙号"在拥有了世界先进的"悬停"和"自动驾驶"功能后，成功挑战 7000 米，最终把纪录保持在 7062 米。

　　2017 年，"深海勇士号"的设计和制造都立足国内，国产化率已经达到了 95%，其中，关键部件的国产化率达 91.3%，主要部件的国产化率达 86.4%……

　　"立足国内"四个字看似简单，却是一座划时代的里程碑，标志着中国进口技术、进口材料的"断奶"。过程十分艰难，但又不得不如此。

　　"2013 年年底，我们很多单位的科研人员聚集中国科学院深海科学与工程研究所。首席科学家 D 老师很认真地说'深海勇士号'要上马了，我们要大面积地实现国产化。当时的关键技术包括钛合金载人球舱、固体浮力材料、高速数字水声通信、自动控制系统、机械手等技术都不是现成的，得我们一个个地自主攻关。D 老师说我们在挑战前沿，走别人没有走过的路，无法预测将会遇到什么困难，我们有可能成功也很可能失败。尤其说到'继续花钱买国外的技术和材料'这条路一定得到此为止的时候，他问所有与会单位'你们大家想不想做？能不能做'？当时满屋子的人没有一个敢接话，因为谁都知道中国有句老话叫'没有金刚钻，别揽瓷器活儿'。只有我觉得背后烧得慌，我没有退路，我满脑袋就只有一个感觉——科学院是科研的国家队，理化所是时候去搏一搏了——真的没有退路了。"

　　张敬杰在采访中跟我更详细地回忆起那一幕："当时满屋子都是男的，就我一个女的。我就说：'我们应该做，不做愧对国家。我要想办法把万米浮力材料搞出来！'说完，心都在怦怦怦地乱跳。"

"那你为什么要请战？当时有把握？"

"没有，我当时一点点把握都没有。"

"但你这样在会上表态，万一做不出……为什么要硬出这个头？"

张敬杰脱口而出："我不知道，说不清。我说我们没有退路，是因为这件事如果我们中科院都不做，那还有谁来挑头？苟利国家生死以，岂因祸福避趋之。关键时刻，国家需要你，你能后退吗？不能！"

2021 年 3 月，当我再一次面对面坐下来采访张敬杰，再次说起那次"冲动"。我问："那一次你举手的原因究竟是什么？"她说："还是不知道。人的一生或许总要有几次冲锋吧。虽然冲锋不一定能拿下山头，但是不冲，山头就永远是敌人的。"

"可是没想过会失败吗？一旦失败，也是对不起国家、对不起单位、对不起自己。"

"没有。想到失败，我的手就举不起来。"

"那胜算的可能呢？有几成？"

"一成也没有！"

她的回答让我想起杨锐，究竟能不能搞出"Ti62A"，他当初也没有胜算，也是因为国家需要而请战。大敌当前，他组建了一支跟撤退的大部队逆向而行的敢死小分队。

幸亏后来搞成了。张敬杰深深地舒了一口气。

我忽然想到：敢冲锋，这跟张敬杰的"个性"有没有关系？但她自己说应该是没关系的。她是那种说话挺温柔、挺低调的人。不过，她又补充道："不关乎我的个性，却有可能关乎我的血脉。"

"是吗？这怎么讲？"我觉得这是一个关键，因此紧紧抓住。

"我的血液里可能有英雄情结。怎么讲？我爷爷当年是八路，打日本鬼子不要命，一个人用刺刀刺死了十来个日本鬼子。从小我就经常听很多人问他：'您那时是怎么想的？怎么做到以一当十，不计后果？'爷爷说：'不就是个死吗？当时没法不拼了，我没有后路。'"

"没有后路。"——爷爷当年的这句话，70多年后又从孙女的口中说出。虽然环境不一样，事情不一样，但胆气是相同的，都是不考虑个人的名利与生死。潜移默化，基因传承？

人在少年时期，尤其是青春期的时候，榜样的力量是无穷的。尽管没有谁要求你长大了以后要成为什么样的人，但一旦有事，需要当下做出选择，什么人曾影响过你，让你内心生出过崇拜，就是一颗种子，遇到合适的水土和阳光，种子一定会发芽……

二
吃过苦，懂得光荣，对人最重要！

河北唐县川里村，是张敬杰的老家。

爷爷是军人，参军、抗日，保家卫国。张敬杰家乡的土地曾经是晋察冀抗日根据地的核心地带，抗日的烽火燃烧过那里的一草一木。

1937年11月，聂荣臻被八路军总部任命为晋察冀军区司令员兼政委，率领3000多人，在五台山地区创建了第一个敌后抗日根据地。之后又在冀中、冀东、平西、平北等地发动群众，扩大武装力量。到1939年，晋察冀根据地已发展到72个县1200多万人口，军区主力部队近10万人。毛泽东知道后曾赞誉："五台山，前有鲁智深，今有聂荣臻。聂荣臻就是新的鲁智深！"并号召八路军向晋察冀根据地好好学习。

张家在村里属于土地较多的富户，张敬杰的爷爷读过书，练过武术。为了抗战，他不仅让出了家里的土地，还号召村里很多年轻人都扛起枪去杀鬼子。

张敬杰的奶奶呢，也上过学，有文化，能说会道，能写会画。丈夫做了八路军，上了战场，她就在村里组织"妇救会"，为前方的战士们纳鞋底、做军鞋、做军服，筹集粮食、照顾伤员。

1966年才出生的张敬杰当然没有亲眼见过这些，但是她曾不断地听长辈们说起。因此，当年爷爷奶奶抗日的故事渐渐在她幼小的心灵生出自豪，生出骄傲。

有一次，张敬杰的爷爷带着几个人护送共产党一位非常重要的首长去延安，要穿过日本人的封锁区。他们一行人不幸被日军发现了。先是一场枪战，很快子弹打光了，张爷爷就拔出刺刀和日军拼命，掩护首长撤退。

"他面前的鬼子有十来个。他们看见我爷爷这边只有几个人，就傲慢地不用枪，个个拔出刺刀跟我爷爷他们肉搏，其实就是想把我爷爷他们当成活靶子。后来，爷爷被刺得浑身是伤，血流不止，但他有一股气，有一个信念，就是无论如何都要确保首长的安全，就是死，也要尽量拖延时间，等待部队的救援。"

日军没有想到，这个看上去普普通通的中国农民，身上却有功夫，拼起刺刀来，神魔一样。自古以来，"敢死的"不怕"怕死的"。何况那时张爷爷已经把生死置之度外，最后硬是一个人把十来个鬼子悉数撂倒，最终等到了接应部队，把首长安全地送去了延安。

什么是英雄情结？张敬杰后来总结，就是不怕死，为了国家和民族，敢拼。如果当初爷爷想到自己这边只有几个人，只有一把刀，无论如何也拼不过十来个日本鬼子，那他还会往前冲吗？不仅送不走首长，恐怕还会搭上自己的性命。英雄孤胆，做英雄就不能有私心杂念。

很多时候，如果你只想到成功了自己能得到什么，失败了自己会陷入什么样的窘境，瞻前顾后，就不敢挺身而出了。当初张敬杰为什么会请战，细想想，就是某种英雄情结。用张敬杰自己的话说，就是你不知何时内心潜在的冲动会突然爆发出来，如果你想做事，想对得起自己的岗位，为国家出力，你就会表现出一根筋！张敬杰的"一根筋"是不计后果的，有当年爷爷的影响在。

张爷爷当年完全没有想到鬼子竟被他统统杀死了，他自己却没有死，不仅没有死，还活了下来，养好了伤，回到了部队。抗日根据地专门为爷爷召开了一次庆功表彰大会。会场上，爷爷胸前戴着大红花，有人围着他喊口号、吹喇叭。奶奶和4个儿女也被请上了台。首长介绍爷爷的事迹，还当场宣布了奖励令。

后来张敬杰的爸爸常跟女儿说起："当时全家人的脸上都有光，人人冲我们微笑，竖大拇指。大会台上有张长条桌，上面摆了很多花生、瓜子、鸡蛋、大红枣，我们小孩平时很少吃到这些好东西，一见了就高兴得不得了，首长笑着和爸爸说'多吃点，使劲吃'……"

"吃过苦，懂得光荣，对于一个人的成长、成材，最重要！"这话是张敬杰总结的。作为她的同龄人，我们都是"生在新社会，长在红旗下"，理应都没有吃过太多的苦，但她能由衷地说出这样的话，让我觉得很与众不同。

杀鬼子的经历，曾让张家三代人都感到自豪。抗日战争胜利后，爷爷已经是旅长了，本可以继续留在部队，但他想着日本人被赶走了，国家保住了，老百姓还要过日子，搞生产。那接下来什么对乡亲们最重要？是文化！因此爷爷脱下军装，回到村里为孩子们办起了学校。直到年迈，直到有一天自己的儿子（张敬杰的爸爸）也当了兵穿上军装，复员后分配进城,来到了北京,他才和儿孙一起搬到城里来生活。

然而"文革"来了,张爷爷因为当年家里有较多的土地,尽管都分给了村里没有田的村民,但"有地"就是"地主",就难逃"追杀"。张爷爷被城里的红卫兵轰回了老家,在老家又被村里的"造反派"打成了"地富反坏右",动不动就挨批斗、游街,被拉到台子上去开批斗会。

张敬杰 1966 年出生,很小的时候就跟爷爷奶奶回到农村,在村里度过了童年时光。她不懂人们在政治上对爷爷的歧视,但在生活条件上,农村跟北京大城市的差异她却深有体会。她挨过饿,也遭过罪——那时候没吃没喝,身上的衣服总是很单薄。冬天,手脚被冻得红肿、裂口、流血、化脓,久不愈合,等到长大成人,她至今有几个脚指头一直不长趾甲。但太行山的苍茫博大、大自然的坦荡怀抱,照拂着她、滋养着她,使她比同龄人多了一层苦难的积淀,养成了坚韧的性格。

有一天,红卫兵突然找上门来,小敬杰亲眼看到爷爷被打,而且快要打出人命了。村里有人赶快跑到保定,报告给当地的驻军领导,那位领导赶巧是爷爷当年的部下,一听怒火万丈,立刻派了战士前来营救。战士对村里那些不谙世事的红卫兵说:"你们敢斗他?知道他是谁吗?当年打鬼子,保国家,保护你们的村子,保护你们的爷爷奶奶、爸爸妈妈!现在你们竟……"红卫兵听了个个耷拉了脑袋。

爷爷被部队领导保护了起来。村里的小朋友知道张敬杰的爷爷原来是个大英雄后,个个都围拢着她,羡慕她,这让张敬杰的小胸脯后来一直挺得高高的。

所以,还是小姑娘的时候,张敬杰就知道,人一辈子都要做好事、做大事,这样的人,国家会记得,乡亲们会记住,走到哪儿都受人尊敬。哪怕是一时吃了苦、受了屈，最后真相大白了，还是会被人敬仰。

"我要做爷爷那样的人！长大了，我也要做好事、为国家做大事。"这是张敬杰的自我教育，自我启发。

三

"新世界"的发现，很多时候是因为"走错了路"

张敬杰在接下国家任务、开始研制深海潜水器的固体浮力材料之前，她和她的团队，曾在 1995 年接到过一个国家 863 计划项目，研发一种"实心小球"。

这是什么？就是一种定向回归的反光材料。今天，人们在夜晚出行，或司机在夜晚开车，都会在路上看到很多自发光的东西，比如马路隔离桩的肩部、路牌、路标、大货车后面的大号、警察身上穿的带反光条纹的制服，还有路上行驶的高大车辆车身上的反光涂条。为了交通安全，我们需要在很多地方使用这类反光材料。但 20 多年前，中国没有，只能从国外进口，每平方米要价 300 多元人民币，很昂贵。更重要的是，国内没有这项技术，一旦大面积需求，一分钱难倒英雄汉，必将受制于人。

为此，国家立项研发，张敬杰参与研发的就是这项核心技术。

反光涂料最早由德国人发明，优先用于军事，特别是机场。机场如果永远闪着光，不仅浪费能源，也不利于自身的掩护。于是德国人开始利用反光涂层，只有知道机场位置的自己人要着陆了，飞机发出光，才能够定向回归反射，折射率很高。后来，德国人以高昂的价格把这种材料卖到国外，但其实大批量投入生产的成本很低。

当年接到任务后，张敬杰和宋广智老师带领同事们没日没夜地开始苦干，早一天生产出自己的"实心小球"，就能早一天为国家省下来大笔外汇。他们不能模仿进口的技术路线，只能另辟蹊径，搞"软化学法"和"液相法"。

说起专业，其实张敬杰上中学时是酷爱物理的。她报考大学时的目标是师范学院，希望能成为一名中学物理老师。但是阴差阳错，张敬杰的分数已经过了师范学院的录取分数线，本该提前录取，但迟迟不见录取通知书。张敬杰的母亲跑到学校去问，结果校方说是内部调剂了。就这样，她稀里糊涂地被分配到了北京联合大学，而且专业由物理改成了化学。张敬杰成了化工学院高分子系的一名大一新生。

举凡在二十世纪五六十年代成长起来的中国人都知道个人与国家的关系，也都熟悉一句口号——"干一行爱一行"。我们都是螺丝钉，党把我们拧在哪里，我们就一辈子在那个地方发光发热。

我问张敬杰她后来怎么进了科学院，从酷爱的物理转到化学之后，又怎么干一行爱一行。她想了想，说："一个人所有的爱好都是可以后天培养的，能不能成材，在于自己，同时也在于你的成长道路上能不能遇到一些好老师。"

化学一开始不是张敬杰的所爱，当她毕业之后被分配到中科院理化所去实习时，遇到了后来成了她师父的宋广智，是宋老师引导她起步，教会她搞科研，更教会她怎么做事做人。之后，张敬杰自己也爱上了化学，爱上了实验室。一路读了中科院的研究生、清华大学经管学院的 MBA 培训班。宋老师眼看着她稳稳地成长，可以放心地让她独当一面了。

多年来，张敬杰研究的课题，从学术上讲就是"微米级球形粉体新材料的制备及其应用"。从"实心球"到"空心球"，展现了老师传帮带所融注在她身上的科学的热情、严谨的态度、睿智的眼光和独到的见解。

比如在研制"实心小球"时，有一次实验失败了。因为小球自身带着重量，在水中分散后，小球都应该自然下沉。但那一次，一部分小球没有下沉，不仅不沉，还渐渐浮上了水面。这是怎么回事？

如果粗心或急躁，对着失败的产品说一声"倒霉"，扔掉也就罢了，但是张敬杰没有。她长时间地盯着水罐子看，看看沉的，又看看漂着的，那些小球说是"球"，其实比面粉还要细、还要轻。

看了半天，她对大家说："查查特性。"这一查才发现，上浮的小球因为没做到"实心"，都成了"空心微珠"，轻度、漂浮率都很好——这是个新发现。但是有什么用呢？如果不能研发成材料，也没用。可是张敬杰不这样想，她知道现在没用，将来说不定会成为一种特殊材料，国家也许会需要的。那会为什么产品、材料解决大问题呢？

有心的她保留了这些样品。她把样品放到显微镜下看，这一看让她大吃一惊！多少新世界，是因为走错了路，才被发现。这回可应了这句话。

今天，人们再熟悉不过的即时贴，当初就是因为制胶的厂家生产出了次品，随便扔在一边等着被当作垃圾拉走。结果还未及处理，有人就顺手撕下来贴到文件上做了"临时的标记"，就这样诞生了一种新产品，今天人们仍在处处使用。

1996 年的"空心微珠"和 2016 年的"固体浮力材料"此刻还没有发生本质的关联。张敬杰所参与的 863 计划项目在 1999 年率先完成了科研，项目不仅通过了国家的评估验收，而且第二年就实现了技术转让和产业化。

"就这一点点科技的推动，我们不仅为国家救了急，同时还救了一个企业。"

"这是怎么回事？"

张敬杰说："那是一家做胶鞋的企业，因为没有反光材料，矿工在井下作业时很难被发现，因此常常被矿车撞倒。我们去转让技术的时候，那家厂子已经残败不堪。"

"后来用了你们的技术，那家厂又活了？"我顺着往下猜。

张敬杰说："对，后来他们的胶鞋因为在材料制作环节就已经把反光材料嵌制了进去，新的产品一出来，市场很有销路，不久那家厂就扩大了规模……"

科学家的幸福在哪里？就是把一个心心念念的想法变成现实，造福国家、造福社会，如果往更大里说，就是造福世界、造福人类。

"科研的过程是否也富有诗意？"我接着问。

"没有，当然没有。科学家的付出，通常是在人们看不见的地方，比如办公室、实验室、工厂、矿山，途中、外地，甚至是有毒有害的场所，付出数不尽的汗水、泪水，此外，还有操不完的心。科学家还常常陷入一次次失败后的苦恼。"张敬杰的眼里漾满了说不出的艰辛与苦涩。

"困难比幸福多，对吗？"

她使劲地点点头。

有一些话题，两次面对面采访，我都有提起，但她都不想说。

我锲而不舍："你不告知我困难、挫败，我做出电视节目、写出文章，别人还以为你们这些科学家整天穿着白大褂，坐在条件优越的国家实验室，有充足的经费做保障，科研出了成果当然很好，要是做不出，就明天继续努力……"

张敬杰听我这样逼问，起先还是不语。

我又接着说："有没有过失败？从'深海勇士号'到'奋斗者号'，你都参与了，都是用的你们的固体浮力材料。"

我这一通问，让张敬杰的眼圈微微红了："失败过，不是一次，不是百次，而是上千次……"

"上千次？那哭过吗？"

"哭过，哭过之后还是要咬着牙接着干……"

四
如果"目标"大于"付出"

曾经在三亚中国科学院深海科学与工程研究所，我看到了刚刚从马里亚纳海沟回来的"奋斗者号"。经过先后 13 次下潜，其中有 8 次过了万米，"奋斗者号"脱下战袍，依然威风凛凛。

它通身的颜色是白绿相间，远远望去，就像一条大肚子鱼。那白绿的表皮就是固体浮力材料？后来得知——不全是。"奋斗者号"的表皮是轻质的玻璃钢，是一种复合材料，既美观又防撞，是它出征时的盔甲。那固体浮力材料呢？据说"奋斗者号"的体重，或者说体积，有百分之六七十都是固体浮力材料，它们是怎么分布的？

走近看一看，我一下子就明白了。"奋斗者号"的表皮用玻璃钢保护，很薄。表皮之下，首先是起支撑作用的大金属框架，各种深潜所需的装置都被固定在框架上。之后再剩出来的空间，就都是固体浮力材料。它们被加工成各种各样的形状，塞得到处都是，像给潜水器穿了一身的救生衣。

"那这'救生衣'的原材料就是'玻璃小球'？"我问。

"不错。"

我们摄制小组第一次采访，首先来到了张敬杰所在的中国科学院理化技术研究所，不过办公室都没进，就径直来到了她的实验室。

那天我们来得特别早，张敬杰还在换衣服，我们便先向她的博士生严开祺请教。我问："能不能让我看看'玻璃小球'长成啥样？用手摸一摸可以吗？"

严开祺说："摸是不太可能的，球太小了；看也只能看显微镜放大了之后的图片。"

说着，严开祺在电脑上打开放大了1600倍的照片让我们看，一颗颗圆形的"玻璃小球"，有大有小，呈乳白色，像鱼子一样挤在一起，大的有点像乒乓球，小的像扣子。如果还原成真实大小，这些小球的直径只有几十微米，人用肉眼完全看不清它的内部结构。

当时我们的采访是为了做电视节目，摄像师很希望能找到"玻璃小球"的实物来拍一拍，张敬杰说没问题。采访前，她先把我们带到了一间成品库房，那里堆着很多固体浮力材料的标准块，每一块都有一个拳头那么厚，宽、长约40公分，我想试着举一举。"啊呀，很重！"小球是玻璃的，球与球之间还有胶质物把它们粘连在一起，所以很重。根据潜水器需要的形状，再切割、成型，即使是各种不规则的形状，也可以任意加工。

"那原材料呢？那些做成成品前、最原始的'玻璃小球'呢？我们也想看一眼。"

张敬杰还是笑笑说："没问题。"

回到实验室，她让助手先拿来几个瓶子，里面装的都是原材料。用肉眼根本看不出这些"玻璃小球"的"球形"和是否"空心"。它们表面上就如同面粉，甚至比面粉还要细，还要滑，完全没有玻璃的质感。

摄像师请助手们把小球从上往下一点点地倒在桌面上，让他拍个延时的慢镜头。那些小球的流动性极好，如同细沙飞落而下，让人想起玻璃沙漏里的流沙。

"有碎的吗？小球这么小，即使碎了也看不出，你们是怎么知道的呢？"我问。

"您这可问到我们最困难的地方了。"助手们说。

严开祺指着电脑上的放大图片，翻着图片说："您看，这就是碎了的，就是不合格的。我们要让小球完整，让里面充满空气，还不能碎，所以……"

张敬杰坐下来仔细地跟我讲"困难"之处，她这样讲："太难了——不能碎，也不能失去密度，这本是一对矛盾。"看来她也遇到了载人球舱研发新材料时杨锐遇到的问题了。

"您刚才看显微镜下的图片，小球是不是非常漂亮？如果不仔细看，您可能发现不了，每个小球的表面其实都有一个黑线圈一样的小圈，这就是玻璃小球的壁。壁的厚度只有一两微米（人的头发丝的直径是 100 微米），而且球要有大有小，如果都是大的，球和球之间就会有很大的缝隙，就影响密度，所以要用小球去填充。这样大大小小一堆'玻璃球'挤在一起，再用树脂把它们相互黏合，才能制成板材、块材。"

张敬杰一边说，我一边联想："那不就是让'玻璃小球'在树脂里面都变成了琥珀？"

她说："对对对，就是这个意思，只不过树脂黏合要确保强度，不然就不能抗压，也不能精加工成潜水器所要的形状；但保了强度，还要保证质量要轻，而且不能把'玻璃小球'弄碎，碎了就失去了浮力，这就得找平衡——多少次配方，多少次实验，上次我说失败了得有'上千次'，真是一点都不夸张。"

在北京市郊，中国科学院理化技术研究所租了当地的一处大厂房，专门用来试产和生产固体浮力材料的标准块。张敬杰课题小组的很多人经常扑在这里。一到夏天，本来就酷暑难耐，产品烧制时还得守着巨大的烤箱火炉；到了冬天，厂房里又特别冷，他们每个人都有一件军绿色的大棉袄，怕穿错了，上面用汉语拼音标出每个人的名字首字母，比如张敬杰就是 ZJJ。

"吃、住、工作条件的差都不算事，真正的困难，是越接近成功越让人感觉害怕和绝望。"

"为什么？"

"固体浮力材料的研发是有时间节点的，攻关不下来，后面的国家战略就都不能继续往下进行——大家都等着你呢。中国搞'蛟龙号'，用的固体浮力材料是从国外进口的，我们国家没有。等材料的时候，一是特别地不痛快，二是国外给的材料不一定是咱想要的最高端的产品。所以，中国人受够了憋屈。从 2012 年，国家完成了 7000 米的深潜，我们就下定决心一定要把自己的'浮力材'搞出来。"

张敬杰在三亚立下了军令状，一定要在规定的时间拿出质量可靠、稳定、无缺陷的产品。没有成功之前，很多次，望着工厂里堆积如山的废品，张敬杰和所有课题组的科研人员心急如焚！

"成功的具体标志是什么？"我想缓一缓气氛，换了一个话题。

张敬杰也缓了一口气："原材料和工艺，都没有问题。"

"原材料和工艺，这是两件事啊？"

"对。"

先说原材料，就是"玻璃小球"。张敬杰说："有很长一段时间，小球性能不稳定，一会好一会坏，我们就天天找原因。因为做实验要用天然气，我有时想，我们这是每天在烧钱又烧脑啊！通过测试、实验，对比了很多次，问题就出在一个元素上，简直把人给气死了！再说工艺，做好了'小球'，接下来怎么把它们粘在一起？得先保证标准块不鼓包、不开裂——又是一个难题。"

张敬杰接着说："这是高温固化成型的工艺，我们把'小球'和'树脂'相混合，就像揉面，然后做好了模具，烤面包一样地一块一块放进烤炉，但是往往出来了，要么产品不规整，要么就是裂得乱七八糟，还有炭化的、烧心的……"

"怎么回事？"

"温度、温差。我们往烤箱里放一块面包还好说，如果同时放十块，产品在自身反应的时候就要放热，有时候热散不出去，就集中在标准块里。加上'小球'本身就保温，一堆球挤在一起更不容易散热，就只能往外鼓，然后炸裂。到了秋冬季节，大厂房里没有暖气，产品在烤箱里剧热，外面的空气又剧冷，这样热胀冷缩，又出了毛病。厂房里有一道大红闸门，有一段时间，每天一拉开门，就听到里面乒乒乓乓地乱响，我们就知道是标准块在炸，我也跟着乒乒乓乓地心惊肉跳……一个问题解决了，不知道什么时候又会蹦出来一个新的，好像没完没了，永远都看不到尽头。"

采访到这，我才明白为什么张敬杰被问到困难时不愿意回首。那段日子真是太难了，太难了。

我问她："你们是怎么坚持到底的？"

张敬杰坚定地回答："一个人无论做什么事，如果'目标'大于'付出'，你就只能坚持，没有退路……"

柔弱和坚强，在一个科学家的身上交织缠绕。

当时最揪心的是时间。张敬杰说："如果没有时间限制，多难我都不怕，再高的山，一步步往上爬，总能到达峰顶。但是有时间、节点、战略，可别拖了别人的后腿、影响了大局，这最让人'压力山大'。"

终于，20 块产品自检合格了。之后还要送到无锡中国载人深潜的总指挥部验收。如果这批产品宣告成功，就可以批量生产，中国人就再也不用看外国的脸色，就能满足深海潜水器下潜到 4500 米（当时的目标还只是 4500 米）的需求了。后来要求下潜到 10000 米，张敬杰团队继续实验。他们对材料的要求更严格了。

"2016 年 10 月 7 号，这一天，我一辈子都忘不了。十一假期，大家都在加班，一天都没休。7 号，产品合格了，我们当天坐上高铁去送检。当时去了 5 个人，每人怀里抱了 4 块固体浮力材料的标准块。上车后，我们小心翼翼地把标准块放到行李架上，然后就一路盯着它，生怕它掉下来，也怕其他乘客放东西时把我们的'宝贝'给磕了碰了。"

出站时，张敬杰清楚地记得："等人都走光了，高高的扶梯上，我们一个台阶上放两块，然后人赶快跑到下面去接，一直抬着头看，跟着再一块块地往下搬……这一次决定命运的送检，幸亏通过了，要不然都对不起我从此落下来的一块心病——之后多次去无锡，多次坐同一趟高铁，每次经过那个高高的扶梯，我都会傻傻地站定，脑袋里一阵阵回想，又一阵阵空白……"

五
付出并不意味着成功

中科院对固体浮力材料的研发，不允许模仿外国的产品，一切都要从零开始。因此团队要走出一条中国科学家自己的新路——软化学合成制备技术。没有前人的经验可以借鉴，就只能逢山开路，遇水搭桥，前方胜利的终点在哪里？离自己有多远？一开始都无法估量。

困难面前，她和团队选择了克服，而不是退缩、逃避；责任面前，她和团队选择了担当，而不是迟疑、观望。也许正是因为这一点，这支队伍在"有时限"的情况下狭路相逢勇者胜，最终"拿下了山头"！

"还记得 1996 年，我们做'实心球'做出了废品——空心的玻璃小球吗？"已经采访了 3 个小时，张敬杰的故事还没有讲完。她深深地吸了一口气，接着回忆："那时，宋广智老师是我们课题组的创始人，他给'玻璃小球'的科研打下了很好的基础，尽管那时我们一没钱，二没知名度，因为还没有被国家列入计划。不过那时，我们就意识到'这里有一条路可以走'，有人该去做这件事儿，国家有一天也会需要这种新型的材料。因此严格来讲，中国的固体浮力材料，其科研脚步是从那个时候就迈开了。2013 年，我在三亚脱口而出说'这个事我们干'，是因为：第一，我们还算有科研积累；第二，我们不干，还有谁有干的条件？到了 2019 年的'奋斗者号'，10000 米马里亚纳海沟载人深潜的浮力材料获得成功，那成果是我的导师、我自己，再加上我的学生们三代科研人员共同努力的结果，彰显了传承与创新的融合。"

从贺玉玲到杨锐，再到张敬杰，我的脑袋开了一会儿小差——科学研究都是一代代薪火接力的，这似乎是一个规律。狭路相逢勇者胜——如果没有基础、没有勇气、没有几代人的同心协力，恐怕中国就没有这么多的勇士和成功。

"其实，我哭有的时候真的不是为了自己。和我的一些同事相比，我至少闯过了困难，看到了胜利，党和国家又给了我这么多的肯定和荣誉。但有些人……"张敬杰给我举了一个例子：她的同事，一样也是搞科研"不要命"的，但就没有她"幸运"。

那位同事也是一位女同志。她不顾家庭，更不顾自己的身体健康。

最后科研成功了，但是她还没看到技术转化的成果，就被查出得了癌症。后来，她不顾医生的强烈反对，一定要去高海拔的大西北，为企业解决最后的生产难题。医生怎么说她都不听，后来医生都被她的精神感动了，背上药箱，带够了急救的药品和器材，竟跟着她一起去了青海。

说到这位同事，说到搞科研的艰辛，不仅是技术上的、学术攻关上的，还有很多是课题以外的，比如立项，缺少队伍、场地，更缺少资金。一碰到这样的话题，张敬杰就忍不住要低头拭泪。

我一万个不解："你们代表国家搞科研，是国家的王牌军，还会缺钱、缺地、缺专业队伍？"但仔细想一想，国家这么大，需要投入的科研领域那么多，需要花钱的地方实在太多了，而且钱肯定要先花在最急需的刀刃上。

自古以成败论英雄，这一点不仅对中国的科学家如此，就是全世界的科学家也是一样。如果最终拿不出成果，攀不到顶峰，中途的过程是艰辛的，也是默默无闻的。成功了，有光环；如果不成功，或者还没有达到成功的那一点，你便无名无利，什么都没有。

没有足够经费的时候，张敬杰和团队就靠出售低端的技术、产品，比如洗手液，比如人们吃火锅用的固体酒精……

"用换来的钱贴补科研？"

"对，因为要雇人，要租用实验场地，最现实的是要保证大家月月有工资奖金，不然大家怎么跟着你干？"

"这些也要你操心？"

"对，很多时候，我就是为这些事情发愁。像我的那位同事，一边组织科研，一边还要想办法弄钱，有时出现了资金缺口，还得拿自己的钱先往里垫。"

突破万米深潜的固体浮力材料，预设的产量跟"奋斗者号"最后实际的用量相差了一半。生产需要资金，没有钱就没法买原料，没法付场地费，更没法请工人。一大堆的问题都离不开钱，而且还不是个小数目。张敬杰曾经到处去"哭"，央求项目专家组进行协调。资金突然出现了巨大的缺口，时间又是一道紧紧卡在身后的墙，张敬杰甚至在心里对自己说："再逼，我就要跳楼了。"但第二天她还得四处奔走。外人无法想象这么重要的项目，差点因为缺钱而停滞不前。

搞科研，张敬杰不怕苦，也从没想过要计较名利。假使她主持的"玻璃小球"项目真的经受不住万米深海的考验，最后失败了，3名潜航员没能从海底浮上海面，她的结局就是身败名裂，既对不起国家，对不起3名潜航员，也对不起跟着自己一起付出的家人。

在三亚中国科学院深海科学与工程研究所，有一个巨型压力水罐，罐旁边有一个巨大的鸟笼子，是专门用来做浮力材料打压实验的，里面通常会装满精加工成型的各种形状的固体浮力材料。然后由吊车吊起放进水罐，操作人员在隔壁房间拼命地往大罐子里打水加压，模仿海水的压力。成功和失败都要等实验之后"拎出来看看"。

有一次，因为生怕成型的固体浮力材料会互相磨损，操作人员在材料和材料之间用橡胶垫做了一层隔垫。用意本来是好的，但没想到这个小小的动作，竟在压力之下对产品产生了影响——整整一笼子的产品，都没有通过审核，都要报废。张敬杰站在一边不敢相信，又不得不坚守"带伤不服役"的这条安全底线。她说："我当时就是心疼啊，心在流血，头都蒙了，心疼我们多少个日日夜夜，多少汗水和心血，更心疼那一大笔经费啊……"

六
本土科学家一样为国出力

一项科研最后能否取得成功，有担当的科学家都知道，与其一遍一遍地强调满怀信心，不如咬紧牙关带领团队苦干，一直不回头地苦干！

在研发阶段，张敬杰不是没有感受到种种怀疑的眼光："她能行吗？她毕竟不是海归，不是从国外名牌大学学成归来的。"很多人就是不相信张敬杰真的能把"玻璃小球"弄出来——她的导师也不是"洋博士"，她自己也只是一个中国本土的科学家——他们真能成？

面对这样的质疑，中科院领导大力支持，张敬杰自己也根本不信邪。她知道科学的高峰只需要虔诚的攀爬者，并不会计较你是"土"是"洋"。技术先进的国家，掌握了话语权的商业公司，根本就不会把他们的核心技术教授给留学生，特别是中国的学生，哪怕你是打算留在国外。所以，能否研发高新材料与是不是"洋博士"没关系！

张敬杰想起自己上小学的时候特别想要一本新编的《现代汉语词典》，但那时没钱买啊。一本半个手掌大的《新华字典》就已经很好了。当时，张敬杰的爸爸随部队驻军在北京，张敬杰的妈妈也来了北京，在团中央的中青印刷厂工作。那时家里的住房还是和同事合住的，那位同事经常把印坏了、印歪了、折了角的《现代汉语词典》书页废品带回家垫锅台，有时就扔在一边当废纸。张敬杰就一张一张地收起来，自己看、自己学。妈妈发现后直流眼泪，她觉得亏欠了女儿，家里困难，连给女儿买一本大字典都不舍得。但张敬杰却对妈妈说："这有什么，字清楚就行，攒齐了，不是也一样用、一样看，还省钱！"

她从来不觉得自己没有"出国留学"就不能为国家做贡献。相反，她回想起自己本来偏爱物理，但阴差阳错学了化学，是宋老师把她带入了化学这片丰饶的天地。很快她也喜欢上了化学，开始钻研，并觉得能站在这个领域为国家做一番大事，很高兴、很满足！

"尽管我从小学、初中、高中到大学，都没有'出身名校'的显赫经历，但是我一路都遇到了好老师，他们都是三观很正的老师，不仅鼓励我认真学习，还教会我如何做人，培养我敏锐的目光，吃苦耐劳，同时要有团队精神。"

有一次体育比赛，其中有一项需要多人合作完成的跳绳项目，两个人分站在对面，一同甩起手中大约 5 米长的绳子，队友一个接一个从一侧跳到另一侧。张敬杰主动站出来安慰大家："不要说哪个岗位重要，哪个不重要，甩的不容易，跳的也不容易，大家只有集体配合，我们才能拿到好名次。"老师在一旁看到，由衷地表扬了她，这让她从小就在心里埋下了"要团结协作"的种子。走上工作岗位后，尤其是站到了科研的岗位，她知道自己突出不如团队突出，一个人没有团队的支持是不长久的。她经常听到别人这样劝她："张老师，您是研究员，是主任，是博士生导师，您怎么还每天像我们工人一样来现场干这些杂活、粗活？"张敬杰通常都不以为然："项目做不出，成果出不来，那我才叫'什么都不是呢'！"

采访中遇到了张敬杰的丈夫。他说："平时我太太是一个心善、心大的女人，多少困难、多少委屈说出来了、哭过去了，就该干啥还干啥，不会太往心里去。但是为了'深海勇士号'，为了'奋斗者号'，她多少次食不甘味、夜不能寐……"

终于，张敬杰和她的团队把固体浮力材料做好了，国家批准量产了，摞在京郊大厂房一角的标准块终于可以准备发货！"我们大家穿着军大衣，坐在地上照了一张合影。我的样子很丑、很不好看，但是脸上的笑是舒心的、满足的，我从来没有那么舒心和满足过。"张敬杰开心地回忆道。

回到 2020 年 11 月 10 日这天一大早，"奋斗者号"载人潜水器在马里亚纳海沟再一次万米下潜，6 个小时的时间，3 名潜航员从进舱入水、下潜、驻底，到开展水下观察、拍照、记录、取样，甚至包括潜航员在载人球舱里吃喝说笑，然后返航，一切都很正常。

现场直播里，由中央广播电视总台牵头，联合多家机构制作的深海视频着陆器"沧海号"不断地向母船"探索一号"发回信号，记者丛威娜站在"探索一号"的指挥室里与万米之下的潜航员们通话，有声音、有画面。那句由"奋斗者号"载人潜水器主驾驶张伟说出来的"万米深海、妙不可言"立刻通过直播，成了中国人对深海、对大自然发出的最清晰、最精彩的"人类之声"。

张敬杰默默地看着，尽管当时，乃至之后的很长时间，国人都不一定知道"奋斗者号"载人潜水器能浮出水面、顺利返航，是张敬杰的导师、张敬杰自己以及她的团队的功劳，是大家长期共同的努力才使"奋斗者号"穿上了一身安全的"救生衣"，但是这些都不重要。就像当年爷爷抱着必死的决心，但最终九死一生，还开了庆功会，戴上了大红花，但这些也都不重要，重要的是，他拼死杀了十来个日本鬼子，护送首长终于安全到达了延安。

那一刻，她想爷爷了。她想告诉爷爷：自小我就想成为像您一样的人，对国家有用的人，让乡亲们竖大拇指的人——今天，我做到了，我终于有机会做到了。

人生已然，夫复何求？

第十一章

女人"肩"着三代人的命运

——全国首所免费女高校长张桂梅

2021年2月17日晚，"感动中国2020年度人物颁奖盛典"隆重举行。在颁奖典礼上，我看到了一个人，她正是我将要采访的对象。谁？张桂梅，云南省丽江市华坪县女子高级中学党支部书记、校长。华坪女高是中国第一所面向山村贫困女生的免费女高。

灯光绚丽的颁奖典礼上，张桂梅身着一身朴素的衣裳，从舞台后面走到聚光灯前。她微微弯着腰，步履缓慢，并没有像其他领奖人那般兴奋疾步。她走不快，也昂不起头，多年的肿瘤、肺气肿、类风湿以及严重的骨质疏松症已经把她折磨得脱了形。

后来真正面对面采访张桂梅时，她说："彩排时走了三遍，最后真上台了，还是没走好。"

主持人白岩松和张桂梅一起坐在舞台中央的采访区。白岩松看到张桂梅两只手的关节和手背处贴满了伤湿止痛膏，话题自然就从这里开始。

白岩松问："大姐，这手是……"张桂梅说："关节疼，如果不贴它，我就伸不开，不能动了……"白岩松又问："贴了多长时间了？多少年了？"她说："有几年了。"然后就像平时与老师、学生、家长唠家常那样说起了她的办学想法和做法……

中国改革开放40多年，国家实力和国际影响力令世界瞩目，但在偏远的山区，还有不少贫困落后的地方。很多女孩子读不了高中，刚刚十几岁就要嫁人，像自己的妈妈一样，早早地生孩子、干农活、做家务。日子穷了上一代、自己这一代，还要穷到下一代。

所以张桂梅一直想办一所能把大山里的女孩子接出来接受教育的女子学校，免费地管她们吃、管她们住，帮助她们读完高中，再把她们送入大学！截至2020年，12年的时间，张桂梅亲手送出的大学生有1804个。2021年，她又送150名学生参加了高考。读书改变了这些女孩子的命运，也改变了她们的家庭。但校长张桂梅经历了多少困苦，有过多少付出，没有人知道。

为了不耽误工作时间，张桂梅常年不去医院看病，只靠每天吃药来缓解病痛。每天从早上开始，连中药带西药，她一天要吃下去近20种药。

采访到最后，白岩松说："咱们俩约着，不管10年、20年，需要帮忙的时候您就说话。"意思是盼望着未来张校长能培养出更多的山区女大学生。张桂梅听到这话，没有马上回应，她脸上有一些犹豫，缓慢地说："我会不会失约？"

"失约？"什么意思？"失约"的担心，我当然懂，这句话从此深深地攫住了我。张桂梅不是作秀，她只是担心她的身体。这些年她经常头疼得抬不起来、腿沉得走不了路——她还能不能撑过一个10年，再撑过一个20年呢？

岁月年轮

半个世纪以来，国人经常议论战败后的日本为何能在国内资源几乎耗尽、国际制裁持续的情况下，几十年后再度崛起，一度成为继美国之后的世界第二大经济体？原因就在于日本十分重视教育。长期的战时体制，使日本当时3000万劳动力人口中，有600万处于失业状态。当时的当政者认识到国家的富裕一定是由全体国民的教育程度来决定的。为此，1947年日本颁布了《教育基本法》和《学校教育法》，这标志着日本继1872年明治维新第一次教育改革后，又开始了教育体制、结构、内容等方面的第二次重大革新。

中国是个教育大国，我们的身后有悠久而厚重的中华传统文化。从1900年开始的近现代教育经过了六大阶段，尤其是从1957年到1966年的第四阶段，完成了中国教育由外学日本、欧美、苏联的局面开始向内实行第三次教改的大转变！

然而1966年到1976年，教育遭到破坏，国家中断了高考。直到"文革"结束后，高考才得以恢复。1986年4月，《中华人民共和国义务教育法》颁布，这是中国教育史上的一件大事，标志着我国确立了普及义务教育的制度，标明我国基础教育即将迅速发展，课程和教学改革即将进入一个新阶段。

然而，中国国土面积太大，内陆欠发达地区的很多贫困山区，孩子上学，尤其是女孩子上学，困难重重。

2020年，中国打赢了农村贫困人口全部脱贫的攻坚战，但接下来教育的短板在哪里？怎么想办法解决？该由谁来解决？有人一直在努力探索着……

一

多亏了一条牛仔裤

如果不是因为有位新华社的记者碰巧看到了张桂梅穿的那条裤子破

了两个洞，她和她要办免费女子高中的想法就不会被社会了解，被外界知晓。

"一个女人，身上担着三代人的命运。不读书，就走不出大山，就不可能考上大学改变自己的命运，更不能阻断贫困的代际传播。所以，我要为山区的女孩子办一所免费学校。"这个愿望在张桂梅的心里已经燃烧了很多年，一直不断地燃烧。然而，她苦苦求索了 7 年，到处筹集经费无果。

2007 年，张桂梅被选为云南丽江华坪县的党代表，到北京人民大会堂出席第十七届党代会。第一天，她穿了一身纳西族服装，但是她既不是纳西族（她是满族）人，也不会说纳西族语言，见了记者尤其尴尬。于是第二天，她穿了一条随身带的"好一点"的牛仔裤，做回日常的自己，却没发现那条牛仔裤上居然已经破了两个洞。

张桂梅正急匆匆走在人民大会堂东门高高的台阶上，这时有位记者叫住了她。她以为记者叫住她是要采访，便没有停步。但那位记者并没说"要采访"，只是低声提醒她"摸摸你的裤子"。张桂梅这才发现，当即不好意思地说："哦哦，谢谢，谢谢，今晚我回宾馆换一条。"可是，她哪里有多余的裤子呢？这次来京只带了两身衣服，另一条裤子头天晚上刚洗了，还没有晾干。

本来，为了她这次来京开会，她所在的云南省丽江市华坪县有关领导给她"特批"了 7000 元钱"置装费"，让她买两身好一点的衣服，但她一转身就把钱给了县孤儿院，因为那里正需要一台新电脑。

张桂梅答应散会后到梅地亚新闻中心去找那位好心的女记者。两个人见面后，张桂梅说起自己的身世，讲着自己的梦想，说到艰难时，两个女人聊聊哭哭，哭哭聊聊。第二天，一篇名为《我有一个梦想》的通讯报道发了出去。在大会上，张桂梅立刻成了名人，进门安检的工作人员都认出了她。全国的读者这才了解到张桂梅的事迹，纷纷发声支持她。云南省政府也了解到情况，丽江当地的主管部门更是表示要鼓励和帮助张桂梅实现心中的梦想。

从那时起，从前默默无闻的张桂梅一下子成了新闻人物，她的办学梦想也得到了多方支持。很快，丽江和华坪两市县的教育部门，经过研究、多方筹措，各下拨了100万元作为启动资金，这样就帮助张桂梅建立起了华坪女子高中。这所免费的女子高中自2008年9月成立，当年就录取了周围山区的100个女孩。张桂梅的"梦"突然被一道幸运的曙光照亮，但回想起过去的7年，她一肚子苦水。7年的时间，消耗了她的激情，侵蚀着她的健康，她很想找个地方哭上3天，然后把一切痛苦和疼痛都忘掉！

张桂梅的办学活动一开始并没有引起政府的注意。她没有人脉，没有"路子"，更没有名人、大领导会替她事先搭桥、疏通。因此可想而知，开始的路有多难。

万般无奈之下，张桂梅只好四处筹集经费。每到节假日，特别是寒暑假，一旦有了大块的时间，张桂梅就一个人外出，主要是去昆明，挨家挨户地敲人家企业、机构、组织的大门，苦苦地说明山区的女孩有多么需要读书改变命运。

更多的时候，张桂梅是"摆地摊"。她走到城市最繁华的街区，找一个合适的地方坐下，然后摆出自己的一沓证件：身份证、工作证、党员证，还有各种各样的获奖证书和奖状，以及各级组织部门给她颁发的"先进工作者""优秀人民教师""爱心妈妈"等光荣证，以此来说明她是好人，"讨钱"是为了办一所免费学校。

有人看吗？望者寥寥。大多数人只当她是空气，有些人投来怀疑的目光，有些人皱着眉头表示厌恶，甚至还有人把她当成乞丐，或者干脆说她是疯子。

时光回到 1975 年，张桂梅从东北老家牡丹江跟随姐姐来到云南中甸林业局支边。因为有文化，1983 年，她被调到子弟学校当老师，从此便深深地爱上了三尺讲台。之后，张桂梅为提高自己的教育和教学水平，1988 年，她以优异的成绩考入了丽江教育学院中文系，后到大理喜洲一中任教，从此便正式开始了诲人不倦的教师生涯。

1997 年 4 月，她感到自己的身体消瘦得厉害，脸色也开始发黑，更奇怪的是，肚子越来越大。怀孕是不可能的，因为此时丈夫刚刚离世。到医院一检查，原来是肿瘤，医生要她马上住院，不然肿瘤会越长越大。但当时，她带了 4 个毕业班的学生，再过几个月就要中考了，她无论如何也不能离开工作岗位。

怎么办？想想自己和孩子们的前途，她一咬牙，把检查结果锁进了抽屉，直到中考，她把每一个学生都送进了考场，自己才住进了医院。一台切除手术下来，医生、护士累得满头冒汗，每个人都由吃惊到害怕——那颗肿瘤有好几斤重！

经过这一场大病，医生要求她必须休息，最少要调养 6 个月。殊不知在手术后，张桂梅主动要求领导把她调到条件更为艰苦的民族中学——一所刚刚成立不久的学校任教。她怎么能一口气在家里歇上半年？

于是，术后第 24 天，她又开始带学生了。从此以后，她总能给自己找到"忙"的理由。由于长期劳累过度，病痛反复发作，一种病引来了很多种病。后来，她的身体总是很弱，只不过精神不倒，自己也并不在乎。她说："我是老师，讲台就是我的生命，只要还有一口气，我就要站在讲台上！"

2001 年，张桂梅的事迹引起了各级领导的关注，她本人广泛地受到当地师生和家长的肯定。后来，她又义务兼任了刚刚建院的华坪县儿童福利院（实际上是孤儿院）的院长。当时收养的孩子有 36 个，年龄从 1 岁到 10 多岁，大大小小。初来时孩子们不适应，满院子地奔跑哭喊，不管男孩女孩，头上都长满了虱子，到处大小便……

张桂梅自己没有孩子，但为了照顾这些孤儿，她直接搬进了福利院和孩子们住在一起，边学边干，耐心地管理和教育他们。可是，很多孤儿都是少数民族，听不懂她的话，她也听不懂孩子们在说什么。一开始她给孩子们洗澡时，有些孩子经常用她听不懂的语言骂她。

人人只知张桂梅获得了很多荣誉，却不知那是多少爱心、心血换来的。她是个好人，可以信赖，但当她一个人在昆明街头"摆地摊"，谁会考察她的"真实"，佐证她的"可信"？最难的不是尴尬和丢人，是被骂、被轰、被赶。

有一次，在一家企业，她横下一条心，一定要把自己的梦想说给老板听。但是门卫不让她进门，脸上的表情和说话的口气都凶巴巴的。张桂梅再要解释，对方竟放出一条大狼狗，不仅咬烂了张桂梅的裤脚，还咬伤了她的脚，鲜血不停地流……她坐在地上哇哇大哭。那一刻，她的世界仿佛完全没有了尊严和高尚……

二

12 年家访路，11 万公里长

有了张桂梅痴心的努力，有了当地政府的支持，2008 年 9 月，云南丽江华坪县全国第一所免费的女子高中成立了。尽管当时的条件非常艰苦，学校没有围墙、没有保安，只有一座教学楼，既上课，又办公，还是老师和学生的宿舍，食堂和厕所要和旁边的学校共用……但是张桂梅心里高兴啊，多年的心血没有白费，多年的梦想终于实现，她还怕条件简陋和吃喝艰难吗？但让她万万没想到的是，"三大差"中，办学条件差可以忍受，一切都可以慢慢来，但是其他"两大差"——生源基础差和教师不够热情——可愁死了人。

开学当天，她和学校的其他管理者费了好大力气才从华坪县及周边的玉龙、宁蒗、永胜等县的贫困山区动员来了100个孩子。这些孩子没有经过入学考试，张桂梅一再放低了入学标准，后来干脆就"只要肯来，什么样的孩子我们都收"。尽管如此，开学以后还是有6个孩子走了。留下的94个孩子的学习基础参差不齐，基础差的连小学都没毕业，有的甚至连普通话都不会说，更不用提英语了。17位老师不怕苦，不怕收入低，就怕带不出这些孩子，那他们作为教师的声誉……最后，17位老师只留下了8位。

更让张桂梅不解的是，华坪女高管学生吃、管学生住，又请了那么多老师来上课、补习，为什么还有人不愿意来上学？还要打退堂鼓？张桂梅下定决心要好好了解一下这是为什么。她开始家访，要一个不落地走进每一个学生的家，见到她们的父母，了解家里的情况。

如果不是在山区，家访对老师不算个事，而且是辅助教学的重要手段。但是华坪女高收上来的孩子都是山区的贫困女孩，那些地方天高路远，信息闭塞，行路艰难。这就使原本普通的家访变成了一件很重要但又特别难以兑现的事。

办学一开始，张桂梅就给全体老师定下了一条规矩：我们这所学校不开家长会。一开始大家不解：哪个学校，哪个年代不开家长会啊？但是张桂梅说："华坪女高就不开，因为我们学生的家长都远在大山，他们的生活很贫困，如果让家长一个个跑来县城，不仅要花路费、餐费，还要耽误农活,那些家庭离县城都特别远,当天根本就回不去,还会产生一笔住宿费……"

她这么一说,大家就都明白了。漫漫家访路,张桂梅一走就是12年,走了11万公里。

11万公里不是平路,也不是坐车就能到达,而是要翻山越岭、下水渡河,张桂梅以瘦弱多病的身躯,一脚浅一脚深地行走在滇西北大山深处,累了、饿了,摔倒了、受伤了都是家常便饭,有时因为旧病复发,还会昏倒在家访路上。

2008年寒假第一次家访,张桂梅和华坪女高当时的办公室主任马海要去一个离县城并不算远的村子。因为天气不好,路不好走,还要穿过一大片树林,他们在山上迷路了,兜兜转转不知道东西南北。这可怎么办? 出师不利啊。

张桂梅不灰心,她不知从哪个角度抬头一看,发现不远处有一座山,山顶上有一栋修得还不错的房子。她知道那一定就是学生的家了,便催着马海赶快往前走。然而还没等走到山脚,两个人就傻了眼。

他们面前渐渐出现的山,是一座近百米高的悬崖。由于采矿,这里的山体几乎被削成了垂直的90度,要想翻过这座山,没别的办法,只能拉着拴在悬崖上的一部悬梯往上爬。这样的"行路难",真是"难于上青天"。当年50岁的张桂梅怎么才能翻过这座山呢? 就算是马海背她,也翻不过啊。

"既然来了,咱怎么都得去,要是绕路走,会更费时间。"张桂梅想都没想,脱口而出。

如此一来,马海只好顺着悬梯往上爬,张桂梅紧紧地跟在他身后。

原以为百十来米的悬梯,咬咬牙就能过去,但那可不是木头梯子,而是用绳索串联的,会晃。一个人爬还相对容易,两个人爬,悬梯就会摆来摆去，一会儿像要飘起来，一会儿又像要摔向崖壁。

爬到一半时，张桂梅忍不住低头向下看了一眼，这一看，让本来就有恐高症的她立刻头晕目眩，她紧紧抓着梯绳，一动也不敢动了。可这是在半途啊，上去难，下也难！

张桂梅后来说："当时我心里非常非常地紧张，悬梯也越晃越厉害。我觉得坏了，这次可能要死在这里了……"

马海也觉得非常危险，他让张桂梅先把眼睛闭上，两个人都冷静了一下。然后，马海让张桂梅用一只手死死抱住自己的脚，跟着一步一步地往上爬。折腾了半天，他们终于翻过了这座山，但却发现，原来从远处看到的山顶那处房子，根本不是学生的家，而是一处矿井的值班房……

11万公里的家访路，这才刚刚开始。

张桂梅曾说"我们这所学校永远不开家长会"，是指华坪女高要通过家访的方式，把每年要开的家长会一个个开到大山里，开到每一个学生的家里。

这是何等的辉煌工作，气壮山河，前无古人！

又一年的寒假，还是春节的大年初二，张桂梅出发去宁蒗、永胜地区的学生家里一户户地家访。她舍不得耽误任课老师的时间，就拉上学校的行政人员跟她一起去。这一次陪她一起去的是办公室主任张晓峰。

那一天按计划，只剩下最后一家。山区的天气非常冷，当时不仅飘起了小雨，而且天也快黑了。车子开了半天，一路上没有见到一个人，好不容易看到一个放羊的老乡，忙打听路。老乡说："车子开不到的，你们得翻过那个山头，再过一条河，才能到。"

"这段路大概要走多长时间？"张晓峰问。

老乡说："得两个小时吧。"

"还要步行两个小时？"张晓峰看看天，又看看身边已经很疲劳的张桂梅，本来想建议："路难行，两个小时的时间又太长了，要不，咱们先回去，下一次再……"

可是不等他说话，张桂梅已经拉开车门下了车，一个人径自朝着老乡手指的方向开步走去。

崎岖不平的山路，张桂梅小心地走着。

眼看着翻过了山，快要过河了，张桂梅脚踩了一块石头，有点滑，没站稳，扑通一声摔了一跤。真是怕什么来什么，张晓锋赶紧上前问摔坏了没有，赶忙把她扶起来。

张桂梅却说："没事，没事，继续走。"

第二天，做完了家访，效果还不错。这位学生的家长已经同意继续让孩子在县城里上学，而且听到学校管吃、管住、管培养，还给发被褥和校服，家长感动得一个劲地"谢谢老师、谢谢校长，谢谢政府、谢谢党"。大家心里都挺高兴的。

但是细心的张晓峰发现："张校长怎么看着有点不对劲呢，咳嗽，不时地还会捂着自己的肋部。"于是提出要带她上医院去看看，但张桂梅一个劲地摆手，说："不要紧，不要紧，老毛病了。"还坚持着要把剩下的家访做完。

后来，家访终于做完了，大家看到张校长的脸色越来越差，咳嗽也越来越厉害，赶忙带她去医院做了检查，结果一出来，大家都忍不住哭了，原来那一个大跟头把张桂梅的第七根、第八根肋骨摔裂了，不仅发生了骨折，还导致了胸部感染……

12年，11万多公里的家访路，张桂梅家访过的学生家庭有1300多户。

用她自己的话来说："我没有存款，没有房子，也没有家庭，但我有一颗火热的心，我心里有党，有国家，有人民，有学校，有千千万万的孩子，我把光明带进了大山，孩子们就有了光明。孩子们有了光明，才会有前程、有幸福，那样，我就也什么都有了……"

三
"我的命是华坪救的。"

一句"孩子们有了光明，我就也什么都有了"不是口号，而是张桂梅的心声。

对于张桂梅，我看到更多的是她把一切都交给了孩子。不再婚，不要家庭，不要孩子，不要健康，甚至连工资卡也不放在自己的口袋里，而是交给了孤儿院她带大的一个孩子手上，由那个孩子负责打理她的吃穿用度。

是什么推动了张桂梅的大爱？

在筹集经费的那 7 年里，她不顾颜面祈求路人："您捐一点吧，一块两块也行，一毛两毛也行。"华坪女高建成了，为了劝说家长让孩子留下，她翻山越岭去家访，摔断了肋骨，累到发烧晕倒。更不用说人们看不见的，她每天都要承受的病痛的折磨。

2021 年 3 月采访时，我揪心地问："您总是身上疼，具体是哪儿疼，因为什么疼？"

张桂梅回答："哪儿都疼，说不清楚原因，因为我身上的病太多了，肿瘤、类风湿、骨质疏松……"说着，她撩开前额的刘海，让我看那里的两个小鼓包，又用左手指着右臂说："这里还有更大的……"剜心蚀骨的疼痛，每天持续不断，非得用药来控制。她接着说："要是哪天不疼了，我反倒会不习惯。"

20世纪90年代初，张桂梅的身体还健健康康的，她面色红润，每天欢蹦乱跳的，加上天生一副好嗓音，说话总是轻声细语，脸上也总是笑眉笑眼，从里到外透着幸福。很快，她收获了爱情。恋人是云南本地人，两个人十分恩爱，这让少年丧母、青年丧父的张桂梅发自内心地心满意足，这是她生命里最好的馈赠。

如果没有发生意外，张桂梅的人生会沿着这条幸福的抛物线继续走下去，她会有丈夫、有孩子，先有小家，再有大家，越来越好的日子肯定就在前方不远处招手等着她。

但是第一场不幸开始向她袭来。那是婚后不久，丈夫很要强，大学毕业还要考研究生；她也要强，读了中专还要考大学。就在两人双双毕了业，准备回到丈夫的家乡工作，同时准备要小孩的时候，丈夫查出了胃癌，而且一发现就是晚期，后来还从胃癌转移肺癌，胸腔里的积液一抽一盆子。

张桂梅抱着丈夫哭道："不管花多少钱，我都一定给你治。"

治疗费很昂贵，有时一片药要500元，打一针要六七千元，但张桂梅都舍得。一年的治疗费就花了20多万元，但丈夫还是没有被治好，死神还是把他从张桂梅悉心照顾、日日夜夜的守护中给拉走了。

从此，张桂梅孤苦一人。那时候她真觉得活不成了，一块巨石砸下来，刚到手的幸福瞬间就没了。

她拼命工作，让教学压倒她的伤痛。她以为时间可以疗伤，但没用。她把白天人为地拉长，把时间都给了学生，但校园的天还是会黑，她只能回家。回到家，到处都是爱人的影子，爱情在流动，甜蜜有余温，但伸手一抓，全是空。

尽管她的身边不乏领导、同事的关心，但这里的一切，她都看不得，闻不得。她知道自己必须离开，离开大理这座自己已经非常熟悉的城市。

但，她能去哪儿呢？问了 A，问了 B，又问了 C，没有一座城市向她敞开怀抱。当时主动将她拉入怀中的，只有丽江华坪。

因此，她毫不犹豫地来到了华坪，先被分配到县中心学校任四个毕业班的政治课老师，然后她主动请缨到刚刚成立不久的民族中学任教。

在民族中学，她拼了命地工作，希望把痛苦研磨成忙碌，尤其面对孩子，她停不下对他们的爱。因此，她一边鼓励学生好好学习，一边让自己已经枯萎的内心世界慢慢复苏。

本来，希望伴着重新开始的日子再次春种秋收了，但就在这个时候，天又塌了下来——1997 年，她自己被查出生了瘤子。那瘤子在子宫里，因为耽误了最佳诊治时机，瘤子已经长到很大了，最后虽然取出来了，却导致腹腔里的内脏全部错位，肠子紧紧地贴着腹腔壁，如果再不做手术……就这样，第二次不幸从天而降。

此时，张桂梅没人陪伴，没人安慰。之前丈夫得癌的时候，每次去医院，做检查、缴费、治疗、拿药，都有张桂梅陪伴，尤其在痛苦难耐的夜晚，丈夫的身边都有妻子陪伴；但现在，丈夫走了，只有张桂梅一人，她过去陪丈夫经历过的每一个过程、每一个场景都要再来一遍，只是她的身边，再也没有了丈夫……

与此同时，钱的压力，也是一个大问题。

为了给丈夫治病，张桂梅把积蓄都花光了，身后还有欠债。残酷的现实摆在面前：没有钱，就不能做手术，术后还有很多自费治疗，她也治不起，她只能望病兴叹了。终于，她觉得活着真是没有意思了。此生想做的事，因为病痛，也没有机会再做了。因此采访时她跟我说："我就选择了华坪，心想就在这个地方走了算了。"

但是，就在张桂梅的人生走到死胡同的时候，华坪县召开了全县妇女代表大会。组委会专门邀请了张桂梅给代表们作报告，她讲完，台下一片掌声。当她走下台时，看到人们纷纷上台，往一个捐款箱里塞钱，她觉得很尴尬，因为那天她身上刚巧没有带钱，别人都捐，自己却不捐……这多不好意思啊！

这时身边的人告诉她："张老师，您不知道吗？这是县里在组织大家给你捐款治病呢！"

张桂梅的眼眶顿时盈满了热泪。她感动得真不知道该说什么好！华坪县县长拉住张桂梅的手说："张老师，你不用担心，我们华坪虽然小，虽然穷，但我们一定会救你。我们不能有一天只是捧着你的骨灰盒去叙述你的感人事迹。"

逻辑关系就是这样简单而清晰——"因为我的命是华坪救的，我还没给这里做什么贡献，却先给大家带来了麻烦，所以……我欠这片土地的。"

张桂梅永远都忘不了，那一次代表们为她捐款，有人把准备去县城给孩子买衣服的钱都捐了，有人是从大山深处来的，把身上仅有的5块钱捐了出来，然后打算走6个小时的山路回家。临行前，那位代表还说："只要能把张老师的病治好，别说要我走6个小时的山路，就是这一辈子，一直都走路，没车坐，也心甘情愿。"

5块、10块、20块，一个个山村的姐妹送来的一张张捐款，那不是钱，而是华坪的老乡用自己的温暖重新点燃了张桂梅活下去的愿望和信心。所以她常说："不是我对华坪有多好，而是华坪先救下了我。所以我活着要干什么？就想为这个县做点事情。"

但是，她能做什么呢？张桂梅后来想："我是一个老师，只会教书。

那就把我的学生带好，把孤儿院的孩子照顾好。"

从此以后，三尺讲台，每一天都给了她向上冲的动力。但仅仅做到这一点还不够，回到民族中学上课，她慢慢发现：今天一个女孩不见了，没过几天，又一个女孩不见了。仔细询问后才知道，这些女孩都是被家长叫回了家——女孩子不用读书，初中毕了业也没用，还不如早点回家帮家里干活，给哥哥弟弟攒钱，用自己嫁人的彩礼换家里男孩结婚的彩礼……

就这样，一个想法、一个愿望，像小苗一样慢慢破土而出——"我要救救这些女孩子，要让山里的女孩把书读完——办一所女子高中，免费的。再把一个个忽然不见了的女孩子重新给叫回来，还要把更多根本没有机会到县城来上学的山区女孩子拉出来！"

这就是张桂梅办华坪女高的初衷。

张桂梅非常兴奋地想：如果学校能够管吃、住，学费全免，家长们或许就可以让自己的女儿出来读书。毕竟，一个女人的肩头扛着三代人的命运，有了文化，上可以帮助自己的父母，下可以教育好自己的儿女，如此就可以改变三代人的命运——这是个多么辉煌的想法，多么好的解决问题的现实的办法！

然而，免费办学，谈何容易！

这不是她一个人的能力可以实现的，得靠政府，靠社会。"但要想做成这件事，总要有人先站出来挑个头，那目前没人，这个头就让我来挑吧！"

四
优势就是一个"苦"字！

2008 年 9 月，云南省丽江市华坪县女子高级中学终于正式挂牌开学了。第一学期走掉了 6 个学生，张桂梅经过苦口婆心、上门说服等方式从大山里捞回来了两个。这样，开学招收的 100 个孩子里，有 96 个还在。3 年以后，张桂梅把她们一个个地都送进了大学。其间所付出的心血，所做出的努力，无不令人感佩。

每天清晨 5 点多钟，张桂梅就已经起床，她先点亮学生楼道里的灯，怕女孩子胆小不敢出门，然后举起她每天几乎不离手的一个扩音喇叭，开始喊："大家起床啦，起床啦！"到了中午，扩音喇叭又开始喊："吃饭啦，吃饭啦！"天天如此。

十多年来，张桂梅每天手持小喇叭喊来喊去，通常是喊学生"起床""早读""宣誓""唱歌""吃饭""午休""晚安"，因此人称张桂梅为"七喊"校长。

我问她为什么不用电铃，张校长告诉我："电铃是可以用，但孩子们正在睡梦中，电铃声音特别响，会吓着她们。"

为了给孩子们省出更多的学习时间，张桂梅曾经把打扫校园卫生的任务分配给了自己和老师们。为了时刻陪在孩子们身边，她搬来跟学生们同住，就睡在学生宿舍一张窄窄的小床上，而且还总是睡在最靠门口的床铺，她说这是怕一旦有什么问题，她可以第一个跑出去，也可以为孩子们挡点什么……

在校园里从早到晚，孩子们总能看到张校长的身影，她歪着身子，步履缓慢，手里永远拿着她的小喇叭。有她在，孩子们就踏实；有她在，孩子们也不敢偷懒。有时她外出开会，去开讲座、去拿奖，人们满以为她当晚肯定赶不回来了，但她总是会坐夜车往回赶，为的就是第二天一早，她的"起床啦！起床啦！"又能从弱渐强，响彻校园，叫醒每一个孩子。

或许有人质疑：华坪女高每天从早上 5 点 50 分到晚上 11 点 30 分都是规定的学习时间，中午吃饭只给 10 分钟时间——一定要这么严格、这么"魔鬼"吗？

张桂梅说："不严格、不'魔鬼'不行，我们的学生基础差，有人上过初中，有人连一天小学的大门也没进过，是零基础。我们跟常规的学校比，弱势明显。所以我们学生的 3 年高中，要干出 12 年的活儿来，这就得'魔鬼'。不这样，就不能把孩子落下的、没学过的课统统补上。高考可不是全校考试，没人管你基础高低，更不会管你有什么样的特殊缘由、特殊困难——门槛都是一样高！"

经历了一段时间的严格要求后，华坪女高的孩子们渐渐习惯了张校长的快节奏，起床、晨练、上课、吃饭、早晚自习，大家样样干得快，干什么都是一路小跑。

张桂梅要求孩子们苦自己，她也苦自己。张桂梅说："我们女高的生源基础是不好，但优势这东西，我们并不是没有，而且我们所拥有的优势，还十分的独特、十分的充足！"

"是什么？"山区的女孩子们睁大了好奇的眼睛。

"一个字——苦。"

"苦？"

"对。"

"大家静下心好好地想一想，我们山区的孩子，家里大都很贫困，生活条件、吃穿用度，我们比富裕的家庭差得不是一星半点，尤其我们女孩子，一出生，性别就给我们带来了一种不公平的'原罪'。多少家庭重男轻女，儿、女待遇完全不同。你们有多少人即使放假回了家，寒暑假的作业都没写完，就得帮爸爸妈妈干活儿，田里的、院子里的、山上的、屋里的、厨房的、猪圈的；而很多人家的哥哥、弟弟就在一边吃喝、玩耍。"

张桂梅说到这，一个女孩子的眼眶就潮湿了，她想起刚刚过去的这个冬天，张校长来到她家家访，因为没有事先通知，张校长看到了她家最真实的情况：女孩子在洗碗、洗菜，两只手在冰水里泡得通红通红，可家里的男娃就在屋里吃着、玩着，嘻嘻哈哈……她哪里有时间做寒假作业？即便样样好好表现，爸爸也不打算让她再继续读下去了。

张校长就是在这个时候来到她家，知道她爸爸的想法后很生气地说："那怎么能行！你女儿学习很好，又很努力，你为什么不打算让她继续上学？！"

爸爸说："就是高中毕了业，上了大学，家里也没钱来供女娃！"

这位父亲说的没钱是真，不愿意供女娃也是真。因为大多数山区女孩子长到十五六岁，就要嫁人，错过了这个年龄，嫁人会很麻烦。

这位女生代表了华坪女高的很多同学，大家都体会过来自父母的轻视，因为家贫，父母只能顾儿子，不得不舍掉女儿。

"苦不苦？"张校长问大家。

"苦。"

"这苦是物质上的，也是精神上的。我们的不幸就是我们的优势，像财富一样、专利一样，就属于我们，别人想要还没有。"

在记录华坪女高学生生活的一些视频里，我曾看到过这样一幕：晚上，11点30分熄灯的小喇叭已经喊过了，一拉溜儿的孩子们却不睡，屋里熄了灯，她们就坐在宿舍楼的走道里，靠着墙、借着光，看书学习。吃午饭时，有的孩子干脆就守在水池子边，三口两口扒完了，还能省出一两分钟的时间用来洗碗、洗手。

山里的女孩，一旦受激励被调动了积极性，她们的学习热情和干劲，非比寻常。

从 2008 年到 2020 年，张桂梅送走了 12 届华坪女高毕业生。这所学校的高考本科上线率超过 90%，综合上线率一直保持着 100%。这样的好成绩，在整个华坪县一直排名第一！

张桂梅为孩子们豁出去了，孩子们当然也会要求自己得豁出去。

五
"你是啥人？哪来的超人之力？"

因为年轻时在西北当兵，我对西北洋芋再熟悉不过。不知道为什么，每每看到张桂梅那张苍老、黄黑的脸，我就禁不住会想起洋芋——那种藏了一冬，"脸"上不平，已经完全失去了光泽的洋芋。

身体最差的时候，张桂梅从宿舍到教学楼，一百多米的路都走不了，得坐车。一种基层常见的电动车，很简易，四面透风，头顶支着随风呼呼响的雨篷，就是张桂梅的专车。她经常坐在车上，从外面到学校，从学校的一角到另一角。12 年来，华坪女高的孩子们习惯了看校长出现在校园，习惯了她们的"妈妈"就这样守在她们身旁，看着她们学习、成长。如果哪天看不见，心里就会觉得不对劲，会分心。

平均每天 4 个半小时，这是张桂梅常年的睡眠时长。不管头一天晚上因为什么事睡得再晚，到了第二天 5 点，她也一样会醒来，根本不用等闹钟响。

但是有些时候，她就算醒了，也起不来。为什么？因为身上的疼。

我问她是不是类风湿，因为只有这种疼，能一口一口地咬着她的筋骨、皮肉，让她起不来。她说不知道，也没时间去医院一项一项地查。

有一阵子，她让人把她运到学校教学楼的门口，放下一张小床，说："就让我在这儿躺着吧，我就在这儿陪着孩子们。"

最知心的朋友，不是没有见过张桂梅软弱的一面。采访时我问她："你心里就没有撑不住的时候？"

她说："有，怎么会没有！让我真正难受的不是身体的病痛，而是那些不理解的话，比如办校之前有人说：'都这样的岁数了，非要办校，干啥？'再比如我家访，有的家长根本就不理我，我跟他说话，像没听见一样。我也想哭，自己这是何苦呢？"

但一见华坪女高的孩子们，还有一见她始终兼职却从不拿工资的华坪儿童福利院的孩子们，她就会立刻像换了一个人一样。

现任华坪融媒体中心新闻主播刘忠伟在一篇名为《面对魔鬼》的回忆文章里，曾有过这样一段精彩描述，有一次他去女高办事，遇到张校长，便问起她的身体状况。张桂梅有气无力地说："不行啦，身体不好，精神也不行了。"刚说完，她抬头看见不远处有几个学生走路有些慢，一下子就跳了起来："你们几个，干什么呢！"声音洪亮，劲头十足，仿佛忘了刚才她自己说的"身体不好"。

十二年用烂了三十几个小喇叭，手头随时抄起来就用的还有好几个，楼上楼下，食堂操场，张桂梅走到哪儿，声音就会响到哪儿。

听到这样的描述，全体华坪女高的老师和学生恐怕都会说："对对对，这就是我们张校长，这就是她的真实写照！"

独处时，疾病缠身的张桂梅想照顾好自己有时都成问题。但是面对学生，张桂梅就像一个被压缩的弹簧，一松开就会弹起，仿佛她用生命凝聚起的一点点力量，就为了那每一次的弹跳。人的精神不倒，身体竟然也能顽强地加以配合？张桂梅就这样不断地创造着奇迹。

华坪女高最艰难的时候，学生招不进来，老师也留不住。

张桂梅回想自己的这一生，年轻时参加工作，后来入团、入党，她养成了一种知难而进的习惯，任何时候绝不轻言放弃！她先问自己："你是谁？是共产党员吗？"然后自己回答："我是共产党员！"如此自问自答，总能给她一种力量，然后帮助她找到解决困难的办法。

第一个学期，17名老师走了9名。她手捧着全校教师的花名册，正在严肃思考着华坪女高到底是散伙还是继续办下去。忽然，她看着名单上留下来的老师，8名老师，6名是共产党员！这个发现让她顿时充满了某种力量，她腾地站起，立刻把这些党员叫到一块，跟大家一起分析目前学校的情况，怎么解决师资问题，如何让外界知道女高的吸引力。

之后，她一个人默默地做了这样一件事：在学校的一面墙壁上，她画了一幅画，然后把大家叫到了画前。张桂梅在墙上画了什么？

一面党旗。

开始大家有点不解，校长这是要做什么？

张桂梅开口了："我想问问你们站在这里的每一位党员，如果是在战场上，就剩下你一个共产党员了，你是不是会坚守阵地，跟敌人一路拼下去？今天，我们学校里还有这么多的共产党员，是党把我们放在这个'战场'上，我们哪怕'战斗'到就剩一个人，也不能放弃！来，接下来我们重温一下入党誓词。"

听到校长这样讲，面对鲜红的党旗，党员们都跟着举起了右手，握紧了拳头。

宣誓完，张桂梅开始具体分析，该干什么、能干什么……她的话还没说完，大家就都哭了……

"校长您就指挥吧,我们决不放弃!您说!"大家下着决心。

"不管我们能想出什么办法,剩下的8个老师再苦再累,也不能让华坪女高垮掉,哪怕只剩下一个老师,一个学生,这学都得办!"

如坚守阵地一般,张校长和她的党员战友,到底保住了华坪女高。一方面,学生没再退学;另一方面,已经打报告申请调离的老师,有不少又回来了。

随着学校办学思想和声誉在社会上不断传播,很多优秀大学毕业生也把简历投到了华坪女高。大家都明白:只要有张校长在,华坪女高就垮不了,不仅垮不了,还会有发展。

当然,大家也奇怪:张桂梅的性格里,或许是含着某种钢铁和岩石的成分吧?不然遇到困难,她为什么总会如此刚硬执着,从不退却,也从不矫饰。她说出来的话也许并不漂亮,但是她用自己的行动发出来的声音,却比任何语言都更振聋发聩。

2001年,张桂梅带病教学,"轻伤不下火线",她的事迹已经在地方广为流传。有一天,华坪县政协的领导来到学校,忽然走进她的教室,什么话也没说,面对三尺讲台,也让全班同学都站起来,对张桂梅说:"您别动,耽误您一分钟。"跟着又说:"我们现在一起向身患重病却把自己的一切都献给了学生、献给了教育事业的张桂梅老师——致敬!"

当即张桂梅很惊奇、很感动。她面前的学生更鼻子酸得要流泪。学生们知道,她们的张老师不仅以重病之身为她们上课,而且在精神上,还常常鼓励贫困学生:"'公平'是什么?'公平'就是要让每一个弱者都有'机会'。世无公平,'公平'是要靠自己创造的!"

张老师说得多好啊,尽管体弱多病,可内心的力量却如此强大。这强大又来自何方?

张桂梅小的时候，也曾是一个不谙世事的农村小女孩。

"我听说您从小就特别爱读书？"采访时我问。

张桂梅说："对，我小时候家里的条件还不错，我们 12 个兄弟姐妹，我是老小，哥哥姐姐很多都读书，有文化，所以我也可以读到很多书，小时候读过《红岩》《红旗谱》《欧阳海之歌》《钢铁是怎样炼成的》，等等，尤其是《红岩》，很受震撼。"

2020 年，张桂梅被评为"全国教书育人楷模"后，在一次演讲时她回忆说："我小时候第一次看《红岩》，知道了江姐，感到江姐身上怎么那么有力量。我就好羡慕，江姐就是我的榜样！长大了，我也要入党，也要成为共产党员。"

这么说，张桂梅的力量来自共产党员？一个叫江姐的共产党员对她有那么深刻的影响？

张桂梅对党的认识还有一件感性的事情：读小学一年级时，张桂梅早上去上学，走前家里都还好好的，但中午放学回来时，她家的房子被很多人围得水泄不通。"我费了很大的力气钻进去一看，天哪，我家的房子，一面墙全倒了，不知道妈妈是不是被埋在了里边。我吓得哭不出声。但很快看到一个陌生的姐姐在安慰我爸，她说：'人没事，救出来了。你先领着家人去亲戚家住两天，我在这里带着大伙帮你修房子，你放心。'"

说这话的姐姐非常漂亮。张桂梅把她从头看到脚："那姐姐白白的脸，两条长长的辫子，一身青色的衣服裤子，一双非常好看的鞋子……我家的房子坏了，她来修？"

因为妈妈没事，小小的张桂梅也就放心了。那个姐姐说："三天后，你们就可以回来住了。"她当时心里还不信："就一个姐姐？会领着人修房子？"

可三天后我们回来时,发现房子真的已经修好了。再看姐姐的样子,原来白白净净的脸此刻已经变得又黑又红,还被冻得裂了口子,血正从裂口处往外冒。那手,看上去也是又红又肿,手背上也都是血迹。她浑身上下满是泥巴,完全没有三天前那个漂亮姐姐的模样⋯⋯

"我爸爸赶紧道谢,但那个姐姐却说:'不用谢,这是我应该做的,因为我是共产党员。'"

"共产党员?不用谢?共产党员就是这样的人?会做这样的事?"从此,张桂梅的脑子里就被嵌入了"共产党员"就是"好人"的概念。"我是共产党员"这句话也像种子,在她心里深深地埋下。

"这样看,一路走来,是两个女人让我具体认识了共产党。从此,是党给了我坚强,又给了我无穷无尽的力量。"演讲到结尾时她这样说。

六
信念是我们永续的电源

因为疫情,我和张桂梅原本约好的见面直到 2021 年 2 月还没有实现,我去不了丽江,她也来不了北京。

有一天,我听说丽江市文旅局的杨玲芳副局长近期要带一些搞音乐创作的艺术家到华坪女高,能够见到张桂梅,我就给杨局拉了一个单子,请杨局帮我先采访一下张校长。那几个问题,在过去的报道中都没有细节。

杨局说:"没问题,我先替您问,以后有机会了您再自己采访。您题目中列出的'江姐怎么会对张桂梅的一生带来持久的力量',我是亲眼见过的，我先给您讲一个小故事。"

原来，在空政文工团有一位出演过江姐的老演员孙少兰。她在2019年丽江市举办的庆祝中华人民共和国成立70周年的文艺演出被请到现场。演出结束后，孙少兰想起头一年曾经去过华坪女高，也知道江姐是张桂梅心中一辈子的英雄，就跟杨局说一起给张校长打个电话，聊个微信视频问声好。

她们拨通了电话，张桂梅那天身体正不舒服，浑身疼得说话都没有力气。孙少兰就说："那你看看我能给你做些什么？"张桂梅想了想说："那你就在电话那头给我再唱一段江姐吧。"孙少兰便开始唱。

杨局告诉我："开始的时候，我们听到电话那头张校长在低声哭，声音很弱。哭着哭着，她开始跟孙老师一起唱。慢慢地，张校长唱得声音越来越大。通话结束前，她说'我现在身体好多了，精神真的好多了'。"

这真是精神的力量？

为了采写张桂梅，我读了很多关于张桂梅事迹的材料和回忆文章，脑袋里出现了越来越浓的一种颜色——红色！对，就是这种颜色——华坪女高上上下下一片红，这里是一片沃土。

为了让全体师生树立起坚强的信念——"我能教好！我能学好！"张桂梅不仅让学生们穿起了大红的校服，还让大家每天唱红歌，大声唱，唱的时候联想战场、联想英雄。像《红色娘子军连歌》《英雄赞歌》《大别山》《红米饭南瓜汤》《四渡赤水出奇兵》这些歌，社会上很少听到，别说学生，就是从小听着周杰伦的《双节棍》长大的老师们也不会唱。一开始张校长要求唱时，人们觉得好玩、好笑。

后来，张校长给孩子们在学校操场上放映电影《江姐》，老电影胶片发出来的沙沙声都压不住孩子们小声的嗤笑。有的老师也觉得，这样的红色教育对现代人似乎不大合时宜了吧，本来我们学校的生源基础就差，拼命往前赶，时间都不够用……

但张桂梅坚持真正的教育绝不仅仅是传授知识，而是要把正能量传递给孩子们，让他们都能成为有责任感、内心强大的人。

尽管江姐是过去一个时代的"精神符号"，这"符号"里包含着牺牲、担当、信仰，其中坚韧不拔的意志、不向命运低头的倔强，对今天的学生怎么会过时？！比如今天，尽管华坪女高的条件还很艰苦，但师生们至少能吃饱饭，比起江姐那一代人为革命坐牢、牺牲，比起当年红军长征时嚼草根、啃皮带，我们还有什么苦不能忍受？

红色教育就是磨刀不误砍柴工！张桂梅结合她自己的体会，什么时候遇到困难了，读一读《红岩》，江姐、渣滓洞的故事，都让她咬紧牙关。江姐为了新中国宁死不屈的伟岸形象牢牢地刻在她的心里，让她从过去到今天，每每想起来就什么都不怕了，浑身都是力量。而这种力量对今天华坪女高的孩子们来说，也是非常非常重要的。

张校长在引导，张校长在命令，张校长在现身说法！因此在华坪女高，看江姐、懂江姐、学江姐，对每一级入学的新生都是基础教育。

张桂梅不仅让华坪女高的学生们看小说、看电影、听她讲故事，还让孩子们自己来演，演江姐。她笃信："当孩子们有机会无比贴近一个角色时，就一定能跨越时间的洪流，真正理解江姐这个形象的现实意义。"从 2009 年开始，《江姐》舞台剧在华坪女高变成了每周一次的固定演出。

"春蚕到死丝不断，留赠他人御风寒。"当几十名学生身着蓝旗袍、红毛衣、白围巾，风雨无阻地在学校的广场上演出时，她们自己感动，围观的师生也无不动容。

演员孙少兰就曾当过这样的观众。那一次她到华坪女高，怎么都不会想到，自己演了一辈子的江姐，在云南省丽江市华坪县的一个女子高中，还有一茬茬的小江姐。孙少兰满含热泪，也顾不得擦，就跟身边的助理人员说："快，快去拿出我的演出服，我要立刻换上，也跟孩子们一起唱。"

一曲终了，华坪女高的师生都震惊了，她们没想到，自己居然能和专业演"江姐"的孙老师同台演出。

张桂梅的良苦用心没有落空，学生们也没有辜负张校长的期望，每一次扮演"江姐"的那个班，总是表现最活跃、学习成绩最好的。等到那个班毕业了，接替演出的班级，也必然会传承学姐们的精神气质。不用说，这当然是江姐的精神在传承，在鼓励着孩子们好好学习，改变命运，走出大山，有朝一日也为我们伟大的祖国做贡献！

张桂梅一生艰苦朴素，没有首饰，没有几身"拿得出手"的衣服。2007 年她到北京人民大会堂出席第十七次党代会，她穿的那条破了洞的牛仔裤，已经是她觉得最好的裤子了。

不少人觉得她很可怜，我每每想起她，也觉得她很苦。于是在后来的采访中，我问了这样一个问题："您为了孩子付出了那么多，问一句俗一点的话，您幸福吗？"

张校长笑了笑，然后高兴地说："当学生们在你眼前跑来跑去，当她们手里拿着大学录取通知书，我心里别提有多高兴了。"

张桂梅对自己抠门是出了名的，但只要她的学生需要，孩子需要，她都会出手，从不心疼、从不后悔。

有句话她常说："我们不能耽误大山里孩子的前程，只要给她一个学习的机会，就能改变她的人生命运，甚至整个家庭的命运。作为共产党员、人民教师，我们（除了努力支持孩子们读书）别无选择。"

曾经，"我是共产党员"这句话成了她青年时期面对选择时的指路明灯，之后她又用这盏灯去照亮别人。张桂梅就是这样给她的学生们树立着榜样。

七
送出一个大学生，就完成了一次教育扶贫

张桂梅始终用一个共产党员的标准来要求自己。2013 年到 2019 年，曾经有一支工作队到华坪女高例行检查，考察组发现：张桂梅这么多年来，从来没有公费报销过一张餐票、一次差旅费，相反，她的全部奖金，包括慰问金、劳模补助费等，都交给了财务人员由他们来负责统筹，悉数用于老师的加班费、贫困学生的生活补贴……

有位叫张祠英的老师，来自华坪县一个农村家庭，上中学时就听说过张桂梅的事迹。2009 年，张祠英从广西师范大学毕业后，来到了华坪女高。工作几年后结婚生子，后来她的儿子得了肺炎，还没有好转，就又被查出白细胞偏少，医生建议她做骨穿刺治疗。这样，张祠英每天夜里要给孩子喂药、喂奶，一宿要起来五六次，第二天早上 6 点前又要来到学校。华坪女高的老师实在是太辛苦了，收入也不是很高。张祠英权衡再三，终于鼓足勇气找张校长说想换一个轻松一点的工作。

张桂梅同意了，她很能理解张祠英。张祠英准备给学生们上完最后一节课，就跟同事办理工作交接，当她走在教学楼，无意中瞥见张校长正用两只手紧紧抓住扶梯，一步步很吃力地往上爬，每一步都显得非常非常艰难，这一幕让她忍不住流下了泪水，她心里喊着："校长啊校长，您一个人身上扛着二十多种疾病，有时连从椅子上站起来都需要人搀扶，可就是这样，您也不离开孩子，不离开学校……我，我怎么好意

思……"于是第二天，她没有交接工作，而是跟校长说："我不走了，我要继续留下来。"

能帮助一个学生，就完成了一次对贫困山区的教育扶贫。华坪女高的师生都知道，张校长常年随身有三件宝：手电、手机、小喇叭。她没有家，没有孩子，也没有银行卡，最珍爱的就是一朵花，一朵小花。

什么花？就是别在她胸前的那枚党徽。

曾经为了给学校筹措资金，她在中央电视台接受采访，此时家里最疼她爱她的哥哥已经处于弥留之际，可她为了学校，为了能跟一个企业家好好聊一聊，争取一些资金，就把时间给耽误了。等她筹到了善款，再去看哥哥时，她看到的只有一张死亡通知书。

远在东北的几个姐姐都很想她。有一年，姐妹几个好不容易终于在哈尔滨凑齐了，晚上姐妹们坐在大炕上聊天，聊着聊着张桂梅就累得睡了过去，等她早上醒了睁开眼，发现姐姐们都围着她，谁也没睡，只有自己一个人躺在大炕的中央。她问姐姐们咋不睡觉，姐姐们说："我们得好好看看，看看共产党是咋为咱家培养出了一个只有大山、只有学生，一丁点儿没有自己的好妹妹……"

有一句话，如果说出来，所有人都不会反对，那就是"华坪女高是张桂梅用执着换来的，用命换来的"。为了贫困山区的女孩子，她连命都可以不要，还有什么不可以拿出来？

终于有一天张桂梅把自己累到晕倒、昏迷。所有人都吓坏了。大家赶紧把她送到了医院，一番抢救，张桂梅醒了过来。但谁都没想到她醒后说了这样一句话："我的丧葬费呢？我告诉你们，我死之后，你们得把我的丧葬费支出来，给孩子们用。"昏迷之中，她或许已经意识到了这一次自己可能逃不脱了，她要把自己吃干榨净，做到纯粹。

这十几年，张桂梅说她一直在跟时间赛跑，对山区的贫困女孩能帮一个是一个，能拉一个算一个。张桂梅以自身的一言一行、一举一动，完成了时代最美的行为艺术，更像流动的雕塑一样，矗立在华坪女高。

她的学生们靠着她大爱无私的精神支柱，怎么能不挺直腰杆？怎么会不努力，不用功，不在校园里每天干什么都一路小跑？！

"共产党员的责任和义务，使我忘记了病痛，忘记了年龄，使我浑身充满了力量。我要用有限的生命、有限的力量，织出爱与和谐的生命绿洲。"这是张桂梅的心里话。

"烂漫的山花中，我们发现你。自然击你以风雪，你报之以歌唱。命运置你于危崖，你馈人间以芬芳。不惧碾作尘，无意苦争春。以怒放的生命，向世界表达倔强。你是崖畔的桂，雪中的梅。"这是"感动中国 2020 年度人物"张桂梅的颁奖词。

如今，张桂梅又离开了医院，回到了学校。她的小喇叭还是每天都握在手中。

孩子们心里高兴，因为她们又能听到"妈妈"一遍遍不厌其烦地喊：起床啦！吃饭了！快上课，别迟到！明天，明天就是我们又要面临的新一年的高考啦！快，大家抓紧时间了……

第十二章

国家的事，总要有人接着做

——读北大考古系的文科状元钟芳蓉

2020 年，不仅中国，包括整个世界，最大的新闻莫过于新冠肺炎疫情。这种人际传染的疾病突然肆虐，令人猝不及防。而到了夏天，中国网络连续几天，竟因一件小事掀起了波澜，微博话题三天累积阅读量达 4.2 亿——湖南耒阳一位 00 后女孩，高考杀出的一匹黑马，分数高达 676 分，不仅成了耒阳文科状元，在全省排名第四，而且接下来的举动令人大出意外——她竟拿着这么好的成绩选择了北大考古系，令人感到不可思议。

女孩名叫钟芳蓉，个子不高，戴眼镜，扎马尾。学校老师知道这个分数后，办公室立刻沸腾了。但此时此刻，钟芳蓉在做什么？在屋里蒙头睡午觉。

人们艳羡：一个农村孩子，父母为了家里的房子、孩子的学费和老人的医药费在外打工。钟芳蓉自小跟着爷爷奶奶生活，是全国 900 多万留守儿童中的一员。可人家就那么有出息，没辜负家长和老师的期望，金榜题名，考进了北大！

但人们又质疑：这孩子怎么就由着自己的性子，盲目地选择了冷门的考古系？ 676 分的文科状元是可以选北大的金融、法律、经济管理系的，将来毕了业，怎么都能做白领，挣大钱。你自己不想光宗耀祖，可是人得现实，四年以后的出路想过没有？找不到工作可怎么办？本来一条金光大道你能走，偏不走。学校和老师为了培养你付出了多少心血，父母在外打工千辛万苦，难道你不思回报，不想补偿？

面对突如其来的关注、议论，掌声、指责，钟芳蓉蒙了，她觉得很委屈，很没来头——"我就是按自己的兴趣报了一个考古专业，这怎么了？为什么会引来社会上那么多人的议论、批评？我究竟动了谁的蛋糕？"

钟芳蓉报考北京大学考古专业深受敦煌研究院名誉院长樊锦诗先生的影响。"我敬佩樊先生的奉献、淡定、从容，敬佩她把自己的一生献给了敦煌的保护与研究，扎根沙漠，矢志不移。这难道有什么不对？国家的事，总要有人接着做。现在轮到我了，我就来了。"

全国各地的博物馆，与考古相关联的很多单位纷纷力挺她、支持她。钟芳蓉收到了各种各样的礼物，有书籍、考古的工具、考古的文创小礼物等，这当中最让她惊喜的是樊先生也特别委托出版社给她送来了一本自己的自传《我心归处是敦煌》和一封信鼓励她："不忘初心，坚守自己的理想，静下心来好好读书。"

一个82岁，一个18岁，一老一少，关于爱好、奉献、理想、信仰，隔空对话，鸿雁传书，后来竟构成了2020年夏天纷杂与不安中的一桩美谈，成了疫情期间人们心头一抹健康的亮色。有幸跃过了龙门的"小鲤鱼"，终于展开了眉头，坚定了信心，9月1日开学的日子还未到，她人已经来到北京，走进了北大，来到了令她心驰神往的北大校园，未名湖畔……

岁月年轮

不知自何时起，中国出现了一种新的称谓："90后""00后"，这是专指20世纪90年代后以及2000年以后出生的人——他们与前辈不同，很多都是独生子女，大多没有吃过苦，往往被家长宠爱，被老师呵护，加上社会稳定，生活富裕，视野开阔，他们很多人从小抱着手机长大，徜徉于互联网的丰富天地。为此，长辈们略有担心：这些孩子从小生活在蜜罐子里，每个人都有机会学习而又未必个个都珍惜学习机会。科技时代，社会多元，万千吸引，年轻人很容易摈弃传统的价值观，加上一个个特立独行、个性鲜明，将来会成为什么样的人？可堪重用？能否成为国之栋梁？

纵观世界，稍稍上了年纪的人都知道，第一次世界大战以后，以美国作家海明威在小说《太阳照常升起》里塑造的人物为代表，出现了"迷惘的一代"；第二次世界大战结束，很多国家的年轻人又被界定为"垮掉的一代"，他们生活简单、不修边幅，讨厌机器文明，蔑视社会法纪秩序，甚至无所事事，浪迹天涯，一方面抵制对外侵略和种族隔离，另一方面放任自己，追求绝对的自由，有些人甚至纵欲、吸毒、沉沦，以此向体面的传统价值进行挑战。

没有人把中国的"90后""00后"直接比作"迷惘的一代"或"垮掉的一代"，但很多家长都苦恼：这些孩子不想得100分了。很多企业频频遭遇"一言不合就辞职"的员工，年轻一代不在乎名誉，也不担心有一天没了收入，只待在家里"啃老"，这种社会现象算不算一种危机？

太过闲适的日子往往会埋没一代人成材的潜力，至少不容易激发年轻人为国、为民、为自己奋斗的热情与志气。但现实也并非只有一种声音，很多"90后""00后"也十分注重个人奋斗，他们对国家和集体的认同感并不低，尽管个人爱好非常广泛，但是三观端正，讲究文明，尤其当有人问到"老人摔倒了你会不会去扶"，80%的年轻人都表示"会扶"。

因此"九斤老太"的"一代不如一代"的论调或该休矣，客观地做出评价：今日中国在发展，社会在进步，人口的整体素质在不断提升，这个民族自我疗伤、自我免疫的基因依然强大，人们纷纷感叹：未来的世界不属于"90后"，也不属于"00后"，而是属于"奋斗后"！

一

躲记者，因为不会说话怕伤人

2021年1月6日，又一波寒潮袭来，天气预报发布的寒潮蓝色预警提醒着国人："一场全国气温大探底已经拉开帷幕，北方大部分地区的最高气温不足-10℃，北京即将迎来这座城市20年来的气温新低。"

我就是在这一天开始联系采访钟芳蓉的事，想把她的故事写进我的新书。当时联系的渠道有两种：一种是公对公地打电话到北京大学党委办公室，或者是团委办公室，请学校帮忙联系；还有一种是"抄近道"，因为我的同事、央视《面对面》栏目的记者曾经采访过这位小姑娘，我发微信给负责栏目策划的黄瑛老师，她很支持，节目编导也马上帮我转达，但结果"并不太好"，钟芳蓉说她这一段时间特别忙，又正好赶上复习考试，而且春节也快要到了……总之她不想接受采访。

这让我很意外。采访、报道、成书，这对她都是有"好处"的啊。但人各有志，窗外正刮着九级的大风，我心里也满是寒意。但我没死心，我跟同事要了钟芳蓉的微信号，想试着再联系一下。那时候我还不知道这个小姑娘很有个性，低调且固执。

她不愿意跟媒体打交道，是因为2020年高考她考了676分的好成绩，当时她只不过报了北大考古系，就一石激起千层浪，竟"刺激"了网民，"惊动"了记者，很多人不远千里赶到她远在湖南耒阳农村的家。钟芳蓉一下子成了新闻焦点，每天都有很多媒体想采访她。但钟芳蓉并不喜欢这份荣耀，她开始躲避，缩在家里二楼她自己的房间，任凭坐在一楼客厅里的人怎么等，各种录音、录像设备摆了一地，她就是不下楼。有一次，地方宣传部的领导在她家一等就是好几个小时，妈妈使劲敲着她的房门，她就是不开，也不吭气。后来，钟芳蓉干脆搬到了同学家里住，但还是被发现了，她又逃走了，最后去了深圳，到妈妈正在打工的地方参加了一个旅行团，逃之夭夭了。

2020 年 8 月 7 日，有一件事让大家都很尴尬：耒阳市宣传部门打来电话，说央视的记者要来采访，无论如何都要让钟芳蓉准备一下。但父亲钟元位无奈地说："来不及了，人都已经坐车走了。"

面对媒体，即使是国家和地方的重要媒体，老实巴交的钟父也无法解释太多，他劝不住女儿留下。无奈之下，他只好买了很多矿泉水，把冰箱腾空了放进去，这样记者来了，至少大热天里能让客人进门有一口冰水喝。

一次次碰壁，一次次躲闪，采访者与被采访者像打游击战。渐渐地媒体知道了：这个害羞又个性突出的湘妹子，真是太有个性了，根本不听人劝！

我开始担心，我能顺利采访到她吗？可越是轻易采访不到，我越觉得她应该入选《我的青春年华》（当时还叫这个书名）这本书。所以我不会放弃。

钟芳蓉以一人之身在与一个时代对话，她敢于向自己，也向社会挑战："难道一个人一生就只能随大流？一辈子为房子、为车子、为票子、为世俗利益，苦苦挣扎？我考上了北大，如果选择一些热门专业，将来无非是有丰厚的收入，有体面的工作，对父母和家庭有所谓说得过去的回报——那样就是'正常的'，不让大家感到'意外'，不觉得我浪费了分数，浪费了青春，对不起父母家庭？"

然而那样的生活，在钟芳蓉看来，是机械的、僵化的——人生哪里可循心灵的"诗和远方"？

我开始想办法，一定要让这个湘妹子接受我的采访。可我能有什么好办法呢？思来想去，面对一个内心如火但表面低调的姑娘，我只有实事求是，晓以大义。好在钟芳蓉还是通过了我的微信申请。我写了一张入选《我的青春年华》的人物名单，告诉她这本书里有如下这些人：十几岁就从上海逃到重庆"用嘴抗战"的人民艺术家秦怡；因抗美援朝失去了双手双腿和一只眼睛，尽管这样还回乡做了 25 年村支书，带领乡亲们摆脱贫困的共和国老兵朱彦夫；让中国"告别了麻风病"的女医生李桓英；还有中国卫星燃料加注师，因为工作把一双手烧得没了指纹的白崑顺；毛乌素大沙漠里的治沙劳模殷玉珍；让世界爱上中国造的著名企业家董明珠；李大钊的孙子、老百姓心里的好官李宏塔；"北斗"铷钟首席科学家贺玉玲；"奋斗者号"载人球舱守护神杨锐和载人深潜浮力材料攻关者张敬杰；12 年将 1804 名贫困山区女孩送进大学，自己却病魔缠身的华坪女高校长张桂梅……最后，当然还有你——中国的"00 后"，不慕虚名，甘守寂寞，接续前人。我要用你们十二位串起中国百年苦难、民族复兴所走过的路程，你们是被书写的对象，是一个个历史的坐标、符号。这样做，不是为你们个人树碑立传，而是要让我们的子孙后代看到前辈的青春选择，读懂中华民族的精神传承。你在这个行列，你有责任站好自己的位置……

钟芳蓉耐心地听我讲完，并没有说话。我紧跟着问："那你愿意接受我的采访吗？"她说："愿意。"声音不大，跟我的慷慨陈词形成了巨大的反差。但只要她愿意，就说明她的内心有一团干草等待着我这根火柴去点燃。

钟芳蓉的反应,跟我设想的一样、希望的一样。我太高兴了,接着跟她说:"这本书由谁来写,并不重要,把谁写进去,也不重要,重要的是,我们要一起向社会呼唤——人活着要有价值、有尊严,黄金指的不仅仅是钱,年轻人入学、择业,如果仅仅是为了将来能很快成名获利,成为'精致的利己主义者',如此低廉的'享受哲学'势必会遮蔽一代年轻人对崇高志向的追求——我们的国家,我们的民族,用了几千年搭建起来的精神大厦,会不会被一点点地掏空?"

钟芳蓉的声音还是很低,但是很坚定:"老师我能,能跟您一起来做这件事。"

一个"能"字,如一扇窗,让我看到了志存高远的小姑娘内心正翻腾着爱与正气。这也算是一道光吧,一道电光,把我和素昧平生的她联系起来。

后来我们确定了采访,我问她:"你为什么总要躲着媒体呢?"她说:"我的选择其实很朴素,也很平常,就是觉得我的事并不值得媒体和舆论大惊小怪。况且我这个人不善言辞,生怕和记者见了面,一旦说错了话,反倒会伤了大家……"

2021年1月15日,钟芳蓉完成了第一个学期的所有考试,18日就要回湖南老家去看望父母,跟爷爷奶奶过年。我提议:"要不趁放假前,咱16号或者17号,你看哪一天有时间,我们聊上一天,可以吗?"

钟芳蓉很干脆地说:"有时间,我有时间。"

这样,我们就有了第一次见面,地点约到我家。我俩聊了一上午,到了中午,我给她做了一顿以辣为主的湖南饭菜。吃完饭,我劝她别见外,喜欢吃的就打包带走。她也不客气,一个人背上包,坐上地铁,回了北大。到了学校门口,她发来一张照片,算是告诉我"您放心吧,我到了"。

那一天，我心里已经悄悄喜欢上了这个不善言辞，但又很懂事、懂"大事"的湖南妹子……

二
留守儿童怎么了？别把它当标签！

要讲清楚钟芳蓉的故事，时间得从 2020 年 7 月 23 日的那个中午说起。就是在那一天，她的高考成绩出来了。她就读的耒阳市正源学校，认识她和不认识她的老师们都在办公室和校园里欢呼雀跃。班主任给钟芳蓉远在广州打工的爸爸打了电话，钟父知道后，第一时间打给女儿——那一刻，钟芳蓉正在家里睡午觉。

后来我问她："这是真的吗？"她轻声慢语："反正分数出来了，也跑不了，早一点知道和晚一点知道也没啥区别。"

这就是钟芳蓉回答我的第一个问题。我两在我家，分别坐在餐桌的一角，像母女那样、闺密那样，挨着很近。我问她："你只有 18 岁，本应山花烂漫，怎么性格会这样沉静、淡定？"

钟芳蓉告诉我，她从小就不爱说话，爸爸妈妈在她 7 个月的时候就外出打工了，她是跟着爷爷奶奶长大的。家里还有叔叔的一个女儿，比她小 1 个月。妹妹爱说、爱动，作为姐姐的她总是显得很沉静。后来家里有了弟弟，大人们更重视男孩，钟芳蓉觉得自己说话更没人听了，干脆就不说，甚至一个人躲起来。爷爷奶奶没文化，不过对她这个大孙女的要求却非常严格。

我问："怎么个严法？"

钟芳蓉说："放学晚回家，学习不好，或做错了什么事儿——我爷爷就真的会骂我、打我，至少要罚跪。"

"那是要'棍棒底下出孝子'？"

"不，就是怕我出事。村里有水塘，爷爷奶奶整天揪着心，爸妈不在，他们得对我负责。"

钟芳蓉家位于湖南省耒阳市的余庆乡同仁村。耒阳地处耒水之北岸，因而得名。这个地方不仅有 2200 多年的历史，还是中国四大发明之一造纸术的革新者蔡伦的故乡。悠久的历史、清晰的文脉，不知这对后来学习一直很好的钟芳蓉有没有影响。爷爷奶奶没有文化，在学业上管不了她，钟芳蓉从小爱学习，一路的好成绩都是靠老师和自律。

为什么这个小姑娘的学习成绩一直很好？按理说，没有家长的陪伴，没有大人督促学习、检查作业，她怎么会喜欢学习？这是个儿童教育的问题，我问钟芳蓉，她也无解，只是说："我从小学习好，爷爷奶奶总是会在外人面前夸奖我，尤其常把我和妹妹比。"这样一来二去，激励带来的荣誉感、存在感就成了钟芳蓉好好学习的动力，她以此被人注意，也成了全家人的骄傲。

同仁村的村小因为缺乏老师，只开办到小学五年级。读完了小学五年级，老师专门来到她家，跟她的爸爸妈妈说："你们女儿条件很好，很爱学习，将来一定能学出来。"因此建议将她送去好一点的学校：可造之才，值得家长更多地付出。

爸爸妈妈听人介绍耒阳市有家正源学校。尽管这个学校属于私立，要住校，要交学费、伙食费和住宿费，但是盼着孩子有出息的父母还是咬牙点头。他们并没有重男轻女，只要女儿肯学习，他们就在外面打工挣钱，先紧着她上学。

2020 年因为疫情，单位坚持"非必要不外出"，我请不了假，便不能到钟芳蓉家里去看一看，倒是读了几篇钟芳蓉推荐给我的她认为写得还不错的文章。我知道，钟芳蓉从小家里经济状况并不算好，房子是在2012年建起来的，一共3层，建完了却没有多余的钱来装修，直到现在，二层还是毛坯房。

说起"留守儿童"，钟芳蓉好像并不想借这个题目发挥。我看出她内心有一种质疑："留守儿童怎么了？别拿这件事当标签，甚至诉苦，当讨饭碗！"她说起父母外出打工是为了让她和小她4岁的弟弟一起读书，家里的房子是借钱盖的，盖好了也没有钱来装修，她感受到父母的艰辛和不容易。

钟芳蓉一向很独立，就算女孩子长到半大，第一次来月事，她也没有告诉妈妈，而是一个人躲进屋里，忍着肚子疼，自己悄悄地处理。

我问她："父母不在，你不想他们吗？"

她说："都习惯了，有时候他们在，我还会觉得吵。"

二十世纪七八十年代，由于改革开放，国门打开，很多外资企业纷纷看中了中国巨大的劳动力市场，不断把工厂转移到中国，这给当时的中国带来了一次经济发展的良机，也给中国农村千千万万的剩余劳动力提供了"走出去赚钱"的大舞台。于是，中国出现了打工者，而且这些打工者中的80%来自农村。这些从四面八方汇集而来的农民工，队伍慢慢壮大，最终成为一支大军，到九十年代初期竟形成了汹涌的打工潮。农民的命运从迈开脚步离开家乡的那一刻即被改写，希望与坎坷、曙光与荆棘都在他们的脚下。他们的后代不能简单地说是为时代做出了牺牲，几十年来形成的中国城乡二元结构，城市里没有足够大的空间，没有足够多的学校，容不下这些打工者的孩子，他们自身也没有足够的经济能力。中国十几亿人口，其中10亿在农村，3亿农民出来打工，他们的孩子大都留在农村爷爷奶奶身边。截至2019年我做专题纪录片

《童伴妈妈》的时候，中国农村留守儿童的人数是 902 万。我相信这个数字是非常保守的，这是 2016 年民政部对全国农村 16 岁以下的留守儿童进行了摸底统计之后得出的数字。

钟芳蓉的家乡，属于那种人多地少的地区，父母如果不出来打工，他们家别说盖房子，送儿女去私立学校读书这事连想都不敢想。

不过提到家里的条件，钟芳蓉并没有觉得日子有多么难过，也还都说得过去。父母分别在广州和深圳打工，一个月各能挣到 4000 块钱，她和弟弟一年的学费将近 4 万块，这样算下来，家里的情况好像还行。只是如果父母不外出打工，这一切也就都不可能。钟芳蓉的心态和我采访过的很多留守儿童一样：认可、感激，又无奈。

"那你不想爸爸妈妈吗？"

钟芳蓉没有立刻回答"想"。

我换了个方式："那你有没有特别高兴或特别苦恼的时候？不想跟人说话的时候？"她说："有啊，每次过年，爸妈回来了就有新衣服穿、有好吃的，我就特别高兴。至于说苦恼，有时在学校跟同学闹点小别扭，自己觉得委屈了也没人可说。"看来孩子还是会想妈妈的，这是天性。

我们过去崇尚"安土重迁""父母在，不远游"。可新时代"发家致富"的号角一吹响，年轻人在家靠着一亩三分地怎么致富？一边是工业化的优势，一边是农耕条件下的锄头和犁，后者如何能够拥有自信？因此，一个人打工致富影响了一伙人，一伙人又影响了一群人，于是年轻人都风风火火、浩浩荡荡地走了，导致农村出现空巢老人、留守孩子。

留守儿童长期离开父母，与父母感情疏远。这样的一代人、两代人，他们整体的成长经历与其祖辈、父辈不同，这样的儿童的身心被留下了特殊的烙印，也锻造了自己特别的人生和特殊的性格。

钟芳蓉上小学的时候，学校离她的家也就几百米，但父亲连续五年都没有去学校接送过她。因为父亲常年不在家，每次过年回来的时候，学校正好在放假。钟芳蓉和弟弟都被送进了正源学校的时候，妈妈曾回来过，陪伴在姐弟俩的身边，但父亲一个人打工的收入供不起两个孩子读书，妈妈咬咬牙，不得不又出去打工了。

有媒体报道过"一条大黄狗"的故事。那是钟芳蓉上小学的时候，她跟妈妈讲她很害怕，因为每天去学校的路上都能遇到一条大黄狗，那狗总是冲着她龇牙咧嘴，说不定哪一天就会扑上来咬她。妈妈听了虽然很担心，但总不能因为这件小事，就放弃了好不容易在外面找到的工作。钟芳蓉只好按爷爷说的"别怕，你再遇到它，千万别猛跑，悄悄地从它身边走过去，就没事了"。

"害怕大黄狗"或许只是一个由头，她跟我说"留守儿童也没什么"的那份开通，或许正是小姑娘内心经过了很多次的挣扎、反抗的结果。她后来觉得"正常"是自然的，同时也带着一代人毫不在意的无奈。

三

"除了学习，我什么都没有。"

钟芳蓉为正源学校挣得了"上北大"的荣耀后，当天晚上，校长带着 50 多名老师乘坐 9 辆车，又走了很长的山路，抱着烟花爆竹来到她家报喜，村民们也一起放起鞭炮庆祝。她的父亲当时还没有回来，她的母亲知道后在家门口拉起了个大横幅。

我说："多高兴啊，你自己那时候是不是也心潮澎湃？"

钟芳蓉当时正在我家小心地剥着橘子，她轻声回忆道："也没有，我觉得有点吵。"

学校这样为她庆祝，也是为了学校的声誉，她说"我都可以理解"。正源学校这些年出了不少考上清华北大的学生，学校会拿出很多钱，几万、十万来奖励这样的尖子生。"让我最高兴的是，有了这些钱，爸爸妈妈就不用为我上大学去筹款了。"

"所以你内心还是非常感谢学校的？"我猜想。

钟芳蓉点点头，但是有点欲言又止。

"怎么了？学校管你们管得太严了？有点'魔鬼'？"我继续猜。

整整7年，钟芳蓉的生活就只有学校、寄宿，上课、做题。她说："我的生活里只有学习。"

正源学校是一所私立学校，从幼儿园到小学、初中、高中，学生一律住宿，这对打工者子弟来说是一个摇篮。学校讲究"正"，校徽都是一片绿草地上一个大大的"正"字，就是要求学生心无旁骛，要好好做人、好好学习。学校的住宿条件，生活、学习，都很苦。钟芳蓉说："我们16个人住一间屋子，都是上下铺，用公共厕所、公共澡堂。有一年冬天没热水，大家就只能洗冷水澡。吃得也不好，大锅饭，不是没有油，而是菜都泡在油里，种类也不多……"

为了管好学生，学校不允许学生吃零食、用手机，学校的小卖部也根本不卖零食。学生从家里能带到学校的就只有水果和牛奶。

钟芳蓉说："您看我个子这么小，只有一米五一，我初中以后就没再长个儿，大概跟我这7年的寄宿生活有关。"

钟芳蓉轻轻"吐槽"着学校，但对学校给予他们的教育和严格的管理还是充满了感激："我们学校从初中就开始分层教学，初一有8个尖子班，初二缩减至6个。"

学校采取"2+4"的教学模式，允许部分成绩优秀的学生跳过初三读"准高一"。"准高一"和高一年级的尖子班缩减至 4 个。文理分科后，理科尖子班剩下 2 个，文科尖子班只有 1 个。钟芳蓉所在的 143 班是最终留下的文科尖子班。

在那些年里，学生的所有目的都是为了高考，而且要考上北大、清华。但"鲤鱼跳龙门"，游到闸门之前，要靠自身不懈的勤学苦练。

学校对学生的管理很严格，电视剧、动画片是绝对不许看的。学生们每周唯一的娱乐就是看中央电视台的《新闻周刊》，因为这档节目汇集了一周全国乃至全世界的大事，学生，尤其是文科班的学生不了解就没有写作文的素材。

钟芳蓉的个性，或许有人会说这是她在成长过程中学习生活环境过于封闭造成的，不会与人打交道，不愿意被推到人前、舆论前、聚光灯下。人们不解，家里聚集了一堆记者，甚至还有政府宣传部门的官员，大家都在客厅里等着，你怎么能如此不懂人情世故地待在二楼不下来呢？

妈妈解释说："其实她就是一个农村的小孩子，突然有这么多记者、领导要找她，问这问那，她已经不知道怎么去处理这些事了。"

她为学校争光后，学校老师前来祝贺，大家说十句，她最多也就是嗯一声，说一句"谢谢"。然后大家争先恐后地要和她来张合影，她也不激动，别人说"你就笑一下嘛"，她就微微把嘴角向上一提，这已经是她在很多人的记忆里最接近"笑"的表情了，算是给够了面子。

你说她完全不懂得人情世故，不懂礼貌周全？我觉得也不是。她爱静，不愿意在人前多说话，也不想应酬、逢迎，这是她的个性。即使跟自己的父母打电话，也是爸爸妈妈问得多，她回答得少，通话时间也就匆匆几分钟。

2021 年春节过后，钟芳蓉从老家回到北京，替我要来了她高中校长、班主任、任课老师的电话，完成了临行前我对她的嘱托。我希望能有机会再跟她身边的人了解更多的情况。我打电话给她的校长罗湘云，罗校长说："那还真不错了，她能跟你一聊聊好几个小时！"

采访结束后，我让我先生给我和钟芳蓉拍几张照片，钟芳蓉也是不苟言笑，最多"微微把嘴角向上一扬"，已经算是很配合了。

"她不是不懂事，真的。"有件事已经过去很多年了，父亲钟元位还是印象很深，"那年芳蓉只有 4 岁，弟弟出生了，我们带她去广东，等弟弟满月了，我们就送她回家。行李很多，我就用三轮车推，她就坐在三轮车上。后来有一个大上坡，我并没有叫她，她却一骨碌从车上滑下来，在车后面帮着我推。那么小的孩子，我很感动。当时也真的是推不动了，需要她那么一点点的小力气……"

"不是我不懂外面的世界，有时候是外界不懂我……"采访时，钟芳蓉明确地跟我表示。她考了好成绩，只是按照自己的意愿，没有按照大家的想象去报考将来能赚钱的"好专业"，就弄得全国上下都来说东道西，好像她做了错事一样。

"我觉得我自己不需要很多钱，我父母有工作，也不需要我挣很多钱回来给他们。我学考古也不至于饿肚子吧，我的生活简单一点，把余下来的钱给父母，还是会回报和孝敬他们的。"这才是钟芳蓉的心声，是她愿意讲的真心话。可是这个世界理解吗？如果理解，为什么还有人说"在这个浮躁的时代，她应该选个能赚大钱的专业，将来改善家里的生活"。也有人说"穷人家的孩子不要去学什么虚的，或当什么诗人，最后发现理想和现实差距太大，会把自己逼疯"。钟芳蓉不出来见记者，她正是不愿意把自己逼疯。

教过她的政治老师刘志武说："钟芳蓉性格内向、拘谨，但那就是她的性格，并不会因为我们前去祝贺她就一定得高兴。"

哪个年代都需要"理解万岁"。钟芳蓉的性格形成，有家庭、学校，甚至社会、时代的影响，但她对自己人生的选择为什么非要符合世人的眼光和追求？

钟芳蓉不知道父母为了给她和弟弟存够第二年上学的费用，返回广东打工时，曾经两人身上所剩的生活费只有 2000 块。但钟元位和妻子都明白，女儿的选择除了自己的爱好之外，对国家也是有用的，那就该支持。不支持她长大了报国，当初为什么要送她去上学？！

正源中学为了鼓励学生考上好学校、营造好气氛，支持学生们"喊楼"，这是一种很有高考仪式感的动作。就是在高考的前一天，第一堂晚自习的课结束后，高二年级的同学会照例对着高三的教室喊："高三加油，高考必胜！""天王盖地虎，全上 985！""宝塔镇河妖，全上211！"

钟芳蓉一点都没有浪费校园里满满的正能量。她知道人生什么值得"取"，什么可以"舍"，她清楚地知道自己敬重什么、厌弃什么、瞧不起什么。

就在她成为耒阳高考状元后，一家房地产公司请钟芳蓉拍视频，声称以后她买房子可以给 5 折优惠。钟芳蓉知道父母想买房，懂事地陪着爸妈去了。但刚到小区门口，就看到"状元入住"的红色横幅被改成了"入驻状元楼"，还被房地产公司发到了抖音账号上。学校知道后，要求对方马上删除，钟芳蓉也感觉受到了欺侮，原本说好的 5 折优惠又变成了 8 折优惠，她立刻拉着父母离开了。这件事后，校长罗湘云发现，钟芳蓉变得更加谨慎和抗拒媒体采访了。

四

考古像翻地，总会有惊喜

钟芳蓉选择北大考古专业，并不是脑子一热。她曾被媒体提问："听说你填报这个志愿，前后只用了几分钟？"事实上在我家，钟芳蓉跟我讲过："我这样选，可不是盲目的。"

在高考前的几个月，她就想过要学考古学。北大、清华是她的目标，这是自不待言的。但是怎么能够考得上，确保一年成功，而不让成绩欠佳，第二年再复读？她做过仔细的研判和分析。那时候她知道教育部有一个"强基计划"，就是要在 2020 年在部分高校开展基础学科，包括数学、物理、化学、生物，以及历史、哲学、古文等相关专业招生改革的试点。招生办法是"符合高校报考条件的考生可在高考前申请参加'强基计划'招生。然后参加统一高考，再经过一次高校的考核，高考成绩不得低于85%，另外15%成绩则由录取学校给出"。这对钟芳蓉来说是一个机会。

考古是她的所爱，这跟她从小的生活经历有关。因为不爱说话，钟芳蓉喜欢看书。但那个时候家里条件不好，本身没有什么书可读，到了寒暑假，她就经常去舅舅家。舅舅家的表姐有很多历史书，《文成公主》《木兰从军》《千金一笑》《管鲍之交》《晏子使楚》《荆轲刺秦》《卧薪尝胆》《鸿门宴》《霸王别姬》……那是一个表面无声，但穿越之后分明可以听见、看见金戈铁马、盛世繁荣、浩瀚文海、名士成林的世界……于是她爱不释手，孜孜以求。

这时候，她知道了1972年长沙马王堆西汉墓中出土的文物，在书中看到了西汉的直裾"素纱襌衣"，也看到了"T形帛画"。前者是一件完整的衣服，以素纱为面料，它由精缫的蚕丝织造，单经单纬交织，丝缕极细，孔眼均匀，技法精湛，通身的重量仅有 49 克，可谓轻若烟雾，薄如蝉翼，令人赏心悦目，钟芳蓉惊叹于早在 2000 多年前，老祖宗就有这样的工艺和作品。后者是一幅画，汉代盛行厚葬之风，人们相信人死后灵魂不灭，可以升天，便把阴间布置得如同人间一样，帝王和有钱有势的人还在棺椁里覆盖上帛画，借以前往灵魂生活的仙境。虽然钟芳蓉知道这类引魂升天的帛画在战国时期就已经出现，但想象力最丰富、表现色彩最浪漫的，当数马王堆的这一幅"T 形帛画"。经过了两千多年的深埋、腐蚀，帛画已没有了韧性，加上画幅巨大，既不能卷起，又不能折叠，面对这次难度极大的考古发现，如何发掘、如何保护，考古学家们投入了巨大的辛劳与智慧……

采访时她跟我说起一件让她很生气的事。她说秦始皇在修建陵墓时制作了很多人形陶俑，为的是让这些陶俑在陵墓中给秦始皇做伴。我说这人尽皆知啊。钟芳蓉接着说："那您知道我们的国宝到了国外，被人恶意掰断了手指头吗？"还有这事？！

为了彰显中国文化，国家近些年将兵马俑借给了世界 80 多个国家进行展览。这些展品一般都会被借展国给予充分的保护，但是在美国就发生了一次意外。当时工作人员发现有一个兵马俑的手指断了一截。他们赶快调出监控进行查找，结果发现在展览的时候，有一名男子接近了兵马俑，并在没人注意到的情况下，偷偷掰断了兵马俑的手指。

钟芳蓉在跟我说起这件可恨的事情的时候，一改她一向沉默寡言的个性，滔滔不绝，声情并茂，没有害羞、没有木讷，从头至尾，表达得清清楚楚……

她继续说道："最让人气愤的是，监控中显示，这个人并不是不小心碰坏了兵马俑，而是故意破坏——他把掰断了的'手指'从容地装进了自己的衣服口袋。面对如此没有教养、没有道德、无视法律的行为，犯罪嫌疑人最终没有受到任何处罚，甚至连一丁点的赔偿都没有。"

"文物有话语，有动感鲜活的行动与意义表达——那是一个博大的已逝乾坤，混合着中华民族的魂！"听到这，我忍不住要给钟芳蓉鼓掌！

我补充道："我看到人民网发布消息，说'中共中央政治局 2020 年 9 月 28 日下午就我国考古最新发现及其意义为题举行第二十三次集体学习。中共中央总书记习近平在主持学习时强调，要高度重视考古工作，努力建设中国特色、中国风格、中国气派的考古学，更好认识源远流长、博大精深的中华文明，为弘扬中华优秀传统文化、增强文化自信提供坚强支撑。'"

她听完使劲地点点头。

我们要有道路自信、理论自信、制度自信、文化自信，这四个"自信"是排在一起的，可见文化对中国的重要。考古是实物的文化，会告诉我们很多很多久远的文明和故事……

为什么那天我和钟芳蓉可以畅谈好几个小时？因为我们最后不是在采访和应答，而是心灵的碰撞，是情感的相互激励。

就是在这个时候，她告诉我："我从小生活在农村，没怎么干过农活，但是我也翻过地，我很喜欢翻地。为什么？就是翻地时经常会让我找出很多意想不到的东西，或是吃的，或是石头……您明白吧？我喜欢考古不是凭空的，我敬重樊锦诗先生，那也不是没有依托的。"

五

对话：一个人和一个时代

一个考生按自己的兴趣填报了高考志愿本来是一件正常的事，却引起了社会舆论的轩然大波，究竟是钟芳蓉特立独行，甚至有点自私，还是我们这个时代出现了混乱？采访钟芳蓉的过程，我反复思考着她的事情，有一天我向自己提出了质疑。

来到北京半年后，钟芳蓉走出了"只有学习"的单调生活，见到了外面的世界。她的参照体系扩展了，不知她对自己的初衷是否有所改变。钟芳蓉告诉我说："并没有。"北大开学后，她更加系统地接触了考古专业，不仅对自己最初的选择没有怀疑，没有动摇，相反，她深耕学业的速度还很快。

2020年11月，也就是钟芳蓉大一开学后两个多月，我在网络上看到她和一位考古专家在彼岸书店展开的一场对话。钟芳蓉后来告诉我，原本和她对话的嘉宾是故宫博物院原院长、故宫博物院故宫学院现院长单霁翔先生。这让她既兴奋，又紧张。后来因为单院长临时有事不能来，对话嘉宾就换成了中国社会科学院考古研究所夏商周考古研究室主任许宏。

对话时，钟芳蓉坐在许宏对面。她很想知道许宏教授长期从事中国早期城市、早期国家和早期文明的考古学研究，后来怎么就成了学术网红？而且从1999年到2019年，许教授在河南偃师二里头主持遗址发掘，一干就是20年？

"那许宏教授是怎么回答的？"我也非常好奇。

钟芳蓉说："乐趣。对于考古，喜欢的就有乐；不喜欢的，拉他也没用。"这话真是说到钟芳蓉的心里去了。

许宏教授来之前是有点担心的，他知道钟芳蓉因为高分考进北大读考古，备受社会关注，她本人也一下子成了中国考古界的"团宠"——许宏教授担心大家把这个孩子捧得这么高，万一人家今后想改行，就会非常尴尬了。所以对话一开始，许宏教授安慰钟芳蓉说："不要管舆论，今后如果有了更理想的选择，也要义无反顾地跟着感觉走。"

可钟芳蓉并没有要改行的打算，不仅如此，她接触了考古专业以后，更充满了好奇。很多问题她都想向许宏教授请教："为什么考古是一个冷门专业？""对于您，考古有怎样迷人的魅力？"

许宏教授告诉她："考古在过去是冷门，那是因为我们被看成只是挖墓的，但今天不一样了，我认为考古是一种'高层次智力游戏'，考古的迷人魅力在于两种美。"

"什么美？"

"一是美的发现。考古人就像侦探，我们通过蛛丝马迹进行判断和甄别，你不知道下一分钟我们会发现什么，哪些文物可以唤起我们的文化记忆。二是思辨之美。文物自己不会说话，但我们要让它说话——'上穷碧落下黄泉，动手动脚找东西'。因此，很多考古人评价自己的专业是'文科中的理工科'，属于高层次的智力游戏。"

当然，考古是很苦的。但钟芳蓉说："我不怕苦，农村孩子也苦惯了。"考古也不赚钱。但钟芳蓉回答："我觉得我们这一代人应该有点理想主义，应该更加偏向自己的爱好、自己的梦想，听从自己内心的声音。"

一场对话下来，许宏教授放心了——这是个心里有数的姑娘，她一个人敢于和时代对话。

不过再怎么说，钟芳蓉都走出了耒阳，来到了北京，进了中国最高学府之一的北京大学，我想听听钟芳蓉认为自己有了什么改变。她说：

"如果要说改变，可能是更宽容了。社会是多元的，不能简单地用对与错、好与坏来评判。"

我相信她说这话的时候已经看过了很多例子、很多人的青春选择，比如1996年出生的贵州土家族姑娘周承钰，2020年时，她已经是我国"嫦娥五号"探测器文昌发射场最年轻的指挥员，同时也是"嫦娥五号"探月任务连接器系统最年轻的指挥员。又比如一个名叫曹原的四川男孩，比钟芳蓉大4岁，目前正在美国麻省理工学院攻读博士。曹原前不久发现了"石墨烯特殊超导现象"，以第一作者的身份在世界顶级科学期刊 Nature（《自然》杂志）上发表了两篇论文，从而名声大振，解开了全球科学家100多年来都没有解开的科学难题……多少年轻人在和平富裕、科技发达的今天选择了活在当下、及时行乐；但也有很多人甘于坚守理想、守得住寂寞，因为他们的内心有一个崇高的追求。

面对更复杂的生存环境，同时也更多元的人生选择，不知钟芳蓉的内心会不会泛起小小的波澜。我相信她爱上考古是认真的，未来，她也将用实际行动告诉人们她对考古的热爱。当爱的力量大到一个人无论如何都割舍不下，那就是事业。而当这份事业和国家的需要、民族的需要、历史的需要、未来的需要紧紧结合，她便不会轻易受任何诱惑牵绊。

采访到最后，钟芳蓉告诉我，她或许已经选择了更细的研究方向。我问是什么，她说："先秦。"

"那是多么遥远的年代啊！"

"可是有意思啊。我们的研究还没穷尽，先秦的历史还需要现代人把古老的文明、智慧与今天的认识相连！"

真好，钟芳蓉来了。她从一开始默默地选择，到如今欢快地前行。

这是一个人与一个时代的对话。我钦佩她的选择，敬重她内心的执着。2021 年，钟芳蓉还只有 19 岁——未来的人生，风光无限，她自会好好地挖掘，提前祝福！

后 记

做了一辈子记者，爬了一辈子格子，没有哪本书像写《一百年，那些热血沸腾的青春》一样吹军号、急行军，热血沸腾、刻骨铭心！

原本入选人物有 10 位，但联系采访时却不能这么窄，我眼中的敬仰者至少有 20 位。因为这一次采访不是给电视台做，我完全没有了央视记者的便利。尽管中国报告文学学会为我出具了介绍证明，但找联系方式、查资料、疏通采访渠道、发传真，等等，都是我一个人……

最感谢在这段难熬的日子里，身边不断鼓励与支持我的人，大家都说："这是一本好书，值得你为此付出种种辛苦。"

作家不怕写，一如厨师不怕做饭，但你得有足够的时间。原本，我的写作计划是用一年、大半年，至少半年时间，但是 2021 年临近春节，海天出版社的编辑部主任韩海彬先生突然跟我说："长江老师，咱这本书要力争评上中宣部主题出版重点出版物，3 月 1 日之前要提交 50% 的样稿。"我一听，不是火上房，而是人都要蹿到房顶上去了！

这怎么可能？那时候，我的采访对象没有一个准确回音，最后能写出哪些人，我根本就不知道。但出版社的考虑我也理解，是好心办好事——2021 年是中国共产党成立 100 周年，全国的好书都会如雨后春笋，"所以我们得抓紧时间"。我赶紧先埋头整理过去已经采访过的那几位，然后再补充采访他们的"青春回忆"，能写出什么就先招呼什么。

到了大年三十，全家人一起吃了一顿年夜饭，我就把老老少少都轰走了，一个人像"躲疫情"一般地"自我隔离"了起来，直到拿出12万字样稿。还没等我喘口气，海彬又说："长江老师，您再辛苦辛苦，如果能在4月23日之前交上来全部的书稿，这样我们就可以启动'编辑程序'了，咱们争取7月1日前出书。"

啊？！

4月25日，我咬牙交上了全部书稿，知道粗，但"不能误农时"，润色要服从于"抢黄金时间"。无奈之下，我只好先把"人物故事"梳理下来。

不到100天，边联系、边写作。成功，喜悦；失败、死胡同；感动，重新再来……

我几乎没有睡过一个好觉，天天靠吃安眠药才能入睡，如果不吃，就连睡梦中都在写稿子，脑袋一刻不停歇。

有时我也会问自己：如此"打仗"，所为何求？能出精品吗？

女儿也忍不住说："妈妈，您总是说有时间节点、时间节点，那还要不要命了？！"

最终，我还是把写作坚持到底。不为功利，也不仅仅为了跟出版社"打配合"。书中所选的人物，是我一直想写也一定要写的人。一旦开始采访，一旦走进他们曾经热血沸腾的青春，每个人身上都有面对人生选择，大国小我，为理想、为普罗大众披荆斩棘、无畏牺牲的可歌可泣的感人故事——他们朴素的行动、伟岸的人格，让我每天看到高远的晴空，呼吸干净的空气，身心被洗礼，便抑制不住要一直写下去的冲动……

曾经有人提醒我：既然是写书，而且一百年的时间只写十来个人物，为什么不选那些在舞台上人们已经熟悉并久久仰慕的"大功臣"，这样书出版后也会有知名度啊！我摇摇头：或许这跟我个人的追求、选择有关——"平凡中的伟大"，这样的人物更有"烟火气"，也更像隔壁的街坊四邻，即便我写了大明星（如秦怡），也只是写她鲜为人知的青年时期，写她在重庆、在祖国的大后方，用"嘴"抗日！

我们国家有太多太多的人，一生奉献、默默无闻，肩头却擎托着国家的过去和今天，他们是共和国大厦的四梁八柱，但他们的故事未必有人讲，未必有人记得——那么，就由我来写吧。

十分感谢李炳银先生的策划，没有他，就没有这本书。

十分感激海天出版社的各级领导和责编，没有他们的敦促和后来的编辑、校对，也就没有这一役的冲锋号和并肩作战。

最后，还要感谢我的先生。几个月来，我因为坐在电脑前写稿经常误了做饭，他却每天一杯咖啡、一杯热茶，总是不断地端到我的面前。写稿的过程，家里像开了个"夫妻店"，我写完一章，先生就拿去打印一章，然后眯起眼帮我一遍遍地查错、补漏，接着我们一起讨论、取舍。

等我把书稿寄走了，才知道我们家的打印机已经换了一台新的。至于墨盒嘛，先生说："好费，都在网上买第三个了……"